*Manual de estrategias actuales
para una educación en el hogar
basada en valores*

Disciplina Inteligente®

Manual de estrategias actuales para una educación en el hogar basada en valores

POR VIDAL SCHMILL

Producciones Educación Aplicada S. de R. L. de C.V.

PRIMERA EDICIÓN, junio de 2003
QUINTA EDICIÓN, octubre de 2015

Cuidado editorial: Rayo Ramírez A.
Diseño de portada: Ana Paula Dávila
Diseño de la colección: Gabriel Martínez Meave / Kimera
Formación de interiores: L.D.G. Mabel de la Brena Rodríguez

ISBN: 978-607-9347-20-8

A DAVID SCHMILL • A DANIELA SCHMILL
A PAULA ISABELLA SCHMILL • A ANA SCHMILL

...quienes sacan a la luz lo mejor de mí
al intentar sacar a la luz lo mejor de ellos.

Gracias Vero, por tu amor y suave presencia.
Esta obra en gran medida se debe a nuestra complicidad, a los momentos
que sólo son nuestros y al humor con que educamos a nuestras hijas. La
vida es un placer navegándola junto a ti.

AGRADECIMIENTO:

A las mamás, papás, abuelas, abuelos, maestras y directivos escolares que
durante más de 30 años de trabajo me han compartido sus inquietudes,
dudas y experiencias. Gracias por su confianza.

A los niños y jóvenes con los que he trabajado directamente y me han enri-
quecido con su vitalidad y sentido del humor. Gracias por su generosidad.

"[...] si yo fuera objeto, sería objetivo;
como soy sujeto, soy subjetivo."

José Bergamín

Contenido

Comentarios sobre esta nueva edición

Escribí *Disciplina inteligente* en el 2003 con dieciocho años de experiencia pedagógica y asesoría educativa familiar en diversos centros educativos del país. Hoy, en el 2015 con doce años más de trabajo de campo, puedo realmente aportarte conceptos y estrategias disciplinarias adicionales, actualizadas al contexto presente.

Como editor (pues sabrás que no sólo soy autor de este texto, sino que publico a diversos educadores mexicanos y de otros países), puedo decirte honestamente que este libro ha sido la punta de lanza para que el proyecto pedagógico editorial que dirijo tenga éxito y cada vez mayor penetración en las familias actuales.

Ya hemos impreso alrededor de 500,000 ejemplares pero esta quinta edición no es una reimpresión más, no es el mismo contenido con nueva portada. El ejemplar que tienes en tu poder contiene los mismos fundamentos pero con más aportaciones, resultado de la suma treinta años de experiencia, y eso cuenta.

El eslogan que utilizo en *escuelaparapadres.com* es "Los hijos de hoy necesitan padres de hoy", y con el transcurrir del tiempo me ha sido cada vez más claro que esta frase no es sólo promocional, sino que es la expresión de una auténtica necesidad para estar a la altura del reto educativo que los niños y jóvenes de hoy presentan. Así que un libro como este que fomenta la actualización de quienes educamos, no podía quedarse sin actualizar.

En los años transcurridos entre la primera versión y esta, han ocurrido tantas cosas y he aprendido tanto de ellas que ahora puedo revisar mi discurso con mayor seguridad, y también plantearme nuevas interrogantes respecto a la compleja labor de educar a los hijos. Por ello, encontrarás cambios interesantes sobre todo en los tres capítulos finales.

El capítulo 4 se titulaba "Cómo educar en valores", hoy se titula "Normas y juicios de valor" y plantea un cambio radical en relación al tema de valores. La razón es que la *Disciplina inteligente*, originalmente planteada se fundamentaba en la premisa de que lo que los adultos que intentamos educar estamos transmitiendo valores con los que los niños y jóvenes puedan contar para decidir mejor en sus respectivas vidas. Esta idea evocaba la imagen de que los adultos le damos valores a los menores, que se los entregamos como si fueran delicadas esferas que ellos deben cuidar. Esas frágiles esferas son nuestras creencias sobre lo valioso y lo que no lo es y aspiramos a que ellos se convenzan de ellas y las usen para su bien. Sin embargo, esta premisa debe modificarse en la actualidad porque los adultos no transmitimos valores, fomentamos juicios de valor, formas de valorar las conductas propias y ajenas sobre la base de normas socialmente consideradas como valiosas o no valiosas.

Esto modifica los métodos de tal forma que podemos incluso cambiar el nombre de *pedagogía de los valores* y orientar nuestros esfuerzos hacia lo que podemos llamar una *pedagogía de las valoraciones* que conduzca a una ética de la responsabilidad que asegure que nuestros hijos tendrán criterios racionales más confiables para tomar mejores decisiones.

En los capítulos 5 y 6 planteo más alternativas prácticas que te permitan aplicar estrategias disciplinarias inteligentes con mayor seguridad, incluso ante faltas graves o hasta extraordinarias que realmente pueden desestabilizar severamente a una familia, en cuyo caso te propongo un plan de 10 pasos que espero te sea clarificador.

Notarás que también hay un mayor número de páginas en esta edición, la razón es que no quise dejar fuera información valiosa, más opciones y estrategias que realmente te serán útiles.

En resumen, podrás ver que el fundamento de esta nueva edición es el mismo, pero con actualizaciones y aportaciones novedosas muy útiles en la vida actual.

Este libro significa mucho para mi en lo personal y en lo profesional, espero lo sea para ti en lo familiar.

Ten presente que el cambio personal generará el cambio familiar, y éste, el cambio social que requerimos para que nuestra vida valga la pena vivirse en un entorno de paz y civilidad.

Contigo, tu amigo de siempre,

Vidal Schmill

Sugerencias para utilizar este libro

Bienvenido(a) a este libro, que está escrito pensando en todos aquellos padres de familia interesados en aprender cómo desempeñar un buen papel, tanto por el bien de sus hijos como por el propio.

Con este libro pretendo facilitarle el camino a toda persona que busque alivio o respuestas a sus problemas relacionados con el trato diario de los hijos en aspectos relativos a la disciplina, los valores y las reglas que permiten la convivencia cotidiana entre personas. Existen incontables publicaciones sobre el tema; sin embargo, espero que esta aporte algunos elementos novedosos, y sobre todo, enfoques prácticos.

Para empezar, pretendo que sea un libro de lectura fácil. Que lo puedan consultar tanto personas que acostumbran leer como otras que no tengan arraigado el hábito de la lectura o que hace mucho tiempo no estudian. Su lenguaje es intencionalmente coloquial, es decir, de uso cotidiano. Cuando se utiliza algún tecnicismo, éste es "traducido" de inmediato a un lenguaje común y corriente.

Está redactado en segunda persona. Siempre me dirigiré a ti, no a una tercera persona, no vagamente a alguien, no a una madre o a un padre de familia genérico, sino a ti, directamente. Además, me he tomado la libertad de hablarte de tú y no de usted, con el fin de que percibas un acercamiento directo a tu persona, de que tú y yo nos acerquemos.

El diseño gráfico está pensado para que puedas hacer una consulta ágil, bien diferenciada de conceptos. Además del texto incluído en las páginas impares, en las páginas pares hay esquemas y frases útiles para la reflexión sobre los diversos temas tratados.

MODOS DE CONSULTA

Este libro puede ser consultado y utilizado de varios modos:

A) Modo lineal
Significa seguir lineal y completamente la secuencia numérica de los capítulos, lo que te permitirá encontrar un ordenamiento útil para evitar "lagunas" dentro del proceso global aquí propuesto. Lectura de principio a fin.

B) Modo manual de consulta
Significa no seguir la secuencia numérica de los capítulos. Puedes ir directamente a la parte que necesites y, de esa manera, obtener de inmediato la información deseada sin tener que leer partes que no sean de tu interés, por lo menos momentáneamente, lo cual te ayudará a disminuir más rápidamente posibles ansiedades, miedos o angustias respecto a ciertos temas que como madre o padre de familia te ves obligado(a) a enfrentar al educar a tus hijos. Es como si leyeras una revista con artículos sobre los temas de tu interés.

C) Modo manual de referencia rápida
Significa consultar las frases o esquemas que encontrarás en las páginas pares del libro (las del lado izquierdo), las cuales sirven para ilustrar o reforzar los conceptos desarrollados más ampliamente en las páginas impares (las del lado derecho). Son de consulta rápida, pues están diseñados con letra muy grande y para una lectura veloz. Puedes limitarte a hojear exclusivamente dichas páginas y aunque no leas el resto, encontrarás conceptos que pueden serte de mucha utilidad.

Para ayudarte a elegir el modo de consulta que más te convenga, a continuación describiré brevemente lo que contiene cada capítulo:

Capítulo 0, Introducción:

Sirve para clarificar el enfoque general del libro y establecer su objetivo o propósito básico. Explica el para qué del libro. También incluye una propuesta de los objetivos generales que puedes plantearte al educar a tus hijos y algunos problemas que obstaculizan su logro, los cuales, por lo general, se derivan de las estructuras familiares, de tu forma de entender tu rol sexual en la sociedad actual y, en ocasiones, de tu codependencia hacia tus hijos.

Capítulo 1, ¿Soy una buena madre o un buen padre?:

Tiene la intención de ayudarte a ubicar tu desempeño hasta la fecha con respecto a la disciplina cotidiana que ejerces hacia tus hijos dentro de tu modelo familiar y, en consecuencia, la vigencia que tienes como padre ante los ojos de tus hijos. Será tu punto de partida para identificar el grado de necesidad de cambio y actualización que requieres como padre de familia, en una época de transición tecnológica, de transformación de las instituciones sociales y de entender los valores humanos, con hijos que actúan de maneras totalmente diferentes a las que te imaginabas o para las que estabas preparado(a). A manera de conclusión, se analiza el hecho de que muchos padres de familia inteligentes, pueden actuar de manera estúpida debido a la incapacidad emocional para cambiar estrategias o conductas no funcionales.

Capítulo 2, Cómo vencer mis ansiedades/miedos y culpas como padre o madre:

Trata sobre estas emociones que se vuelven protagonistas e influyen en las actitudes y decisiones de muchos padres de familia y cómo ello les impide aprender, escuchar e intentar opciones diferentes. En este mismo capítulo, se incluye un **Catálogo de ansiedades y miedos**, que recomiendo para los que elijan estudiar este libro en el modo Manual de consulta, pues enlista temas que a lo largo de más de veinte años de experiencia y observación de padres de familia y sus hijos, he podido detectar como los principales factores generadores de temores que impiden a los padres actuar con sentido común, incluso ante situaciones simples.

Otro de los enemigos de los padres de familia que se tratan en este capítulo es la culpabilidad. Por eso también se incluye un Catálogo de culpas, que pretende ofrecerte un enfoque diferente sobre temas disparadores de este sentimiento tan autodestructivo e inútil desde un punto de vista práctico. Finalmente incluí un análisis de ideas y conductas absurdas sobre el tema educativo, derivadas de programaciones emocionales destructivas y de malentendidos devastadores, que probablemente arrastras como herencia de sistemas educativos obsoletos o de experiencias personales dolorosas en tu infancia o juventud, y que corres el riesgo de repetir o "dramatizar" con tus hijos, de manera inconsciente o para justificar actitudes que ya no tienen cabida pero que insistes en utilizar debido a dicha programación emocional.

Capítulo 3, Cómo evitar los extremos (amaestramiento –sobreprotección):

Es un capítulo que puede ayudarte a identificar el estilo disciplinario que has ejercido con tus hijos y modificarlo en caso de que lo consideres necesario, para que las estrategias disciplinarias que intentes aplicar funcionen adecuadamente. Se analizan las actitudes que eliges para enfrentar las conductas inaceptables de tus hijos.

A la altura de este capítulo, todavía no se plantean estrategias específicas del tipo qué hacer ante dichas conductas, sino estamos en el nivel para determinar el estilo general que has elegido y que ha generado una atmósfera específica que influye en el estilo de relación interpersonal en tu hogar, así como la posible necesidad de modificarlo.

Adicionalmente, se hace una introducción a formas generales de trato que fomenten el incremento del nivel de conciencia de tus hijos, y de cómo preparar o de ser necesario, reparar el terreno, a fin de que las estrategias para la disciplina inteligente puedan funcionar.

Capítulo 4, Cómo educar en valores:

Aborda un tema indispensable para poder convivir en armonía con los demás. En esta parte del libro tendrás que hacer un alto en el camino y revisar a profundidad tu sistema de valores y creencias respecto a las reglas básicas con las que construyes tu "contrato social" para convivir en tu hogar y el mundo de personas que te rodea. Todo sistema disciplinario tiene como base una serie de valores prioritarios de los cuales derivan reglas de convivencia cotidiana. De otra forma, las pretendidas reglas se convierten en algo excesivo y absurdo, en proyecciones de tus miedos y obsesiones elevadas a rango de valores. Podrás observar que mientras más claros estén los valores en tu hogar, menos reglamentación requerirás para convivir armónicamente. Se incluye además, una guía para la redacción simple y clara de reglas aplicables. Los ejercicios sugeridos en este capítulo son indispensables para poder aplicar una disciplina inteligente, tal como se plantea en el último capítulo del libro.

Capítulo 5, Disciplina estúpida:

Pretende poner el dedo en la llaga respecto al tema disciplinario: el sistema de premios y castigos lo comparo con el cáncer en la educación, el cual devalúa los actos que vale la pena realizar por sí mismos y fomenta la doble moral y la hipocresía de los hijos.

Comprenderás que los gritos, golpes y castigos son en realidad un recurso de rudeza innecesaria, pues con dicho "sistema" no producirás los resultados deseados, sólo perderás credibilidad y, sobre todo, minará el amor de tus hijos, y sin él, no cuentas con nada para poder educar.

Capítulo 6, Disciplina inteligente:

Te ofrece alternativas tanto frente a las conductas aceptables como a las no aceptables que presenten tus hijos. Se te proponen formas inteligentes para sustituir los premios (puesto que tus hijos son personas y no mascotas) y eliminar los castigos, que envilecen tanto al receptor del castigo como al que lo ejerce.

Hay mejores modos de educar, basados en la observación y la aplicación de tus valores, la jerarquización de las conductas inaceptables y la derivación de consecuencias proporcionales a la gravedad de las faltas.

Se analizarán también alternativas de emergencia ante faltas realmente graves, así como ante comportamientos preocupantes que exceden las posibilidades de tratarlos mediante un sistema disciplinario aplicado por los padres y que requieren atención y asesoría profesional.

También se incluye un comentario sobre la aplicación de la disciplina inteligente en situaciones de crisis en la pareja. A pesar de que haya conflictos constantes en el hogar o incluso cuando hay separaciones y divorcios, los niños tienen derecho a conservar su estabilidad emocional y a un desarrollo como seres humanos responsables, lo que una disciplina inteligente les puede proporcionar.

Por último, se recomiendan algunas lecturas y fuentes ordenadas primero por tema y luego por orden alfabético de los autores, para que puedas ampliar o profundizar en aquellos temas de tu interés.

Capítulo 0
Introducción

"Los hombres
no se perturban
por las cosas
que les suceden,
sino por sus opiniones
sobre las cosas
que suceden."

—Epicteto

Capítulo 0
Introducción

0.1 • *Presentación general*

Disciplina inteligente... ¿existe acaso la "Disciplina estúpida"? Sí. Definitivamente.

A lo largo de este libro, pretendo mostrarte que en la educación de los hijos no toda la disciplina que ejerzas va a producir resultados constructivos.

Después de haber castigado a tu hijo por una conducta que consideraste indebida, ¿te has sentido culpable?

En alguna ocasión en la que cediste frente a tus hijos, ¿sentiste que te estaban viendo la cara de tonto(a)?

Seguramente si nos confrontamos con honestidad, todos los que ejercemos de padres, responderemos afirmativamente. Justamente lo que pretendo ayudarte a alcanzar es el punto medio.

Existen varios estilos disciplinarios y tú puedes modificar o enriquecer el que has utilizado para encontrar el tan anhelado punto medio.

Este libro está escrito con la intención de tranquilizarte, de disminuir tu nivel de ansiedad y angustia con respecto a tus hijos, cuando su conducta no está de acuerdo con tus ideas sobre cómo deberían ser.

"No creas en lo que has oído.
No creas en la tradición porque
provenga de muchas generaciones.
No creas en nada de lo que
se ha hablado muchas veces.
No creas en algo porque
haya sido escrito
por algún viejo sabio.
No creas en las conjeturas.
No creas en la autoridad,
en los maestros
o en los ancianos.
Cuando hayas observado
y analizado detenidamente una cosa,
que esté de acuerdo con la razón
y beneficie a uno y a todos,
entonces acéptala
y vive conforme a ella."

–Buda

A lo largo de veinte años de impartir pláticas sobre educación infantil y adolescente en diversos colegios privados y públicos, he encontrado que el nivel de angustia y ansiedad de los padres de familia en general es lo que les impide escuchar las soluciones que se les están ofreciendo. Simplemente ya no pueden escuchar.

La angustia los ha rebasado e incluso hay casos en los que se enfocan en un solo incidente y se refieren a él incesantemente como disco rayado, y aunque uno trate de ofrecerles alguna alternativa, insisten en narrar angustiados el mismo incidente una y otra vez.

Este libro está escrito para que puedas acallar tu ansiedad... pero para ello debes escuchar. Necesitas dejar temporalmente a un lado las ideas preconcebidas sobre lo que el niño debe hacer o no hacer"según tus creencias o las de toda tu parentela, y abrirte a escuchar otras alternativas.

Si después de escucharlas realmente, las pones en práctica y te funcionan, felicidades. Si algo no te convence, deséchalo. Pero hazlo después de probarlo, no lo descartes sólo porque no justifica tu ansiedad. Los grandes enemigos para educar a un hijo son la ansiedad y la angustia, las cuales provienen del miedo, te impiden razonar con claridad y ahuyentan a los niños de ti, pues tu propia tensión puede hacer que ellos te perciban como alguien desequilibrado, obsesionado con tonterías.

Temas como la comida, prestar sus juguetes, pleitos entre hermanos, tareas, exceso de TV y video juegos, entre otros, angustian a los padres de familia de hijos en la etapa infantil; y otros temas como la forma de vestir, amigos indeseables, novios o novias, música pesada, el cigarro o las fiestas, agobian a los padres de adolescentes.

Estoy consciente de que tus temores representan preocupaciones válidas; lo que no debes permitir es que se conviertan en asuntos obsesivos y recurrentes en tus conflictos con tus hijos. Debes disminuir tu ansiedad al respecto para que puedas encauzarlos adecuadamente.

Primero hay que disminuir los niveles de ansiedad y miedo.

Si logramos disminuir y mantener
bajo control la ansiedad y
la culpabilidad, entonces seremos
capaces de escuchar para conocer,
comprender y aplicar información.

De otro modo, todo intento será
sólo tiempo perdido, pues la
ansiedad irrumpirá constantemente
y la **culpabilidad** echará por tierra
todas las buenas intenciones de
cambio al enfrentarte a la realidad
que has creado durante años.

Asimismo, debes disminuir tus niveles de culpabilidad.

Para que una madre o un padre puedan aprender sobre educación, estos son los primeros enemigos a vencer: la **ansiedad** y la **culpabilidad**.

He dedicado un espacio importante a cada uno de estos enemigos. Si estás muy ansioso(a) puedes remitirte a ellos de inmediato. Espero te ayuden, pero te recomiendo tengas el panorama general de todo el libro, pues ello te habilitará de mejores herramientas para disminuir dicha ansiedad o culpabilidad de manera consistente.

He observado también otra tendencia por asumir una gran carga moral, porque los padres creen en la fantasía de que lo que hagan, o dejen de hacer, determinará el futuro feliz o infeliz de sus hijos. Es lo que llamo "madres o padres Pípilas", en alusión al personaje histórico que llevaba sobre su espalda una gran loza para evadir las balas del enemigo y quemar la puerta de una fortaleza durante la guerra de independencia de México. Hay madres de familia con una loza equivalente, por demás inútil.

No hay pruebas concluyentes de que lo que hagas como madre o padre, influya de tal manera en la vida de tus hijos.

Hay hijos que tienen una vida constructiva y plena a pesar de haber tenido unos padres pésimos y hay otros que, no obstante haber contado con padres involucrados en su educación, tienen un enfoque destructivo y enfermizo en sus vidas.

Existe una antigua división en la psicología académica: por un lado están los que creen que todo es heredado y, por el otro, los que defienden que la educación y todo lo que se adquiere por medio de la experiencia, es lo que determina la personalidad de un ser humano.

Este es un viejo debate entre los estudiosos de la genética conductista y los estudiosos de la socialización. ¿Podremos considerar un punto medio entre estas dos posturas?

El genetista conductista afirma que todo está determinado por los genes y aporta, entre otras, pruebas de estudios de gemelos que viven en ambientes diferentes y que presentan similitudes sorprendentes.

"El debate entre naturaleza
y educación puede que nunca
se llegue a resolver de manera concluyente,
pero está claro que la instrucción toca
melodías bastante elaboradas
con las cuerdas que le proporciona
la naturaleza.

Pensamos que la verdad emerge mediante
la confrontación; aún así, las más de las
veces el resultado no es otro que la
confusión. Los enfrentamientos son
buenos para llamar la atención sobre
determinadas ideas, pero el mundo
no es en blanco y negro."

—**Lou Marinoff**
Más Platón y menos Prozac

El estudioso de la socialización sostiene que los padres son lo más importante en el entorno de los niños y que son ellos quienes determinan el modo como acaban "saliendo" los niños. Para ello, se basan en estudios de casos clínicos, y mediante terapia rastrean el origen de los problemas de sus pacientes hasta la época infantil; época donde sus padres estaban fuertemente implicados.

En la lengua inglesa, hay un juego de palabras muy acertado al respecto: *nature and nurture* (naturaleza y crianza) el cual proviene de un educador británico llamado **Richard Mulcaster**, que aseveró "la naturaleza (*nature*) empuja al chico hacia adelante, la educación (*nurture*) lo ve progresar."

Tus hijos tomarán sus propias decisiones y tendrán sus propios aprendizajes, con o sin ti. Los padres influimos, pero no determinamos el futuro de nuestros hijos.

Si tú actúas de manera sensata y sin transmitirles una angustia permanente, podrán contar contigo para comunicarse mejor y, tal vez, conforme vayan creciendo los puedas ayudar a mejorar su propia toma de decisiones, pero hasta allí podrá llegar tu intervención.

Según los estudios de **Judith Rich Harris**, en su revolucionario libro *El mito de la educación*:

"...los niños quieren ser como otros niños, no como sus padres. Sobre todo quieren ser como los niños que tienen mayor estatus en el grupo de compañeros, y estos, normalmente, son mayores. Los pequeños miran hacia arriba a esos que van uno o dos años por delante de ellos, y lo hacen con admiración y envidia."

"La equiparación entre madurez y estatus es lo que induce a los niños pequeños a querer comportarse, hablar y vestirse como los mayores. Los niños no se fijan en los adultos para obtener pautas de comportamiento, lenguaje o vestuario, porque los niños y los adultos pertenecen a diferentes categorías sociales, que tienen, a su vez, reglas diferentes. Desear un estatus más elevado –querer ser como un chico mayor– es algo inherente al grupo, a la categoría social *chicos*. Los adultos son harina de otro costal.

Una primera recomendación es:
realiza tu trabajo de mamá
o de papá con **menos solemnidad**
y con mayor certeza y, sobre todo,
con más **sentido del humor**.

La solemnidad y la rigidez
son características de la muerte;
el sentido del humor y la flexibilidad,
lo son de la vida...

Para un chico, los adultos no son una versión superior de nosotros: los adultos son ellos".

"Los adultos tenemos un poder limitado sobre los adolescentes. Éstos crean sus propias culturas, que varían según el grupo de compañeros, y nosotros no podemos ni siquiera adivinar qué aspectos de la cultura de los adultos aceptarán y cuáles rechazarán, o cuáles serán las nuevas cosas que ellos aporten por sí mismos".

No obstante las anteriores aseveraciones, es un hecho que *sí* influimos.

0.2 • *Campo de aplicación y objetivo del libro*

Aunque la educación y la instrucción están vinculadas, es un hecho que existen personas muy instruidas pero con serias deficiencias en el ámbito social o incluso moral.

Estarás de acuerdo conmigo en que un destacado profesionista que golpea a su esposa, no está bien educado por mejor instruido que esté.

Asimismo, hay personas que manifiestan un alto nivel de socialización, moral y ética, y sin embargo carecen de instrucción académica o técnica.

Según **Fernando Savater**, oponer la educación a la instrucción es un enfoque riesgoso, sin embargo, al ser temas tan amplios, es necesario recurrir a esta subdivisión con el fin de abordarlos de manera clara y práctica.

El nivel de conciencia está relacionado con la capacidad para darse cuenta, para percibir, para vincularse socialmente.

El nivel intelectual tiene que ver con lo que se evalúa en las pruebas de inteligencia, las cuales por lo general abarcan aspectos de lógica–matemática, relaciones y ubicaciones espaciales o habilidades lingüísticas.

Objetivo de la disciplina inteligente

Que las madres, padres de familia
y adultos significativos para los niños
y jóvenes tengan respuestas útiles
para resolver los problemas educativos
cotidianos que estos presentan en
su desarrollo como personas sociales,
y así mejorar su desempeño como
educadores y la convivencia cotidiana,
con el fin de propiciar que sus hijos
puedan vivir de manera autónoma
y convertirse en personas constructivas
para la sociedad en la que viven.

DIVISIÓN FUNDAMENTAL DEL ACTO EDUCATIVO:

Aspecto formativo	Aspecto informativo
• Desarrollo del nivel de conciencia. • Adquisición de valores, creencias, usos y costumbres culturales. • Desarrollo de la inteligencia emocional. • Desarrollo moral y ético para la toma de decisiones. • Desarrollo de habilidades de socialización, percepción, comunicación, creatividad e intuición.	• Desarrollo del nivel intelectual. • Adquisición de conocimientos y técnicas. • Desarrollo de la inteligencia lógica. • Desarrollo de habilidades para la solución de problemas prácticos. • Desarrollo de habilidades de análisis, síntesis, lógica.

El campo de aplicación sobre el que se enfoca este libro es el relativo al **aspecto formativo**. El **aspecto informativo** requiere su propio espacio, por lo que a pesar de ser tan importante, en esta ocasión me limitaré a plantear alternativas exclusivamente en el otro aspecto: el formativo.

Revisaremos estrategias encaminadas a elevar el nivel de conciencia y la capacidad de socialización tanto tuyas como de tus hijos.

¿De qué le sirve a tu hija sacar diez de calificación, si es una niña con indicios de crueldad?

Titularse con honores será todo un orgullo si quien se gradúa es una *persona socialmente constructiva*, y las altas calificaciones serán la cereza del pastel, pero no el pastel mismo.

El alto desempeño académico es algo válido en la medida en que esté apoyado en el desarrollo personal y social del individuo. Sin él, carece de sentido social y, por lo tanto, cubre apariencias, necesidades de reconocimiento y estatus.

Puede haber alguien con un alto nivel intelectual y un bajo nivel de conciencia.

31

No sólo te preocupes
de que tus hijos tengan
buenas calificaciones;
ocúpate de que
sean mejores personas
para el entorno social
en el que viven.

Que construyan
y sirvan en su sociedad.

Mediante un título puede simularse ser alguien educado, pero con ello no se obtiene la condición moral indispensable que define plenamente a un *ser humano*.

Estás educando al futuro padre o madre de tus nietos, a la futura pareja de otra persona.

Alcanzar la excelencia académica se vuelve un factor fundamental para su futuro profesional y económico, pero ni todo el dinero o el éxito profesional sustituirán el valor que tendrá el poder desenvolverse como una madre amorosa y sensata o como una pareja capaz de establecer una relación viva y nutritiva.

Sí, definitivamente la postura que te propongo adoptar frente a la educación es que los principios de universalidad, humanismo, socialización y ética estén por encima de la formación tecnológica, la cual debe ser orientada por ellos. Es oportuno recordar un título del célebre **A. S. Neill**: *Corazones, no sólo cabezas en la escuela.*

Por supuesto, también importa que alguien se gradúe del mejor tecnológico o universidad, siempre y cuando haya trabajado en su desarrollo como un ser humano sensible a los problemas del mundo que habita y no sólo con metas de consumo en su cabeza.

Durante alguna conferencia, un padre de familia me preguntó: "¿Cuándo se gradúa uno como padre?, ¿cómo sabes si lo hiciste bien o mal?". Después de escuchar diversas y sublimes respuestas como "Uno será padre toda la vida", "Uno nunca se gradúa como madre", mi opinión es que para evaluar el propio desempeño como padre se debe responder afirmativamente, entre otras, la siguiente pregunta: **¿Mis hijos son personas aptas para vivir de manera autónoma y constructiva para sí mismos y para los que le rodean?**

Cuando seas capaz de responder afirmativamente, habrás aprobado la materia de ser madre o padre. Si tus hijos no te necesitan, no significa que no te aman, sino que pueden hacer su vida sin ti, y eso indica que son aptos para ejercer su autonomía y decidir su vida. Dos conceptos son básicos para lograr una educación exitosa de tus

Te "graduarás"
como mamá o papá,
cuando tus hijos
no te necesiten
para tomar sus
propias decisiones,
sean capaces de **vivir**
constructivamente y con
un enfoque de servicio
hacia la sociedad
en la que viven.

hijos: la aptitud para vivir su propia vida y el que sean capaces de vivirla de manera constructiva para la sociedad.

Recuerda que ser adulto, desde la perspectiva de la madurez emocional, significa tomar decisiones, asumiendo el riesgo y la responsabilidad de sus consecuencias. Desde pequeño se debe permitir al niño que ejerza cierto grado de autonomía en diversos aspectos de su vida (elegir cómo vestir, con quién jugar, compartir juguetes o no, etc.) conforme va creciendo, se debe ir ampliando dicha autonomía (horario para hacer tareas, forma de contribución y cooperación con la casa, decoración de su cuarto, por ejemplo) y así gradualmente hasta que, al convertirse en un joven adulto, alcance la madurez para ejercer una autonomía definitiva en su vida.

¿Cómo esperas que tu hijo(a) logre ejercer su autonomía y sea apto(a) para vivir su propia vida, si tú como madre o padre no le permites practicarla gradualmente?

Existe en México el problema de la **adolescencia prolongada**: encuentras a jóvenes mayores de 25 años viviendo con sus padres y con una total indefinición sobre lo que harán con sus vidas. Eternos adolescentes que iniciaron el proceso a los 12 años de edad y que continúan como tales aún entre los 25 y los 30 años.

Esto ocurre, con frecuencia, debido a que la madre o el padre no le permiten ejercer su autonomía, y dentro de nuestra estructura familiar tipo muégano –en la que se propicia el estar todos muy juntos, con estrechos lazos de afecto pero también de resentimientos– los miembros de la familia se inmiscuyen en la vida privada unos de otros, generándose una dependencia hasta en las cosas más elementales, como prepararse de comer o cambiar el papel higiénico; más aún en cuanto a la elección de su pareja o en la educación de sus hijos. Esto se agrava cuando la hija se embaraza sin haberlo deseado (la doble moral y la falta de apertura honesta sobre el tema sexual siguen causando estragos).

Duele cuando los hijos se van, pero duele más cuando regresan,

"Vete a crear
tu propio mundo...
si eres capaz.

Para ello tendrás que
encadenar a tu niño interior,
aquel que teme invertir
y que todo el tiempo
está pidiendo que le den."

–Alejandro Jodorowsky
La danza de la realidad

sobre todo si vienen acompañados de hijos.

Nuestra frase tan típica cuando un hijo contrae matrimonio: "No pierdes una hija, ganas un hijo" o "No pierdes un hijo, ganas una hija", se vuelve aterradoramente real. Hay una gran cantidad de matrimonios jóvenes que, por razones ajenas a la estrechez económica, viven con los padres de alguno de los cónyuges, propiciando una injerencia enfermiza en los hábitos y estilos de vida de la nueva pareja.

¿Y dónde quedó la autonomía para vivir con aptitud la propia vida?

Hay que ir más allá de la autonomía y plantearse qué tan constructivo es tu hijo en la sociedad en la que vive. Considerar exclusivamente la autonomía como objetivo educativo es un enfoque limitado. Por ejemplo: un secuestrador o un narcotraficante puede ser autónomo, pero no es constructivo para la sociedad en la que vive; un ejecutivo puede ser autónomo pero llegar a ser a tal grado codicioso, que se vuelva destructivo o incluso peligroso para su entorno.

Por ello, además de su libertad o autonomía, otros valores entran en juego. Otras personas juegan en la misma cancha y deben ser consideradas en la solución. No es suficiente que le vaya bien a tu hijo, debe irle bien junto con la gente con la que convive.

Por lo pronto, te sugiero cambiar tu idea de que ser padre o madre es algo que nunca se termina. Sí termina o, mejor dicho, evoluciona.

Biológica y afectivamente siempre serás su madre o su padre, pero llegará un momento en que ya no tendrás que educarlos. Tú vas a hacer lo que puedas hasta cierto límite; el resto será decisión de ellos.

Aunque tomen malas decisiones, decisiones que los hagan sufrir, tendrás que respetarlas. Tu papel podrá ser de apoyo, de asesoría, pero ya no estarás a cargo de ellos.

Por tu salud mental, no te hagas eso a ti mismo(a). No les dones tu propia vida a tus hijos... ellos se irán por el bien de ellos mismos y también por el tuyo.

Ten tu propia vida. Déjalos ir.

Capítulo 1
¿Soy una buena madre o un buen padre?

La **obsolescencia**
es consecuencia
de no actualizarse.

La **caducidad** lo es
de quedarse
atorado emocional
y mentalmente
en el pasado.

Capítulo 1
¿Soy una buena madre o un buen padre?

1.1 • *Padres de familia obsoletos o caducos*

Algunos padres de familia utilizan el siguiente argumento para justificar su falta de actualización para educar a sus hijos: "Así como me educaron a mí, voy a educar a mis hijos... tal y como mis padres lo hicieron conmigo". No puedes educar a tus hijos como lo hicieron tus padres contigo, pues tus padres te educaron para un mundo que ya no existe.

Otros simplemente se van al extremo contrario: si sus padres los maltrataron de alguna forma, se dedican a sobreproteger a los suyos y evitarles hasta el mínimo sufrimiento posible. Esta actitud es sólo una manera de reaccionar que deberían resolver en terapia personal y no proyectar sus temores sobre sus propios hijos.

Son tantos los cambios, y tan veloces, que al igual que con los equipos de cómputo actuales, corres el riesgo de volverte obsoleto si no te actualizas constantemente. La obsolescencia de la que hablo se traduce en que utilizas un discurso caduco, sermoneador, como el que utilizaban tus padres, perdiendo credibilidad ante tus hijos, pues no te consideran alguien con ideas actuales o prácticas.

"En cualquier educación,
por mala que sea,
hay los suficientes aspectos positivos
como para despertar
en quien la ha recibido,
el deseo de hacerlo mejor
con aquellos de los que luego
será responsable.

La educación no es una fatalidad
irreversible y cualquiera puede
reponerse de lo malo
que haya sido la suya."

–Fernando Savater
El valor de educar

No estoy poniendo en tela de juicio los valores que quieras enseñarles, pongo en tela de juicio el método que utilizas para inculcárselos.

El gran problema que tenemos los padres actuales es que, no obstante ser nosotros una generación de transición, tenemos que educar a los hijos de acuerdo con criterios aplicables a un mundo que desconocemos. Somos responsables de educar a los hijos para un mundo que nosotros mismos no entendemos del todo.

Tus padres te educaron para un mundo más claramente definido; agradables o no, satisfactorias o no, las cosas, los roles estaban definidos desde la cuna hasta la tumba.

Los avances tecnológicos modifican las formas de trabajar, de producir. Esto trae como consecuencia cambios económicos, transformando todas las estructuras sociales: la pareja, la familia, la escuela, la iglesia, el estado, etc.

Nos sobrepasa el rumbo y el ritmo de vida que llevan nuestros hijos, los cuales tienen acceso a información y cuentan con recursos que nosotros ni soñábamos cuando teníamos su edad, por lo que la materia *escuela para padres* se vuelve prioritaria.

¿Te acuerdas del control remoto visual que tu mamá utilizaba para que te comportaras bien? Intenta utilizarlo con tu hijo y se te quedará mirando directamente y te dirá: "¿Qué te pasa?, ¿por qué me miras así?".

Antes, la obediencia era una gran virtud; es más, llegó a considerarse un valor que debía premiarse con alguna medalla en la escuela. Hoy, las empresas que contratan a los egresados de las escuelas, no necesitan gente obediente, sino gente que pueda tener iniciativa y creatividad para solucionar problemas y para adaptarse al cambio. La obediencia no es ya un atributo muy apreciado que digamos... y a quienes no contraten las empresas, tampoco van a generar sus propios negocios o a crear sus propios medios de subsistencia siendo obedientes.

Todas las profesiones requieren actualización. Quien no se actualiza, pierde vigencia y se vuelve obsoleto; lo mismo sucede con los

No te pongas tú mismo(a)
una etiqueta de caducidad,
asumiendo que a partir
de cierta edad ya no
funcionas igual.

Todo empieza en tu mente
y se traduce en tu actitud,
e incluso, en tu cuerpo.

padres de familia. Seguirás dando órdenes, continuarás sermoneando, pero ¿influyes realmente en tus hijos?, ¿no crees que si no te actualizas perderás claridad, perspectiva y vigencia ante lo que realmente les ocurre y necesitan?

Aclarado este punto, quiero hacerte ver que en ocasiones tú mismo(a) te pones una etiqueta de caducidad. Así como la de la leche o los productos indican hasta cuándo se conservan en buen estado, cuando dices cosas como "En mis tiempos...", "Cuando yo era joven..." te estás autocaducando.

> **"Cuando se es joven, por debajo de nuestra alegría vital, se extiende una inmensa angustia"**
> *–Alejandro Jodorowsky*

Ten cuidado; tus tiempos son ahora, pues estás vivo(a); tu juventud no necesariamente fue tu mejor época.

Si es necesario, acude a un especialista que te ayude con tu depresión o con tu somatización (cuando tus problemas emocionales enferman tu cuerpo) pero no transmitas a tus hijos la idea de caducidad. De otra forma, tu propia profecía se hará realidad y no serás alguien realmente vivo para tus hijos... ni para ti mismo(a).

1.2 • ¿En qué clase de persona se convertirán tus hijos?

> *"El arte de ser padres significa dejar de ser indispensables lo antes posible."*
> **Norma Alonso**

¿Para qué educas? No pregunto por qué, sino para qué. ¿Tienes claro qué quieres fomentar con la educación que impartes?, ¿en qué clase de persona se pueden convertir tus hijos? Cuando los corriges o les das un permiso, ¿qué tienes en mente como objetivo o meta

Para evaluar tu propio
desempeño en un entorno
y actividad tan cambiante
como educar a los hijos,
es necesario tener alguna
referencia estable,
tener indicadores que te
muestren si vas bien o tienes
que corregir el rumbo.

educativa?, ¿cómo evalúas tu propio desempeño como madre o padre de familia?, ¿cómo sabes si realmente vas bien o no, en este papel tan importante en tu vida?, ¿cómo responder a la pregunta: soy una buena madre o un buen padre?

Para tener certeza de nuestras acciones es indispensable que tengamos metas claras que nos sirvan de referencia para evaluar nuestro desempeño. Si sabes con claridad el tipo de persona que deseas ayudar a formar con la educación que impartes, tendrás más confianza en tus decisiones y evitarás precipitarte, pues sabrás a dónde pueden conducir tus acciones. Para lograr esto, debes contar con una idea relativamente clara de lo que deseas lograr con tus hijos, es decir, saber en qué clase de persona podrían llegar a ser.

Algunas personas creen que son buenos padres o madres por amar mucho a sus hijos. Aunque no cuestiono la necesidad fundamental de amarlos para poder educarlos, con el amor no es suficiente. Hay diferentes formas de expresar lo que creemos que es amor y que no necesariamente son positivas para un hijo. Por ejemplo, sobreprotegerlos y permitir que el niño no tenga límite alguno. Hay padres que creen que de esta forma están manifestando su amor, y en realidad, con dicha forma de amar están perjudicando a sus hijos.

Otros creen que son buenos o malos padres exclusivamente en función de las calificaciones escolares de sus hijos. Yo creo que usar la boleta escolar para evaluarse como madre o padre es un referente muy pobre, pues tendrás una visión incompleta e imprecisa de un solo aspecto dentro del ancho mundo de la vida y educación de tus hijos.

> **Educa para que tus hijos sean aptos para vivir su propia vida... sin ti.**

Sé que este planteamiento puede ir en contra de criterios educativos donde se fomenta que los hijos no se vayan de casa, o por lo menos que retarden su salida lo más posible, como sucede en

Considera que la educación
que impartes a tus hijos
tiene como finalidad que
no dependan de ti.

Que no seas alguien
indispensable para que ellos
puedan vivir de acuerdo con
su propio criterio, de forma
autónoma y constructiva para
la sociedad en la que vivan.

muchas familias latinoamericanas. Hay familias que van mucho más allá de la unión, e incluso rayan en lo patológico a través de intromisiones excesivas en la vida de sus hijos, generando muchas veces dependencias enfermizas entre sus integrantes. Suegros o suegras entrometidos que lastiman seriamente, a veces de manera irremediable, las relaciones de pareja de sus hijos casados. Hijos o hijas que para todo consultan a sus papás y no son capaces de decidir en su propia vida "independiente", son sólo algunos ejemplos del gran daño emocional producido al interior de familias por ser incapaces de soltar o dejar ir a los hijos cuando estos crecen.

Hay que distinguir entre unión familiar e intromisión familiar.

Así como hay alimentos que nos nutren y otros que nos intoxican, hay relaciones afectivas y familiares que nos nutren y otras que nos intoxican. Y esto sucede sin que necesariamente haya una intencionalidad destructiva, ya que algunas relaciones se contaminan por diversas experiencias a lo largo de la vida en común.

Deberíamos educar para que nuestros hijos no nos necesiten para vivir su propia vida, de manera autónoma y constructiva para la sociedad en la que vivan, por lo que te propongo adoptar los siguientes criterios para evaluar el avance, estancamiento o retroceso de tus hijos en relación con este objetivo:

RASGOS BÁSICOS DEL PERFIL DE PERSONA

Los rasgos del perfil de persona que te propongo debes tener en mente para educar con una intención clara y un propósito definido a tus hijos son los siguientes:

Persona de bien: significa alguien que construye más de lo que destruye en su propia vida y en su entorno. Alguien orientado hacia la vida, no a la muerte, y cuyos valores morales le permitan tomar decisiones éticamente congruentes en la mayoría de las

PERSONA DE BIEN
(Formación del carácter, formación cívica y ética, valores)

Persona autónoma

PERSONA EN CONTACTO
(empatía, habilidades sociales, vinculación afectiva, capacidad amorosa)

PERSONA CON SIGNIFICADO Y SENTIDO
(detección y desarrollo de talentos, proyecto de vida, productividad existencial)

En un marco que fomente su autonomía para tomar decisiones.

situaciones de su existencia.

Persona en contacto: significa alguien capaz de vincularse afectivamente con los demás y que pueda relacionarse de manera constructiva en y para su entorno social. Alguien con las habilidades sociales requeridas para poder convivir pacífica y productivamente en sociedad.

Persona con significado y sentido en su vida: significa alguien con un proyecto de vida que le permita expresar sus talentos personales y que pueda entonces disfrutar sus actividades productivas, proporcionándole significado a su vida.

Para que alguien pueda actuar competentemente como una madre o padre competente, debería considerar el perfil de persona que desea fomentar, es decir, tener claro la clase de persona que desea que sus hijos lleguen a ser.

EJES EDUCATIVOS

Existen tres ejes temáticos o aspectos que las madres y padres de familia deberíamos aprender para desempeñarnos competentemente en el marco de los tres rasgos del perfil planteado anteriormente.

I. La educación del carácter
Es decir la transmisión y el ejercicio de valores humanistas para la toma de decisiones congruentemente éticas en diferentes esferas de su vida, de acuerdo con la sociedad en la que ésta transcurra. Para que alguien pueda ser, actuar y vivir como una persona de bien deberá aprender a fortalecer su carácter con el fin de que pueda tomar decisiones sensatas en su vida.

Preguntas clave para evaluar este eje educativo
• ¿Mis hijos están aprendiendo a tomar decisiones?

"[...] el carácter, entendido como congruencia entre pensar y obrar, convicciones claras y firmes y un sentido de finalidad que engloba y afecta todo esto que llamamos nuestra vida.

[...] Carácter es una palabra-síntesis que comprende valores, principios, hábitos y maneras de ser de la persona; expresa la asimilación consciente de que la vida conlleva un imperativo de autorrealización y una aceptación del esfuerzo como necesario, lo que suele traducirse en una disciplina en el uso del tiempo y frecuentemente en una capacidad para organizar las actividades propias y las de los demás. No implica necesariamente liderazgo, aunque éste no le es ajeno.

[...] Una buena educación debiera crear la convicción de que la vida es para algo, oportunidad más que destino, tarea más que azar. La buena educación se propone que cada alumna y alumno constituya en su interior un estado del alma profundo, se convierta en sujeto consciente, capaz de orientarse al correr de los años en la búsqueda del sentido de las cosas y del sentido de la vida. Así transformará la información en conocimiento y el conocimiento en sabiduría; habrá aprendido a vivir.

–Pablo Latapí Sarre
Una buena educación: reflexiones sobre la calidad

- ¿Tienen nociones de los valores que deben considerar para tomar decisiones?
- De acuerdo con su edad, ¿fomento que ellos asuman las consecuencias de sus actos?
- ¿Saben que cuando hacen algo malo deben hacer algo bueno para compensar a quien afectaron?
- ¿Pueden contenerse y respetar su turno cuando deben esperar por algo?
- ¿Cuánto tiempo les lleva superar la frustración de no tener o no conseguir algo que desean?
- ¿Fomento que mis hijos experimenten algún esfuerzo para lograr metas que ellos desean conseguir o se los proporciono yo para que no sufran?

La sobreprotección es uno de los principales debilitadores del carácter. Asimismo, lo es el maltrato. En un capítulo posterior analizaremos cómo estos extremos impiden el fortalecimiento del carácter de los hijos.

II. El desarrollo de la empatía (percepción de las emociones de quienes le rodean y respuesta solidaria ante sus necesidades) y la socialización

Aquellas actividades que fomenten la sintonía emocional, la solidaridad social, el cuidado de la naturaleza, así como la capacidad de establecer lazos afectivos enriquecedores que le permitan vincularse con los demás, saber expresar afecto y saberlo recibir, convivir y colaborar en sociedad de manera pacífica, productiva y constructiva. Para que alguien pueda convivir socialmente tenemos que ayudarle a ser, actuar y vivir en contacto consigo mismo y con los demás.

Preguntas clave para evaluar este eje educativo
- ¿Mis hijos son capaces de expresar su afecto y de recibirlo

"Sin amor, la existencia no tiene sentido.
Se puede tener éxito, pero no sentido,
es decir dicha.
Hemos endiosado tanto el éxito, que nos
olvidamos del porqué de nuestra estadía
en la Tierra, de nuestro paso por la vida:
el sentido, vivir por algo, para algo,
para alguien.

[…] La libertad no consiste en hacer
lo que quieras sino en hacer lo que
consideres adecuado para ti. Ese es tu
querer. Algo previamente pensado
y ensamblado en un plan de vida,
de hermosura o de placer.
Lo que quieras no es un capricho,
es una consecuencia de saber lo que
quieres y para qué lo quieres y cómo
lo insertas en el programa de tu vida."

–Jaime Barylko
Los hijos y los límites

sin ansiedad?

- ¿Están aprendiendo a resolver conflictos sin golpes e insultos?
- ¿Están aprendiendo a negociar de acuerdo con su edad o sólo arrebatan lo que desean?
- ¿Están adquiriendo modales elementales de convivencia?
- ¿Tienen buenos amigos?, ¿es alguien querido por otros y quiere a otros más allá de su entorno familiar inmediato?
- ¿Es incluyente o excluyente con aquellos que son diferentes a él o ella en cualquier aspecto? (creencias, raza, religión, nivel socio-económico, enfermedad, condición, etcétera).
- ¿Es alguien sensitivo al dolor de otros seres o personas?, ¿intenta ayudar cuando alguien más está en problemas?, ¿produce dolor o sufrimiento a seres más débiles que él o ella sin inmutarse?
- ¿Es sensible al sufrimiento o vulnerabilidad de otros seres vivos?

Respóndete estas preguntas, platica con tu pareja o con quien compartas la educación de tus hijos, y si las contestan con honestidad, tendrán un panorama claro de cómo van en este rasgo del perfil de persona sugerido anteriormente y cuánto camino les falta por recorrer al respecto.

III. El proyecto de vida

Fomentar que los hijos puedan encontrar una actividad productiva a largo plazo que les genere bienestar a sí mismos y a los demás, basados en la detección de sus talentos personales, encontrando formas de expresarlos al máximo posible; acompañarles para que puedan encontrar por sí mismos su elemento, entendido como **el lugar donde las cosas que amamos hacer coinciden con lo que sabemos hacer bien**. Muchas personas nunca conocen o reconocen sus talentos y por lo tanto no saben de lo que son capaces, perdiendo significado en su vida, ya que el sentido se descubre realizando actividades productivas que nos apasionen y nos absorban. Un proyecto de vida es el camino para encontrar y expresar lo que amamos hacer.

"¿Cuántos hay
que saben
lo que quieren
y saben hacer
lo que quieren?"

–George Steiner

Preguntas clave para evaluar este eje educativo

- ¿Qué es lo que más disfrutan hacer cada uno de mis hijos?
- ¿Se los fomento o lo uso para controlarlo cuando se porta mal amenazándolos con quitarles el derecho a hacerlo?
- ¿Estoy creando un ambiente donde ellos pueden descubrir sus propios talentos?
- ¿Qué hacen bien de manera natural, prácticamente innata, que con poco apoyo son muy buenos? ¿Lo sé o lo ignoro?
- ¿En qué tipo de actividad mis hijos se encuentran como peces en el agua, en su elemento?

Nunca hay que subestimar la importancia vital de encontrar en edades tempranas la actividad que para uno es un juego disfrutable, ya que de esto dependerá en gran medida encontrar el propio camino para dedicarse a actividades productivas significativas y trascendentes cuando se sea adulto.

Como puedes ver en la página siguiente los tres rasgos están interrelacionados y los tres ejes educativos correspondientes también.

Seguramente observarás que muchas de las actividades educativas que realizas transitan por estos tres ejes y justamente conducen a los rasgos del perfil mencionado.

¿En qué debemos educar a nuestros hijos? ¿Cómo estar a la altura del reto que representa educar a una hija o a un hijo a principio del siglo XXI? ¿Qué aspectos serán indispensables para que nuestros hijos tengan posibilidades en un mundo que no sabemos cómo será y que no conoceremos?

¿Habrá alguna serie de temas que debamos considerar como los indispensables para estar en la línea de flotación y no ahogarnos como padres de familia? Es decir, ¿en qué aspectos debemos prepararnos para hacer un papel suficientemente competente ante lo que representa un enorme reto: preparar a quienes más amamos para un mundo que no sabemos cómo será?

Rasgos del perfil de persona y sus ejes educativos

Persona de bien

Persona en contacto

Persona con significado y sentido de vida

Educación del carácter

Socialización, vínculos y empatía

Proyecto de vida

Para ser padres suficientemente buenos no basta con tomar un curso sobre cierto tema educativo que nos inquieta o interesa, sino que debemos tener un panorama más amplio que nos permita prepararnos en los diferentes aspectos aquí planteados.

Así, las madres y padres de familia que consideremos estos elementos, estaremos en mayor posibilidad de tomar decisiones coherentes que conduzcan a nuestros hijos a disminuir la brecha entre lo que son hoy y lo que pueden ser mañana.

Y de la misma manera, nosotros mismos tendremos que cuestionarnos respecto a qué tanto hemos desarrollado estos rasgos.

¿Somos personas de bien, en contacto y con significado en nuestras propias vidas? Vale la pena preguntárselo y trabajar en los aspectos en los que tengamos rezagos. Este libro no es un texto de autoayuda sino de pautas educativas, pero tenemos que enfrentar el hecho que no podremos fomentar en nuestros hijos lo que por lo menos no intentamos alcanzar en nosotros mismos.

1.3 • ¿Es eficaz tu disciplina?

> *"El niño es el padre del hombre."*
> **William Wordsworth**

El simple hecho de que te hayas interesado en este libro, indica que puedes tener problemas con el tema disciplinario, aunque también puede ser que te haya atraído por simple curiosidad o para reforzar estrategias que te han funcionado bien.

¿Para qué cambiar si vas progresando bien por un rumbo determinado?

¿Qué tan eficaz es tu disciplina?

Para saber dónde estás parado(a) contesta el cuestionario de la página 60. Si tus respuestas son afirmativas en:

Antes de intentar encontrar una estrategia disciplinaria inteligente, aplicable a tus hijos, debes contestar verazmente las siguientes preguntas, teniendo en mente al hijo que te cuesta más trabajo educar:

1. ¿Tengo que repetir muchas veces una indicación para que mi hijo me haga caso?

2. ¿Tengo que gritarle constantemente para que haga caso a lo que le indico?

3. ¿Parece que mi hijo tiene más poder que yo?

4. ¿Cedo demasiado?

5. ¿Ya intenté todo y sigue haciendo lo indebido?

6. ¿Mi hijo manifiesta una conducta inhibida o tímida?

7. ¿Molesta mucho a los demás o incluso muestra indicios de crueldad con seres más débiles que él?

8. ¿Estoy teniendo problemas con mi pareja o con algunos familiares por la conducta de mi hijo?

9. ¿Mi hijo miente mucho?

10. ¿Me tiene miedo?, ¿le tiene miedo a mi pareja?

11. ¿Tengo que ayudarlo en cosas que se supone ya debería poder hacer solo?

12. ¿Hace reiteradamente cosas que sabe que me sacan de mis cabales?

13. ¿Hace berrinches?

- 6 o más de las preguntas, entonces **te urge cambiar.**
- 4 ó 5 de las preguntas, entonces **es necesario que cambies.**
- 2 ó 3 de las preguntas, entonces **es recomendable que cambies.**
- 1 de las preguntas, entonces **vas bien.**
- 0 respuestas afirmativas, entonces **vas muy bien...** o no contestaste la verdad.

Además, es importante que ubiques el nivel de necesidad de cambio que requieres. ¿Para qué estudiar alternativas o estrategias novedosas si consideras que no necesitas cambiar?

El aprendizaje es evaluado por medio de conductas observables, por medio de cambios en dichas conductas. Así que, una vez que apliques la disciplina inteligente, podrás utilizar nuevamente este cuestionario, con el fin de evaluar tu avance.

Para aprender, es tan importante reconocer tus errores como reconocer cuando lo has hecho bien.

1.4 • *Definición #1 de estupidez*

> *"No vemos las cosas tal como son, las vemos tal como somos."*
> **Anaïs Nin**

El problema principal radica en que a pesar de que necesitas cambiar, te aferras a conductas no funcionales.

Si tus respuestas indican una necesidad de cambio, es mejor que empieces a trabajar en ello cuanto antes; de otra forma puede que caigas en la primera definición de estupidez (página 64).

Mucha gente inteligente comete estupideces al no modificar acciones que han probado su falta de resultados e insistir en actuar

"El resultado más deseable
de una educación(...) amar
y ser amado por las personas
con quienes se comparte
la vida, así como ser útil
a la sociedad, de tal modo
que puedas enorgullecerte
justificadamente de lo que
consigues hacer, a pesar de
las inevitables penalidades
de la vida y prescindiendo de
lo que otros puedan
pensar de tus logros."

–Bruno Bettelheim

de la misma forma. Es más, en ocasiones utilizan su gran inteligencia lógica y capacidad argumentativa para defender estupideces emocionales. Recurren a argumentos lógicos para defender posiciones absurdas, frecuentemente originadas en problemas emocionales profundos e inconscientes.

Al hablar de conductas estúpidas, no me estoy refiriendo a gente estúpida. No se trata de acusar; se trata de reflexionar sobre la posibilidad de estar tercamente enfrascado(a) en una misma conducta, sin resultados, e insistir absurdamente en ella. Equivocarse no lo convierte a uno en estúpido, lo estúpido es permanecer en el error.

Esta primera definición es una de mis favoritas para atacar la esperanza pasiva, basada sólo en los buenos deseos, pero sin ninguna acción responsable que modifique los resultados.

¿Cómo esperar mejores resultados si se continúa actuando igual que cuando no se han obtenido?

Si tus respuestas a las preguntas sobre la efectividad de tu disciplina fueron en su mayoría afirmativas, no puedes esperar algún milagro espontáneo que corrija la situación. Debes actuar de forma diferente para poder esperar un resultado también diferente.

¿Crees que esta definición pueda aplicarse a otras áreas de tu vida?... Supongamos la vida en pareja: si las cosas no están funcionando, te insultas con tu pareja, su vida sexual no es satisfactoria, se irritan mutuamente, ¿por qué crees que súbitamente este año nuevo las cosas van a mejorar sin hacer algo concreto al respecto? Si no acuden al terapeuta, al sexólogo, si no se imponen la tarea de comprometerse consigo mismos a no insultarse, la situación va a empeorar.

> **"El error es disculpable, mientras se cometa una sola vez y en una sincera búsqueda de conocimiento."**
>
> *–Alejandro Jodorowsky*

¿Demasiado obvio? Te sorprenderías del número de gente que

ESTUPIDEZ

Definición 1

Actuar de la misma forma y esperar que el resultado sea diferente.

(Adaptación libre del concepto de "locura o insano juicio" de Albert Einstein)

DISCIPLINA ESTÚPIDA

Aferrarse a conductas, regaños o estrategias que no dan buenos resultados, enfrascándose en círculos viciosos de autoridad, sin intentar cambiar realmente.

opera sobre la base de una **esperanza pasiva**. Literalmente, se sientan a esperar que algo pase y mejore los resultados en diversas áreas de sus vidas.

Partiendo de la definición de esperanza de **Erich Fromm** mencionada en su libro *La revolución de la esperanza*, podemos decir que existe una **esperanza activa**, la cual se fundamenta en la creencia de que vale la pena actuar para que algo suceda, puesto que el posible resultado es deseable y alcanzable.

> ## Si actúas de la misma manera, tendrás resultados similares.

Veamos otra posible área de aplicación de este concepto: Si tienes problemas de salud por tus malos hábitos de alimentación, diariamente comes tortas de tamal y te las pasas con atole, y luego crees que colocando agujas en tus oídos vas a curarte... no es que dude de la acupuntura, de lo que dudo es de las soluciones parciales, que carecen de un enfoque más global basado en la responsabilidad personal.

No le atribuyas factores mágicos o esotéricos a tu falta de responsabilidad para modificar lo que debes enfrentar; no es por tu incompatibilidad zodiacal que te peleas con tus hijos, es porque no modificas tu estilo de comunicación con ellos; no es porque tu hijo sea un niño índigo que tu hijo actúa como un patán con su abuelo, es porque no le has puesto un límite claro con respecto al trato con los demás.

Reconozco que el fenómeno de los niños índigo es algo muy interesante sobre el que nos falta estudiar y comprender mucho, pero cuidado con utilizarlo como pretexto para explicar conductas antisociales no manejadas y que podrían enfrentarse con una estrategia disciplinaria inteligente.

Si algo no ha funcionado en el pasado, no tiene por qué funcionar en el futuro. Recuerda la primera definición de estupidez y, en consecuencia, actúa de otra manera.

Capítulo 2
Cómo vencer mis ansiedades/miedos
y culpas como padre o madre

"El mejor antídoto
para la preocupación
es la acción."

—**Wayne W. Dyer**
Tus zonas erróneas

Capítulo 2
Cómo vencer mis ansiedades/miedos y culpas como padre o madre

2.1 • *Haciéndote cargo de tu ansiedad/miedo*

Como mencioné en la introducción, existen dos enemigos que impiden el aprendizaje para educar adecuadamente a los hijos: el binomio ansiedad/miedo y la culpabilidad.

Si no los aprendes a manejar o por lo menos impides que te dominen, no tiene caso mostrarte nuevos enfoques, estrategias o técnicas pues estos enemigos te interrumpirán constantemente y no te permitirán escuchar, a la vez que te impedirán procesar nueva información, ya que exigen atención y acción inmediata.

Quien sufre de ansiedad, no puede comprender que educar es un proceso que lleva tiempo; mucho menos puede concebir respetar los ritmos específicos de desarrollo que cada uno de sus hijos requiere, los cuales por lo general son diferentes. La educación no es un recetario de soluciones inmediatas a temores de diversa índole, que te llevan a actuar de manera precipitada, ansiosa e, incluso, insoportable para tus hijos.

Vale la pena comentar que estos subcapítulos ("Haciéndote cargo de tu ansiedad y miedo" y "Haciéndote cargo de tu culpabilidad"), puedes hojearlos rápidamente o de plano brincártelos, si no son aplicables a tu

ANSIEDADES/MIEDOS

1. Consulta el **Catálogo de ansiedades y miedos**
en el modo manual de consulta
(sólo busca los temas que se apliquen a tu caso).

2. Estudia el texto correspondiente.

3. Con un amigo(a) o con tu pareja, explícale
lo estudiado como si fuera tu punto de vista
al respecto. Haz de cuenta que la persona con
la que estás haciendo el ejercicio es alguien
que tiene tus mismos temores sobre el tema que
escogiste y ahora tú eres quien trata de
convencerla, con los argumentos estudiados,
para que modifique su punto de vista.

4. Platiquen luego sobre tu propia opinión
y los sentimientos que te genera la situación.

5. Repite el procedimiento con todos los temas
que te preocupen.

circunstancia, para que pases directamente a los capítulos relacionados con las estrategias disciplinarias. Se incluyen como algo necesario para quienes padecen de dichas emociones, y se mencionan los aspectos que comúnmente las disparan. Insisto, si no es tu caso, valen la pena sólo como información general; si encuentras circunstancias similares, localiza y estudia con detalle las que son aplicables a ti.

En el crecimiento de los niños existe un desarrollo que te conviene conocer para poder identificar la fase por la que está pasando el tuyo a fin de que no le pidas que se conduzca fuera de un rango típico o normal para su edad.

Por ejemplo, si tu hijo tiene 2 años y no le gusta jugar mucho con otros niños, conocer las características de socialización de dicha etapa te ayudará a identificar que esa falta de vinculación de tu hijo con otros niños justamente es una etapa transitoria y no un rasgo antisocial de su personalidad, y evitará que lo etiquetes absurdamente con sentencias del tipo "Saliste tan arisco como tu padre".

Al final del libro, en la sección "Recomendación de lecturas interesantes y fuentes consultadas", se incluyen algunos títulos sobre el proceso de desarrollo en el crecimiento de los niños y adolescentes que pueden ayudarte a disminuir tus preocupaciones.

A continuación te presento algunas de las conductas de los hijos que más comúnmente generan ansiedad en sus padres. Mientras no las enfrentes adecuadamente no lograrás progreso alguno, ya sea que tengas hijos pequeños o adolescentes. No están enlistadas en orden de importancia o recurrencia sino al azar; simplemente localiza la conducta que se aplique a tu caso, ve a la página indicada y lee el texto correspondiente. Probablemente eso te ayude a disminuir tu ansiedad al respecto. El catálogo contiene comentarios sobre cada tema, que ojalá te sirvan como ansiolítico para que puedas disminuir el miedo subyacente en cada caso y el identificarlo te ayude a abrirte al mundo de posibilidades que están frente a ti para mejorar tu desempeño como mamá o papá.

CATÁLOGO DE ANSIEDADES / MIEDOS

"No come" 1

Este es un tema que muchos adultos sufrieron en carne propia con sus respectivos padres; las mamás obligaban a los niños a no levantarse de la mesa hasta que se hubieran comido todo, aunque las albóndigas heladas literalmente se cuajaran, y si no lo hacían se las servían para cenar o... se ideaban otras torturas.

La ansiedad y el miedo de que tu hijo no coma bien y padezca trastornos de salud, por lo general no están bien fundamentados.

He observado con frecuencia, que niños con problemas de obesidad tienen padres ansiosos por rellenarlos de comida. También he observado a niños delgados, en un nivel de crecimiento promedio, cuyos padres consideran que están "muy flacos".

Si tienes este temor, te recomiendo que lleves a tu hijo con el pediatra, lo revise a conciencia y te diga si padece alguna deficiencia alimentaria. Si no, por favor déjalo en paz. Hazle el favor (y háztelo a ti misma) de dejar de fastidiarlo con esta obsesión que puede ser muy peligrosa para su salud. Es menos peligroso que no coma a que lo obligues a comer de más.

No puedes forzar los ritmos de cada organismo. Hay niños con horarios digestivos diferentes, que realmente no tienen hambre cuando todos comen. Déjalo comer a sus horas, sin que te conviertas en mesera las veinticuatro horas, deja que él se sirva platillos de fácil preparación.

Distingue entre la hora de sentarse a la mesa con todos y la hora de comer; no necesariamente deben ser las mismas. Este caso es poco común pero llega a darse.

Por otro lado, revisa si se está atiborrando de comida chatarra a deshoras, con el fin de que normes y estructures su horario alimenticio. Eso está bien. La ansiedad sobre la comida, no.

2 "No hace la tarea"

Hay mamás que no pueden tener vida propia, no pueden ir a tomar un café o asistir a una conferencia "porque a sus hijos les dejaron mucha tarea". ¿Estás volviendo a hacer la primaria? La ansiedad se manifiesta aquí con una obsesión por hacer la tarea con ellos o porque no cometan ningún error.

La tarea es para tus hijos, no para ti. Debes comentar con la maestra este punto. Se le deben proporcionar herramientas y apoyo para que cuente con técnicas de estudio, organización y estructura para aprender, pero no debes hacer la tarea por ellos. A lo más que debes llegar es a enterarte de lo que debe hacer, pedirle que lo haga mientras tú estás por ahí y checar que lo haya completado, aclararle alguna duda o indicarle alguna corrección.

Otro aspecto importante es el de los horarios de las tareas. Algunos padres opinan que la mejor hora para hacer la tarea es inmediatamente después de comer para que luego pueda salir a jugar. A algunos niños les puede funcionar, a otros no. ¿Tú te concentras bien después de comer? Yo no. Prueba diferentes horarios y observa en cuál se desempeña mejor.

A esto se le agrega la cantidad de tarea: en algunos casos porque le dejan muy poca tarea y en otros porque le dejan demasiada. Si le dejan muy poca tarea, ¿cuál es tu problema?, ¿crees que no va a ser un gran profesionista debido a esto? Te aseguro que si lo llega a ser, no será debido a la dosis de tareas que le hayan dejado en primaria. Si por el contrario, crees que le dejan demasiada tarea, primero revisa si es realmente mucha o simplemente le falta organización y orden para hacerla. Si en realidad es demasiada (porque hay escuelas que se enorgullecen de ello), lamento decirte que debes cuestionarte seriamente la posibilidad de buscar otra escuela que vaya más de acuerdo con tus expectativas y filosofía educativa.

Mientras cumpla con ella, deja que realice su tarea de niño: crecer y aprender jugando... no importa si ya hizo su tarea o la hace al rato.

"Tiene malas calificaciones" 3

Recuerdo una anécdota que me ocurrió durante una visita que tuve la oportunidad de realizar a Bonn, Alemania, para conocer algunos aspectos de su sistema educativo: recorríamos una escuela primaria pública, el director técnico de la escuela nos mostraba las aulas, los niños desempeñaban algunas actividades y observé que los grados equivalentes a nuestro 2º de primaria estaban aprendiendo algunos conceptos que los nuestros iniciaban en preprimaria o en 1º de primaria. Cuando señalé dicho atraso, el director técnico se me quedó mirando con sus fríos ojos color acero y me preguntó: "¿Y qué prisa tienen allá?... estamos enseñándoles a vivir y a socializar, ¿le parece poca cosa?". Guardé silencio. Agregó que ya tendrían tiempo para dedicarse a aprender cuestiones técnicas o de mayor exigencia, pues su prioridad en este nivel era la socialización. No quiero decir que allá todo sea mejor, pero creo que sí tenemos mucho que aprenderles en cuanto a sus programas y logros educativos.

A lo largo de años de conducir pláticas con padres de familia, he realizado encuestas informales para conocer sus intereses y preocupaciones, y el tema que no deja de aparecer como preponderante para la mayoría de los padres de familia es: las calificaciones o el aprovechamiento escolar. No deja de sorprenderme esta prioridad, y aunque no intento minimizarla, opino que primero hay que formar para luego poder informar en terreno fértil.

En un mundo tan competitivo es indispensable tener calidad académica, por supuesto, pero eso no justifica la ansiedad/miedo e incluso la obsesión por el tema.

Hay padres de familia que entran en el juego de demostrar que su hijo es el mejor de su clase y compiten con otras familias para ver quién tiene al "mejor" hijo. Toma en cuenta que no necesariamente el que tuvo mejores calificaciones es a quien mejor le fue cuando se convirtió en adulto.

INTELIGENCIAS MÚLTIPLES
Según Howard Gardner

Inteligencia
lingüística/verbal

Inteligencia
lógico/matemática

Inteligencia
visual/espacial

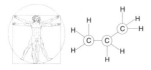

Inteligencia
corporal-cinestésica

Inteligencia
rítmica/musical

Inteligencia
interpersonal

Inteligencia
intrapersonal

Howard Gardner
La inteligencia redefinida

Muchos niños padecen humillaciones y castigos que impactan en la imagen que tienen de sí mismos debido a sus bajas calificaciones.

Las calificaciones escolares evalúan lo que contienen los exámenes, y en ocasiones se combinan con la participación en clase y las tareas o trabajos, pero no evalúan la capacidad de relación, ni las diversas inteligencias (las cuales son múltiples, no sólo existen la inteligencia lógica-matemática o la lingüística, tradicionalmente evaluada en las pruebas de IQ).

Según **Howard Gardner**, investigador de Harvard y autor, entre muchos otros, de los libros *Estructuras de la mente* e *Inteligencias múltiples*, plantea que el concepto de Cociente de Inteligencia no abarca todos los aspectos que un ser humano puede manifestar como parte de sus inteligencias.

No pretendo cambiar el tema de este libro extendiéndome demasiado al respecto, pero creo que es importante enfatizar este tema de la inteligencia, puesto que muchos padres creen erróneamente que las calificaciones y la inteligencia de sus hijos son totalmente coincidentes. No es así. Te sugiero consultar los libros de Howard Gardner sobre el tema.

Las calificaciones importan, pero no tanto. Tu hija puede tener un talento extraordinario para dibujar (inteligencia visual combinada con la corporal-cinestésica) y sin embargo lleva reprobando materias que tienen que ver con lógica-matemática, por lo que la imagen de sí misma está devaluada y opina que su habilidad no es tan importante, puesto que todo el tiempo se le enfatizan sus inhabilidades.

Tu hijo puede tener una habilidad extraordinaria para el manejo de equipos electrónicos y sistemas de cómputo (inteligencia lógica-matemática) y sin embargo lleva reprobando materias que tienen que ver con actividades corporales o tener serios problemas de socialización y relación interpersonal.

Hay que ayudarles a mejorar sus calificaciones para cumplir con los estándares de la escuela y la sociedad, pero hay que poner más énfasis en el desarrollo de sus habilidades, las cuales, te lo aseguro, no aparecen reflejadas en la boleta de calificaciones.

Si tiene problemas con sus calificaciones, ayúdalo, proporcióna-le técnicas de estudio, pero al mismo tiempo deja de minimizarlo como persona debido a sus bajas evaluaciones, las cuales no son tan confiables como crees.

Tu ansiedad y tu miedo sobre su futuro sólo empeoran las cosas, deja que manifieste la inteligencia en la que tiene facilidad, aunque en ocasiones repruebe.

"No lee" 4

Este es un punto muy importante que hay que manejar con mucha anticipación a la adolescencia. No se trata de que el niño *entienda* lo importante que es la lectura y logre la representación en imágenes construidas por él mismo a partir del símbolo escrito, sino que el niño *sienta*, experimente el placer de la lectura, ya que leer no es un acto puramente intelectual, también lo es emocional y, en ocasiones, incluso espiritual. Por lo tanto, tu estrategia debe partir de que tu hijo asocie la lectura con momentos agradables, de contacto contigo y con él mismo. Para empezar, tú mismo(a) debes tener o desarrollar el placentero hábito de la lectura. Debe haber libros en tu casa, no sólo revistas o periódicos. Compra libros para la edad de tus hijos, ve a cualquier librería y busca en la sección infantil y encontrarás una enorme cantidad de opciones. Si puedes hacer esto con tus hijos desde pequeños, es mejor que ellos escojan lo que quieren leer. Al principio escogerán libros con muchas ilustraciones, está muy bien. Lo importante es que diariamente, o por lo menos tres veces a la semana, te acomodes con él en su cama o en un sillón y leas con él buenos libros. Al principio puedes leer sólo tú, luego haz que él te lea algunas páginas y tú otras. Comenta el libro. Haz esto como un ritual muy agradable, dale su tiempo y espacio propios. No permitas interrupciones. Poco a poco propicia que el niño asocie la lectura con momentos de intimidad, cercanía y reflexión; que asocie la lectura con momentos cálidos.

Si tienes más de un hijo, puedes optar por compartir el momento con todos, pero la diferencia de edades hará que haya diversidad de intereses en los temas, por lo que conviene que le dediques una noche para leer por separado a cada quien.

Si tu hijo ya es adolescente y sólo lee la caja de cereales, la estrategia es diferente: pon a su alcance, como por descuido, títulos que puedan ser de su interés: libros sobre educación sexual, biografías de algún músico que le guste. No lo fuerces a leer, que te vea leer y que tenga a la mano qué leer.

5 "Su cuarto es un desorden y no recoge sus juguetes"

Este es otro aspecto que también genera ansiedad y pleitos en muchos hogares.

Las reglas en el hogar deben ser muy claras y las consecuencias por no cumplirlas, también. Más adelante propondré alternativas efectivas para que esto no sea causa de pleitos diarios. Sin embargo, por el momento, sólo te pido que no sobrerreacciones ante el desorden de su cuarto o de sus pertenencias.

Pídele que las ordene, ayúdale a hacerlo (sin que tú seas quien lo hace sin su cooperación) y no entres en discusiones; simplemente ponlo a hacerlo junto contigo.

Si hay resistencia excesiva, dependiendo de tu disposición emocional del momento para hacerle frente o no, deberás insistir o por lo pronto dejarlo pasar.

No conviertas su desorden en tu obsesión. En ocasiones deberás insistir más en que ordene sus cosas, en otras lo ayudarás a hacerlo y en otras... simplemente déjalo en paz. Sólo asegúrate de que no rebase un límite que tú debes establecer. Estoy seguro que tú mismo(a) tienes algo de desorden en tus pertenencias, ya sean de la casa o de tu área de trabajo y no es para tanto, ¿verdad? Bueno, tampoco su desorden lo es.

El orden ni siquiera es un valor, es un buen hábito que puede apoyar algún valor importante, como la responsabilidad, pero jamás lo conviertas en una obsesión.

En casa de un amigo leí un cuadro con un pensamiento que viene muy al caso: "Mi casa está lo suficientemente limpia para estar sano, y lo suficientemente sucia para ser feliz." Aunque habla de limpieza, creo que también es aplicable al orden; está bien tenerlo, pero tampoco se acaba el mundo si tienes un poco de desorden.

"Se resiste a irse a dormir" 6

Este puede ser un tema que genere las batallas campales más frecuentes en el hogar. Aquí también es importante reconocer que cada persona tiene ritmos corporales diferentes. No puedes tener sueño cuando te lo ordenan, ¿verdad?

Conviene que cuando se acerque la hora en que consideras tu hijo debe irse a la cama, bajes el ritmo de sus actividades para que no esté sobreexcitado y pueda disminuir su aceleración poco a poco. Un buen baño, la pijama, la lectura de un buen cuento, la luz tenue, son actos que ayudarán. La ansiedad generará pleitos, pues recuerda que esta exige obediencia o soluciones inmediatas. El sueño es un proceso que puede reforzarse con hábitos, y los hábitos se crean a lo largo del tiempo. Proporciónales una estructura, una rutina para dormir... pero si todo falla y tu hijo se encuentra brincando como loco en tu cama a las 11 p.m. y no se duerme, **debes aprender a distinguir entre la hora de dormir y la hora de acostarse.**

La hora de irse a la cama es cuando el horario familiar establece que la actividad debe acabar para que la mayoría pueda dormir.

La hora de dormir es cuando él tenga sueño, no cuando tú lo tengas. La hora de acostarse es el horario que estableces en tu hogar para terminar el día; bajas el ritmo de actividades de la casa, supervisas o efectúas con tu hijo la rutina para irse a la cama y le exiges que se acueste aunque no se duerma. Permítele llevar algún juguete a la cama siempre y cuando su juego no interfiera con el sueño de los demás. Puede tener una lamparita que no deslumbre a otros, pero que quede terminantemente prohibido interrumpir o estorbar el sueño ajeno.

Si él no respeta esto, entonces tendrá que asumir una consecuencia dentro del sistema que te enseñaré más adelante, pero primero disminuye tu ansiedad y no te enganches o enfrasques en pleitos diarios.

7 "No quiere dormir en su cama"

Soy promotor de una campaña con el eslogan: *¡Dí* **NO** *a los hijos en tu cama!*

Tienes derecho a tu intimidad, tus hijos tienen que aprender a respetarla. Hay padres de familia que fomentan que sus hijos duerman en sus camas y luego ya no saben cómo manejar la situación cuando se les sale de control.

Hay niños que de plano no se duermen si no concilian el sueño en la cama de sus padres, y pueden llegar a extremos de quedarse en el pasillo llorando durante horas si los padres les cierran la puerta, hasta que acaban por ceder, pidiéndoles de nuevo el acceso a su cama.

Lo que empezó como un acto de intimidad, cariño y cercanía se convierte en un fastidio permanente.

Acostúmbralo a que duerma en su propia cama, a pesar de su llanto.

Te sugiero que lo invites sólo ocasionalmente a dormir a tu cama (no más de una vez a la semana) como parte de un acto de intimidad y cariño, pero debe ser una invitación muy especial y muy dosificada.

Conocí a un papá, que harto de no poder dormir en su cama sólo con su esposa, decidió hacerle pasar una noche muy incómoda a su hija; le puso el pie en la cara, la aplastó, la empujó, la orilló, hasta que la niña se fue a su cama muy indignada porque no la dejaban dormir a gusto. Pruébalo, quien quita y te funcione.

No cedas a su manipulación y llantos. Acostúmbralo a dormir en su propio espacio y que la convivencia de dormir juntos sea un momento especial y significativo, no una obligación fastidiosa.

"No quiere bañarse" 8

Recuerda que las etapas en el crecimiento de los niños son pasajeras, no creas que será una persona sucia y con malos hábitos higiénicos porque se niegue a bañarse diariamente.

Hay edades en las que realmente parece que el agua y el jabón son ácido y se resisten al baño como gatos. Afortunadamente, esta etapa corresponde a una edad donde el sudor no huele como en la adolescencia, pero la mugre y la tierra de todas maneras, estoy de acuerdo contigo, hay que lavarla.

El juego en el baño, los juguetes, el baño compartido son algunas estrategias funcionales.

Si se acumulan algunos días sin baño, puedes ponerte más duro y exigir que se metan al baño aunque lloren y no quieran hacerlo. La mayoría de los niños disfrutan ya estando bajo la ducha, el problema es que se les olvida dicha sensación al día siguiente.

Sólo trata de no exagerar tu exigencia, ni tus reacciones al respecto. No es para tanto, ya verás que cuando crezcan y quieran agradarle a una o un joven que les guste, se bañarán y se perfumarán.

También te sugiero que les muestres que tú te bañas a diario para que lo aprendan como parte de una rutina cotidiana.

Es muy importante que se familiaricen con el hábito de la higiene en el hogar para que forme parte integral de su estructura personal en el futuro. Que vean a sus padres bañarse a diario, así como lavarse los dientes tres veces al día, recortarse las uñas, cambiarse la ropa interior y exterior diariamente, oler bien, peinarse, entre otros hábitos cotidianos. Esto propiciará que ellos lo asuman cuando lo requieran.

9 "¿Es bueno que me vea desnudo(a)?"

¿Hasta cuándo hay que bañarse con los hijos?

"Yo me bañaba con Miguel Arturo normalmente, pero un día noté que se me quedaba mirando raro, ¿ya no debo bañarme o vestirme delante de él?"

"Mi hija me tocó sorpresivamente el pene mientras nos bañábamos, ¿qué debo hacer?"

He escuchado muchos cuestionamientos al respecto. La respuesta común a la pregunta de hasta cuándo permitir que nos vean desnudos o que la familia pueda verse mutuamente desnuda, es: **Hasta que los propios hijos lo permitan.**

Disminuye la ansiedad de creer que puedas estar despertando instintos incestuosos o desatando una curiosidad malsana. No es así.

Si tus hijos te han visto y se han visto entre ellos desnudos desde pequeñitos, no hay de qué preocuparse. El morbo nace de la prohibición, de hacer del cuerpo algo prohibido... y por lo tanto enfermizamente atractivo.

Si yo entrara a un salón de cursos con una llamativa caja forrada de terciopelo rojo, la colocara frente a todos los asistentes sobre una mesa, luego les prohibiera terminantemente que vieran su contenido "porque hay algo prohibido en ella" y posteriormente saliera del salón... estoy seguro que alguien se asomaría a ver su contenido. En cambio, si la hubiera llevado sin decir nada, es menos factible que alguien la abriera, al no haber generado curiosidad con la prohibición. El misterio por lo prohibido, es tan atractivo para una persona como el azúcar para las moscas.

Si alguien desde pequeño ve a su hermana desnuda, es mucho menos probable que tenga una curiosidad enfermiza por conocer su cuerpo y espiarla. Si alguien conoce el cuerpo desnudo de toda su familia, pues llegan a bañarse juntos o coinciden mientras se visten, no habrá curiosidad malsana.

No estoy diciendo que seas exhibicionista y andes desnudo(a) por la casa; sólo que si te llegan a ver desnudo(a) no sobrerreacciones.

Si el niño te mira raro pregúntale sobre su curiosidad y aclárale sus dudas.

Si el niño te toca alguna parte de tu cuerpo, dile que prefieres que no lo haga porque es tuyo, sin mayores aspavientos.

¿Cuándo ser más cuidadosos o pudorosos? Cuando ellos mismos lo requieran. Los pequeños menores de 10 años normalmente no muestran mayor problema al respecto; como a los 11 empiezan a taparse o a evitar que los veas. Respétalos.

La joven de 11 ó 12 años, ya no le permitirá a su padre verla desnuda como si nada, pero dicha restricción surgirá de ella. Pasa algo similar con el joven que empieza a desarrollarse y le da pena que su mamá lo vea desnudo. Pero esto no significa que si casual o accidentalmente llegan a verse sin ropa, esto se convierta en una situación alarmante o impactante.

El cuerpo no es algo de lo cual avergonzarse. Es muy saludable conocerse mutuamente dentro de un entorno de respeto.

10 "Me hace preguntas sobre sexo"

Inevitablemente tu hijo preguntará al respecto. Debes aceptarlo como un hecho de la vida por el que tendrás que pasar y, por lo tanto, tendrás que prepararte para ello. La mayoría de los adultos no fuimos bien educados en materia sexual.

Una cultura que tradicionalmente plantea el sexo como pecado, no podrá fomentar la salud sexual de sus integrantes. Sin embargo, algo podrás hacer si te esfuerzas por reeducarte a ti mismo, empezando por desaprender la gran cantidad de sandeces, mentiras y creencias absurdas surgidas de la tradicional ignorancia sobre el tema.

Alrededor de los 4 años de edad, como parte de un típico desarrollo infantil, se pasa por una etapa que se caracteriza por su insaciable curiosidad: "¿por qué vuelan los aviones?", "¿por qué el sol calienta?", entre otras preguntas que requieren respuestas tanto científicas, como filosóficas: "¿por qué existe el mundo?", e inevitablemente llegarán las preguntas de carácter sexual: "¿cómo nacen los niños?", "¿cómo puso la semillita mi papi dentro de ti?", "¿qué es una violación?". Recuerda que los niños tienen acceso a mucha información, la cual les llega fragmentada y descontextualizada. Ellos necesitan respuestas simples, claras y verdaderas.

Para iniciarte en el arte de contestar preguntas infantiles, es necesario que empieces a preparar el terreno anticipadamente. ¿Cómo? Desde la etapa de desarrollo del lenguaje verbal (alrededor de los 2 años de edad) refiérete a las partes del cuerpo utilizando sus verdaderos nombres:

"El ano se llama así, no se llama pompitas, las cuales son los glúteos."

"El pene se llama así, no se llama pipí; la pipí es la orina."

"La vagina no se llama colita; los humanos no tenemos colita." Los genitales deben designarse con nombres exactos, no apodos, ni mucho menos generalizaciones ambiguas como *ahí*, "lávate ahí". ¿Para qué te servirá el nombrar desde el principio correctamente las partes del cuerpo? Para que cuando tengas que aclarar su funcionamiento sexual, dispongas de un lenguaje con el cual puedas explicarlo, utilizando palabras específicas que el niño entienda.

No necesitas ser un especialista en educación sexual, aunque no estaría mal que tomaras algún curso o por lo menos pláticas sobre el tema. Que consultaras libros al respecto. Hay una gran cantidad de materiales muy bien elaborados: películas, libros y hasta juegos para explicarlo.

Es cuestión de que dejes de evadir el tema. Si contestas honestamente, pero sobre todo, utilizas un lenguaje accesible a la edad de tus hijos, ellos saciarán su curiosidad y el proceso seguirá su marcha sin mayores complicaciones.

Te recomiendo utilizar la **Técnica del ECO** para evitar el riesgo de irte al otro extremo: informar de más. La técnica del ECO significa hacer eco a lo que el niño pregunta para que clarifiques el alcance de sus preguntas:

Tu hija: Mami, ¿cómo nacen los niños?

Tú: ¿Cómo que cómo nacen? (ECO)

Tu hija: Sí ¿con pelo o sin pelo?

Tú: Pues algunos muy peludos y otros peloncitos, hay de todo.

Tu hija: Y yo ¿cómo nací?

Tú: Bien peluda, pero luego se te fue cayendo.

¿Te das cuenta de la cantidad de información innecesaria que pudiste haberle dado a tu hija por no clarificar el alcance de la pregunta? Tal vez te hubieras puesto a explicar cómo nacen los niños así: "Papi puso su semillita dentro de mí, porque nos amamos mucho, y luego tú fuiste creciendo en mi útero hasta que tuve que ir al hospital y me hicieron cesárea, porque la cefalopelvimetría indicaba que no ibas a pasar, entonces...."

Otro ejemplo:

Tu hijo: Papi, ¿cómo se cruzan los perros?

Tú: ¿Cómo se cruzan? (ECO)

Tu hijo: Sí, acabo de ver un perrito y no puede cruzar la calle,

¿se suben al puente o sólo corren?

Tú: Pues algunos muy inteligentes se suben a los puentes, otros se esperan a que atraviesen las personas y pasan junto con ellos. También otros que no tienen experiencia se cruzan corriendo y pueden ser atropellados.

¿Qué tal si te hubieras puesto a explicar cómo se cruzan los perros para tener cachorritos? Por supuesto que cuando te pregunten por dicho proceso de reproducción debes contestar en qué consiste y saber explicarlo. El ECO te ayudará también a ganar tiempo para repensar tus respuestas adecuadamente.

Recuerda el chiste de la niña que le preguntó a su mamá el significado de pene. La mamá después de tomar agua, le dio una amplia explicación sobre el aparato genital masculino y habiendo terminado, le preguntó: "¿Para qué querías saber qué es pene?", la niña le contesta: "En la escuela nos dijeron que rezáramos para que el alma de Juanito no pene".

Con los adolescentes la situación cambia; algunos preguntan abiertamente, la mayoría no. Si tienes hijos de edades diversas y un adolescente pregunta en la mesa algo que consideras que el niño más pequeño no tiene ni idea, ni curiosidad, ni necesidad de escuchar, entonces explícale al joven lo importante que es que pregunte, pero que lo haga en privado contigo. Eso no significa que no le contestes. Contéstale en privado.

Algunos jóvenes no te preguntan porque les da vergüenza pensar que los puedes juzgar y buscan respuestas en amigos de su edad, otros no lo hacen debido a que tienen el antecedente de que les mentiste o de que te escandalizas o incomodas cuando se toca el tema. Si fuera el caso, deja libros o revistas especializadas como olvidadas por ahí para que puedan hojearlas sin que fuerces la comunicación sobre el particular.

No es necesario conocer de antemano todas las respuestas; es mejor saber dónde buscarlas.

"Juega con sus genitales 11
y los de otros niños"

Tu hijo va a descubrir sus genitales; es obvio. Sin embargo, algunos padres se sorprenden y se inquietan mucho por eso.

No pretendo enseñar anatomía pero sí recordarte que la gran cantidad de terminaciones nerviosas en los genitales, los convierten en una zona de contacto muy atractiva, mucho más atractiva que cualquier otra zona del cuerpo.

Tus hijos van a descubrir que al tocar sus genitales experimentan sensaciones muy agradables y placenteras, sin que esto signifique que sean precoces o que tengan alguna fijación o algo extraño. Simplemente déjalos saciar su curiosidad, sin pegarles, darles manazos, decirles "¡Eso no se hace!", ni llevándolos por eso al pediatra. Sólo déjalos en paz. Sé que esta recomendación para una madre ansiosa, será inaceptable, pero en este caso el problema está en ella, no en el niño. Si se toca a sí mismo delante de los parientes o en un ambiente inapropiado, simplemente atrae su atención hacia otra cosa, sin ansiedad, ni sustos. No lo distraigas cada vez, sólo cuando la situación pueda ser incómoda para otros. Estoy de acuerdo en el respeto a los demás, pero eso no hace que dicha exploración sea incorrecta o malsana.

En el caso de que descubras a tus hijos "jugando al doctor" con primitas(os), simplemente por el hecho de sorprenderlos te aseguro que el susto será suficiente para que no lo repitan. Si quieres, platica luego con tu hijo sobre el respeto a su cuerpo y al cuidado que debe tener en su forma de jugar. Escucha sus inquietudes si las tiene.

Si tu hijita te cuenta que su novio del jardín de niños la besó en la boca, no te queda más que aguantarte y escucharla sin sermonearla, pues de otra manera no te volverá a contar lo que hace.

Mientras más leve sea tu reacción, menos reforzarán esa conducta. Sólo enfatiza el respeto y cuidado que debe tener con su cuerpo en un lenguaje que pueda entender.

12 "¡Mi hijo(a) se masturba!"

El jugueteo genital infantil puede confundirse frecuentemente con la masturbación. No son lo mismo. Cuando un niño de 3 a 6 años juega con otro amigo o amiga desnudos al doctor o con sus propios genitales, se le llama jugueteo genital y es parte de su proceso de autoconocimiento y de curiosidad.

Lo único que hay que hacer es cuidar lo público o privado de dicho jugueteo pues se vive en una sociedad y debe existir el respeto a la intimidad, las creencias y las costumbres de otros. Habla con el niño al respecto y si su jugueteo es público, entonces dile claramente que hay cosas que se hacen en privado y otras no. Esta es privada. Si el jugueteo fuera compulsivo, entonces vale la pena el consejo de un especialista.

La masturbación es otro asunto. Su práctica se presenta a partir de la adolescencia, y es normal que ocurra en ambos sexos, no sólo en los varones. Por supuesto que, por lo general, los hombres adolescentes son más fanfarrones y menos discretos que las mujeres al respecto, pero la masturbación es practicada por muchas chicas.

La masturbación, según estudios médicos, no produce ningún daño. El daño puede estar en la sugestión, en las ideas absurdas e ignorantes sobre el funcionamiento del organismo. Ideas dañinas e incluso ridículas como "Si te masturbas demasiado, luego no podrás funcionar normalmente", "Se te seca el cerebro", "Acabas con tu energía" entre otras sandeces. Un joven tiene que liberar su energía sexual de alguna manera. Los adultos le decimos que no tenga relaciones y que además no piense en eso. ¿Qué alternativa le va a quedar? Es mejor dejarlo en paz. Que tenga discreción y punto.

Si fuera una actividad obsesiva o compulsiva, pues entonces puede requerirse de un especialista, pero normalmente sólo es la energía de su edad que necesita ser liberada. Respeta su intimidad y que él respete la de los demás.

"¡Ya tiene novio(a)!" 13

Titular este tema como tener novios o novias es un poco exagerado, sin embargo da una idea clara del tema. En realidad podría llamarse "Frecuentar a alguien del sexo opuesto", pues el término noviazgo se refiere a algo mucho más formal que lo que realmente ocurre cuando los jóvenes salen con otros jóvenes.

Podemos separar las salidas en dos etapas: las salidas entre los 12 y 15 años de edad y las salidas entre los 16 y 19, ya que tienen características diferentes.

Entre los 12 y 15 años, salen en pequeños grupos al cine, al boliche, a fiestas de compañeros de la escuela o simplemente al centro comercial (los cuales han substituido a los parques de antaño) para socializar e incluso para conocer gente nueva. Tu hijo puede salir y no necesariamente estar interesado en el sexo opuesto hasta mucho después.

¿Se debe permitir a los jóvenes salir así? Claro que sí. Tu hija está preparada para salir con amigas y amigos cuando expresa su interés en hacerlo, la pasa bien con ellos y muestra sentido de responsabilidad, regresando a la hora acordada y estando donde dice que va a estar. Si fallaran en estos aspectos, debes limitarles temporalmente las salidas hasta que aprendan a desarrollar mayor autocontrol.

Entre los 16 y 19 años, las salidas y las relaciones empiezan a hacerse más formales. Aprenden sobre la responsabilidad que debe existir en una relación y sobre las diferentes formas de comunicación que hay en la pareja. Pueden establecer relaciones más profundas y en consecuencia, sufrir y hacer sufrir desengaños amorosos. Mediante estas experiencias, los adolescentes aprenden a convertirse en jóvenes adultos. ¿Se deben permitir este tipo de relaciones? Mejor lo plantearía de otra forma: ya que no podrás evitar este tipo de relaciones, mejor observa y aprende a orientar a tus hijos al respecto, sin intervenir en exceso o incluso interferir en sus vidas afectivas.

Es importante que puedan hablar libre y honestamente sobre las drogas y el alcohol, también sobre sus valores y conocimientos sobre el sexo, así como de la responsabilidad necesaria para la prevención de posibles enfermedades y el embarazo.

Es importantísimo que llegues a un acuerdo sobre la veracidad de lo que te dicen, para poder confiar en que están donde dicen estar y para cumplir con los horarios que se acuerden en cada ocasión.

Puedes proporcionarles algún teléfono celular para emergencias o cambios de planes.

Si eres muy rígido sobre este asunto con tu hijo(a), es muy probable que no te comunique lo que haga y tenga una doble moral hacia ti. Te dirá lo que quieres oír, pero no lo que realmente hace u ocurre en su vida. Tu hija debería poder acercarse a ti en busca de consejo u opinión.

Trata de equilibrar la firmeza con la discreción y el respeto. Si eres muy brusco al tocar estos temas, es probable que lo incomodes. Sé firme para establecer cuáles son los límites y horarios de la casa. Sé respetuoso sobre su forma de relacionarse con su novia o sus aprendizajes de trato mutuo.

Respetar la intimidad de tus hijos, es decir, su derecho a no comunicar sobre ciertos temas, es justamente la llave para abrir la puerta de dicha intimidad cuando ellos así lo necesiten.

"¿Debo dejarlo ir a fiestas **14** y darle permisos?"

Cuando tu hijo es pequeño, los permisos, los horarios y las fiestas no son motivo de mayores conflictos; la cosa se pone difícil cuando llegan a la adolescencia.

Una de las principales angustias de los padres es producida por el temor de que les pueda pasar algo malo a sus hijos. Efectivamente, debemos estar alertas en una sociedad con tanta tendencia al consumo de drogas o al abuso sexual; sin embargo, también debemos permitir a nuestros hijos vivir su vida. No los subestimes en su capacidad para defenderse y estar alertas ellos mismos.

Según la edad debes acordar diversos márgenes de libertad y límites.

Los permisos para salir de casa, siempre y cuando se cuiden aspectos elementales de seguridad, deben ser concedidos para fomentar la autonomía.

Los horarios dependen también de la edad; por ejemplo, los hijos menores de 10 años deberían ser siempre supervisados cuando se ausentan de la casa por la noche. Por lo general, cuando se ausentan, se debe a que están invitados a dormir a casa de un amigo y debe existir conocimiento de la familia con la que se le permite ir. Cuando hay permisos para salir al cine o a fiestas, siempre debe haber un adulto a cargo.

Entre los 11 y 14 años, suelen ser un poco más independientes y capaces de quedarse solos en casa por unas horas. A esta edad pueden ir al cine, estar jugando futbol o pasear en un centro comercial con amigos sin la supervisión permanente de los padres. Sólo hay que estar al pendiente de que se cumplan los horarios y de que estén siempre localizables. Aunque uno no permanezca junto a ellos, se debe saber dónde están todo el tiempo.

Los jóvenes de 15 a 17 años normalmente son suficientemente responsables para estar fuera de casa hasta medianoche en ocasiones especiales de fiesta o reuniones sociales. Entre semana deben ajustarse a los horarios que no interfieran con sus actividades escolares.

Arriba de los 18 años, normalmente están fuera hasta que lo desean, pero se deben negociar con ellos los horarios para cada ocasión, en consideración a los otros miembros de la familia y las costumbres de la casa.

¿Adónde va tu hijo? Cuando tu hijo es menor de 14 años, esto no suele ser un problema. Tú sabes dónde está porque normalmente tú lo llevas. El problema se presenta con los jóvenes de 15 años en adelante. Su círculo social se expande y se relaciona con muchos amigos nuevos.

Averigua cuáles son los puntos de encuentro de tus hijos con sus amigos (clubes, parques, etc.). Dedica un fin de semana para ver cómo son. Hazlo por tu cuenta para no incomodarlo o hacerle sentir que desconfías; sólo es para tu tranquilidad.

Conviene invertir en un teléfono celular que te permita localizarlos o que les permita a ellos utilizarlo por si tienen alguna dificultad (evidentemente debe contratarse un plan limitado de tiempo para no acabar desfalcado).

Adónde va tu hijo y quién lo acompaña son factores importantes para decidir la hora del regreso.

Es muy importante platicar con ellos sobre los riesgos reales que pueden enfrentar al estar en "antros": como hielos con éter, seudo amigos con intenciones de abuso sexual, etc. y cómo deben protegerse mutuamente con estrategias del tipo "conductor designado" (el que no bebe y le toca manejar el auto esa noche) o nunca ir sola, sino siempre en grupo con varias amigas, entre otras posibles formas de prevención y cuidado mutuo.

"¿Y si tiene relaciones sexuales?" 15

Este delicadísimo tema debes irlo abordando con tus hijos a lo largo de los años; no es algo que deba tratarse repentinamente.

Para que una persona evalúe cuándo es el momento de iniciar su vida sexual con una pareja, debe basarse en valores, en el respeto, la responsabilidad, la honestidad y la autoestima. Estos valores y aspectos no se inculcan con palabras o sermones de última hora. Los valores y la autoestima se inculcan y se desarrollan a lo largo de toda la vida, desde pequeñitos; así, cuando se requiere hablar del tema de las relaciones sexuales, ya se tiene mucho terreno avanzado.

La educación sexual, recuérdalo, no sólo implica la genitalidad o el acto sexual en sí, sino que incluye aspectos relativos a los roles sexuales en la sociedad donde se vive, el autoconocimiento como persona y del propio cuerpo, valores para poder convivir adecuadamente, respeto por el propio cuerpo y el de los demás, el considerar a otros como seres autónomos y no sólo como cosas o entidades para satisfacer las propias necesidades físicas y afectivas.

Para abreviar: sólo debes reconocer el hecho de que mientras más confianza generes a lo largo de toda la vida en tus hijos, más fácil te será abordar estos temas.

Reconoce que no te va a pedir permiso para iniciarse sexualmente y que hay una edad en la que va ocurrir. Trata de que retrase su iniciación por lo menos hasta que sea un(a) joven adulto y no un adolescente. No lo asustes, ni lo amenaces, sólo dile que trate de madurar en una serie de características que sólo el tiempo le permitirá adquirir.

Cuando he colaborado con diversas escuelas para trabajar con los jóvenes en programas de educación sexual, durante las sesiones de trabajo con ellos, una de las preguntas típicas que ellos plantean es: **¿Cuándo está bien iniciar las relaciones sexuales?**

Consciente de la gran responsabilidad que tengo al estar frente al grupo y con el fin de no contestar de forma que pierda su interés (si contesto: "Cuando te cases o mejor no tengas hasta que

La primera relación sexual de un(a) joven
puede ser un punto de ruptura definitiva
entre padres e hijos o la oportunidad
para acercarse mucho y rescatar la relación.
Si eres demasiado riguroso(a), perderás
una gran oportunidad de acercamiento.

La actividad sexual del joven
te da la oportunidad de hablar de valores,
autoestima y de los problemas
que pueden presentársele.

La información mínima indispensable
con la que debe contar un(a) joven
al respecto es:

1. Embarazo.
2. Períodos de fertilidad.
3. Métodos anticonceptivos.
4. Enfermedades de transmisión sexual,
    características y prevención.
5. SIDA, características, formas de contagio,
    prevención.

seas mayor", convertiría la sesión en un sermón), lo que hago es plantear un juego mnemotécnico (un truco para recordar con facilidad un concepto).

Les digo que una persona está lista para tener una vida sexual activa cuando logre la madurez en cuatro aspectos básicos:

S E R E

¿Qué es el "SERE"?

Madurez en los aspectos: **Social**
Emocional
Reproductivo
Económico

Madurez social: Significa alcanzar la edad para que socialmente no tengas que ocultar tu relación íntima. Es más, se llega a una edad en la que no tener relaciones íntimas con alguien ya se considera un desorden de la conducta. Cuando se es adolescente y se tienen relaciones genitales, hay que ocultarse, mentir y esto complica las situaciones. Vivimos en una sociedad que no prepara la iniciación sexual de los jóvenes: cada uno debe hacerlo por su cuenta y a su mejor entender.

Madurez emocional: Significa alcanzar la estabilidad emocional para poder tener relaciones íntimas con alguien sin sentirte conflictuado(a), sin presiones de lo que otros opinen. Muchas adolescentes tienen relaciones y se sienten culpables, o incluso llegan a padecer serios procesos de autodevaluación al hacer cosas que sienten que todavía no son adecuadas para ellas mismas, presionadas por su pareja. Si no tenemos seguridad personal para decidir libremente, entonces no se harán elecciones correctas y por lo tanto, no se está listo para tener una relación íntima con alguien más.

Madurez reproductiva: Significa que al tener una vida sexual activa, se corre el riesgo de embarazo. A pesar de los métodos anticonceptivos que puedan utilizarse, existe el riesgo. La pregunta es ¿estás listo(a) para responder adecuadamente en caso de embarazo?,

SERE

Para iniciar y mantener
una vida sexual activa,
responsable y placentera,
es necesario alcanzar madurez
en cuatro aspectos indispensables:

Madurez Social
Madurez Emocional
Madurez Reproductiva
Madurez Económica

El juego con la palabra SERE
ayuda a recordar fácilmente
los puntos.

—Dr. Eugenio Echeverría

¿no?, ¿entonces por qué consideras que puedes hacer algo libremente cuando no puedes enfrentar sus posibles consecuencias? Si tu respuesta es afirmativa para poder enfrentar un embarazo, además de tener la edad física óptima para tener hijos, entonces estás listo(a) para hablar de madurez reproductiva.

Madurez económica: Significa que si no tienes dinero ni para mantenerte, ¿cómo vas a hacer frente a los gastos que se generan con una vida sexual activa?, y no estoy hablando sólo en el caso de un posible embarazo y del mantenimiento y la educación de un hijo, sino que se necesita de un lugar que cuesta dinero. Muchos jóvenes creen que pueden tener relaciones en lugares clandestinos gratuitos todo el tiempo. ¿Dónde vas a tener relaciones si no tienes dinero ni para un hotel o un departamento? El dinero que tiene tu familia, no es tuyo; es de tus padres. Tú todavía no tienes nada.

Este tipo de explicación, la utilizo cuando hablo con ellos y funciona muy bien porque los enfrenta con la realidad, sin moralismos, ni amenazas. Pueden ver que aunque sea atractivo, no les conviene todavía tener relaciones en la adolescencia. Ya elegirán cuando sean jóvenes adultos, y mientras más lo mediten, más responsable y correcta será su elección. Como puedes ver, no les hablo de edades, les hablo de momentos de madurez, e incluso también podrás percatarte de que muchos adultos con vida sexual activa, no tienen madurez en varios de los puntos anteriores. Tampoco recurro al concepto del amor para hablar de la primera relación porque pueden confundirse con facilidad y creer que mientras lo hagan con amor entonces cuentan con la visa para tener relaciones sexuales, pues en la adolescencia cualquier subida de temperatura es confundida con amor eterno y verdadero. Mejor que consideren aspectos más objetivos y prácticos. Te recomiendo el SERE para hablar sobre su primera relación sexual y tendrás más credibilidad para que te hagan caso.

16 "Mi hija ya tiene ciclo menstrual"

Aunque pueda parecer absurdo o sorprendente para algunos, he estado en contacto con una gran cantidad de jóvenes que carecen de información completa sobre la mecánica de la menstruación.

Es muy importante que cuando se presenten los principales cambios corporales previos a la adolescencia y a la menstruación, se les informe detalladamente al respecto. Existen muchas películas y libros muy bien elaborados sobre el tema.

Es también muy importante que esta información la tengan los varones, pues los cambios que sufre un miembro de su familia o alguna amiga de la escuela o del vecindario, le ayudarán a comprenderla mejor. Debe inculcarse en los hombres conceptos de respeto y no permitir las bromas pesadas sobre este punto.

Es recomendable que la mamá lleve a su hija por lo menos dos veces al año al ginecólogo para que la oriente en diversos aspectos de higiene y cuidado en general. Si a la joven le da pena o le incomoda que un señor la revise tan íntimamente, pues hay que conseguir una doctora ginecóloga, pero la revisión debe ser periódica, como la del dentista. La prevención, la inspección del busto, la revisión puede ser clave para mantener la salud. A tu hija se le deben contestar todas las preguntas que haga al respecto. Qué tipos de toallas sanitarias hay y cuál puede ser la mejor para ella; si padece de dolores excesivos, es conveniente consultarlo con el médico, pues hay alternativas para que no tenga que sufrir durante cada período.

Los padres, no sólo las madres, deben involucrarse y por lo menos tener algún detalle con sus hijas cuando sepan que ya entraron a esta etapa y llevarlas a comer o regalarles algo especial (flores o cualquier detalle) como símbolo del reconocimiento de su ingreso a otra etapa de feminidad, de aceptación y respeto por una transición tan importante en una nueva fase de su crecimiento.

"¿Y si tengo un(a) hijo(a) homosexual?" 17

La homosexualidad es una posibilidad que aterra a casi todos los padres de familia; sin embargo es algo que puede ocurrir y debe abordarse abiertamente. No hay investigación suficiente que demuestre si su origen es biológico, psicológico o procede de una elección consciente. Tal vez sea causada por una combinación de los factores anteriores o por otros no enunciados aquí. La cuestión es que no es previsible. Puede ser desplazada por la presión social pero a un costo altísimo. Si los padres expresan amenazas al respecto, generarán un gran distanciamiento con su hijo(a). Ya lo es suficientemente difícil para alguien con esta preferencia enfrentar la burla de los compañeros en la escuela y el rechazo social, como para además tener que padecer el de sus padres.

La homosexualidad no necesariamente se manifiesta con actitudes femeninas de parte de los varones o con actitudes masculinas por parte de las mujeres. Hay muchos casos en los que hombres muy masculinos y mujeres muy femeninas, son homosexuales. La preferencia sexual suele ser clara desde muy pequeños. También hay situaciones donde el o la joven llegan a tener una experiencia sexual con alguien de su mismo sexo, como parte de su búsqueda y despertar a la experiencia sexual, pero luego eligen la heterosexualidad como preferencia definitiva. Una experiencia así, no convierte a alguien en homosexual, pues su preferencia no se define por una experiencia aislada.

El debate y las posturas son variadas ante la homosexualidad, pero creo que el punto importante para un padre de familia es que si se llegara a tener que enfrentar al hecho de que su hijo(a) tiene tendencia homosexual, y ello le provoca dolor o incluso rechazo, lo que debe hacer es consultar a un psicólogo clínico para desahogar sus temores y poder asumir una realidad inevitable. No estaría de más algunas sesiones con el o la joven para clarificar sus preferencias y ayudarle a que asuma su identidad sexual de manera constructiva y saludable.

18 "Se tienen celos"

Los pleitos entre hermanos siempre han sido y serán un tema preocupante para los padres, tanto por sus causas como por sus posibles consecuencias.

Los celos y la competencia entre hermanos es una cuestión en la que hay que poner especial cuidado, pues en ocasiones somos copartícipes al actuar con preferencias hacia alguno de los hijos. Aunque digas y sientas que puedes dar la vida por cualquiera de tus hijos, tal vez actúes dando la impresión de preferir o de proteger más a alguno que a otro.

Es importante no sentirse culpable por ello, pero debes reconocerlo ante ti mismo(a) cuando ocurra para que puedas corregirlo; de otra manera, la negación y el autoengaño empeorarán las cosas.

Como ocurre con todas las personas con las que nos relacionamos, hay algunas con las que somos más afines, compartimos gustos, o simplemente tenemos ritmos y velocidades similares para entender las cosas, para comunicarnos y para actuar. Cuando alguien es más lento o más rápido que uno, se tiene la tendencia a rechazarlo.

Cuando los antecedentes de la relación fueron complicados o dolorosos se tiene también la tendencia a asociar a la persona con dichos momentos. De la misma forma, asociamos los momentos placenteros o felices con la gente que estaba en ellos. Por lo tanto, se puede asociar inconscientemente a un hijo con dichos momentos agradables o, en su caso, dolorosos y entonces responder emocionalmente en consecuencia.

Hay casos extremos en los cuales se asocia inconscientemente a un hijo de un matrimonio fallido con la expareja, y transferir a él el posible rechazo, con muy graves consecuencias para el niño, quien recibe cargas emocionales negativas inexplicables de su madre o de su padre.

Cuando suceden cosas así, se puede involuntariamente llegar a ser copartícipe de los pleitos por celos entre hermanos o medio hermanos y uno debe tomar conciencia y actuar para no propiciar dichas situaciones.

La solución es no sólo decir que los quieres igual a todos, debes demostrarlo a través de tus actos:

- Si tienes algún detalle o atención con uno, debes tenerlo con los otros, de acuerdo con sus edades e intereses particulares.
- Si corriges a uno, debes corregir al otro cuando haga algo similar o equivalente.
- Si dedicas tiempo para jugar, platicar o convivir con uno, debes hacer lo mismo con el otro o los otros hijos, de acuerdo con las necesidades de cada uno.

En fin, creo que es suficientemente evidente lo que ocurre entre hermanos cuando demuestras preferencia por uno de ellos... lo vuelves alguien odioso para los menos favorecidos. Así que no creas que le estás haciendo un favor, al contrario.

A veces las preferencias de los padres por uno de sus hijos ocurren por neurosis asociadas con el género de sus hijos (desprecio por las mujeres o rencor por los hombres) y se dan discriminaciones por supuestos roles del hombre o de la mujer, propiciando serios conflictos entre hermanos.

Cuando los celos ocurren sin que tú real y honestamente demuestres preferencia por alguno de tus hijos, entonces debes buscar acercarte un poco más a ellos y convivir con cada uno sin la presencia de los otros; puedes invitar a desayunar un día a cada uno sin el otro. Busca formas y espacios para convivir por separado y luego en conjunto.

Propicia momentos de intimidad con cada uno, además de la convivencia colectiva.

Cuando los pleitos ocurren por desacuerdos entre ellos, propios de toda convivencia cotidiana debido a la falta de respeto de alguno o como un simple intento de dominio de alguna de las partes, entonces debes estar al pendiente de que no haya una agresión mayor pero permitiendo que se arreglen entre ellos solos.

¿Cómo vas a fomentar su autonomía para resolver problemas interpersonales, si no les das la oportunidad de resolver sus propios conflictos?

Procura no meterte, sólo intervén cuando la cosa se está poniendo ofensiva o violenta, ya que entre las reglas de tu casa procura incluir que al discutir no está permitido insultar o agredir físicamente al otro, pero deja que ellos se las arreglen.

Recuerdo una ocasión en la que mis hijos estaban discutiendo por la música que iba a escucharse en el automóvil durante un trayecto largo. Al ver que no llegaban a nada y que la cosa subía de tono, decidí intervenir diciendo: "Si no pueden ponerse de acuerdo de manera justa, entonces el que decidirá la música que se oirá, seré yo"; en menos de tres minutos ya habían llegado a un acuerdo razonable para ambos. Yo no propuse la solución, ni mucho menos se las impuse, sólo establecí el límite: "No pienso viajar en medio de pleitos, además de que no voy a tolerar insultos, por lo que arréglenlo ustedes y rápido pues de otra forma yo tomaré la decisión por ustedes" (creo que exageran con respecto a mis gustos musicales, pero fue algo efectivo).

Los golpes entre ellos deben estar prohibidos como regla fundamentada en el valor respeto, pero inevitablemente ocurrirá algún día; sólo haz que asuman la consecuencia proporcional al daño causado y debes ser firme. En el capítulo "Disciplina inteligente", te sugeriré más alternativas de acción.

"No me gustan sus amigos(as)" 19

Cuando no te agraden los amigos de tus hijos, debes actuar con mucha sensatez y respeto para realmente salir bien librado(a), pues si presionas demasiado, puede ser contraproducente.

Pocas cosas pueden provocar más indignación en los hijos que la acusación de un padre o una madre de no saber escoger a sus propios amigos.

Cuando los niños son pequeños, normalmente los padres determinan el tipo de amistades de sus hijos, debido a los entornos sociales en los que se mueven (la escuela, el vecindario, el club), pero al crecer y al estar los hijos en posibilidades de ampliar su círculo mucho más allá de tu control, te pueden preocupar ciertas compañías de jóvenes que no te gustan o en quienes incluso percibes cierto riesgo con su contacto. ¿Qué hacer? Alienta a tus hijos para que inviten a sus amigos a la casa, de manera que puedas conocerlos. Unos amigos mencionaban que su estrategia es incluso "adoptar" a los amigos de sus hijos. Los invitan a donde salen, comparten un domingo viendo películas con ellos, los incluyen en los planes de fin de semana, a vacacionar, en cualquier actividad que realizan normalmente con sus hijos. De esta manera tienes posibilidades de un mayor acercamiento y puedes realmente eliminar posibles prejuicios por la apariencia o producto de una mala impresión inicial.

Recuerdo a mi propia madre rechazando a un amigo de la primaria por su apariencia —un tanto desaliñada y sucia— y sus malos modales, sin embargo era en quien me apoyaba para hacer mejor mis tareas. Asimismo, recuerdo por aquellos años, lo bien que le caía otro niño vecino por su apariencia, y sin embargo era con quien yo me juntaba para aprender a fumar. Los prejuicios obstaculizan la observación y fomentan la intolerancia.

Cuidado con fomentar el racismo o la intolerancia con tu actitud prejuiciosa por raza, religión o estrato social diferentes al tuyo. La tolerancia significa la convivencia armónica de las diferencias.

20 "Dice muchas groserías y usa lenguaje de pelados"

Limita tu propia expresión de groserías en casa, en tu carro, en la calle, etc.

Dependiendo de la región donde vivas y de tus costumbres, hablarás con groserías o no, pero es importante aprender a utilizar el lenguaje correcto en el lugar apropiado.

Si tú mismo(a) dices groserías, no deberá extrañarte que tus hijos las usen.

Si tú no las usas y tu hija(o) las dice continuamente, debes indicarle que mientras hable así no vas a establecer comunicación con ella. Que aprenda a tener autocontrol de su lenguaje.

Es alarmante la proporción de groserías utilizadas durante un diálogo de jóvenes. En un reality show en la TV, empecé por ocio a contar el número de veces que los "chavos y chavas" hablaban vulgarmente y perdí la cuenta. Una de las más usadas era *güey*. "No, güey", "sí, güey", "me cae, güey"... así hasta la náusea.

Simplemente limita el uso de las groserías a un contexto en donde no alteren o incomoden a otras personas. Si están con sus amigos, ni te metas, a menos que estén frente a otras personas que no sean de dicho círculo y ante las que no sea prudente utilizarlas.

Con respecto a palabras que sean de uso común y que tú desconozcas, en lugar de protestar y cerrar tu comunicación, mejor conócelas y amplía tu vocabulario, aunque sean caló. Es mejor conocer qué se está diciendo a quedarte fuera de contacto por aferrarte a una posición demasiado rígida con respecto al lenguaje.

"No me gusta cómo se viste, ni cómo se peina"

21

Antes de leer este tema, por favor ve por tus cajas o álbumes de fotografías y encuentra algunas tuyas de cuando eras adolescente o apenas un joven adulto de veinte años...

¿Qué tal? ¿Tenías el pelo largo?, ¿usabas minifalda?, ¿te ponías pantalones acampanados?, ¿usabas cuello de tortuga y medallones?... ¿Recuerdas los comentarios de tus padres y de tus maestros al respecto? Y sin embargo, a pesar de todo lo que te dijeron y de todo lo que te profetizaban, no pasó nada de eso... ni fuiste un mugroso, ni una cualquiera, ni nada de lo que probablemente te advirtieron. Si no viviste esto, fuiste afortunado, pero no se lo hagas vivir a tus hijos. La moda es cíclica y pasajera.

Si tu hijo lleva un peinado al estilo cuernos de búfalo, o si se rapa o peina como el futbolista de moda, déjalo en paz. Sólo asegúrate de que sepa que no puede romper las reglas de apariencia requeridas por la escuela y que no es la higiene lo que está en discusión.

Si tu hija usa pantalones a la cadera y enseña el ombligo, recuerda que es parte de su búsqueda de identidad y aprobación de su grupo de amigas, además de que tal vez realmente se vea muy bien, a pesar de que a ti no te lo parezca.

El sentido común vuelve a ser necesario en este punto. Evidentemente no vas a permitir excesos, como tatuajes permanentes mientras estén bajo tu tutela, pues estás allí para evitar que ciertos gustos y modas pasajeras se vuelvan irremediablemente permanentes, por decisiones impulsivas típicas de la adolescencia. Ellos no lo ven así, pero tú sí puedes tener la perspectiva necesaria para detectar esos riesgos. Habla con ellos y explícales que más adelante se pueden arrepentir. Mientras no sean decisiones que los anclen permanentemente a una apariencia y sean imágenes temporales, no debes intervenir demasiado.

¿Y los aretes en hombres? ¿El "pearcing" (objetos insertados en diversas partes del cuerpo)? Con los aretes, simplemente transmíteles tu opinión y deja que enfrente los comentarios adversos de quienes le rodean.

En la escuela no le van a permitir usarlos. Déjalo y verás que pronto los deja.

Con el pearcing, puede ser más rigurosa tu intervención pues pueden producir infecciones o daños permanentes.

Para ciertos eventos sociales o religiosos, puedes pedirles que se arreglen diferente; no esperes mucho al respecto de tus adolescentes, pero si lo pides sin entrar en pleitos, exageraciones o incluso calificativos despectivos ("Pareces caja fuerte", "Pareces loco", "Pareces drogado de la calle", etc.) lograrás avances. Si descalificas y ofendes, no te sorprenda que te contesten de la misma forma.

El respeto es una avenida de dos sentidos. No puedes pedirlo si tú mismo(a) no lo otorgas.

"¡¿Y si se vuelve adicto **22** a las drogas o al alcohol?!"

La posible ingestión de alcohol o el consumo de drogas es un tema que requiere un análisis minucioso y, por lo tanto, rebasa las posibilidades de un libro de divulgación como éste. Sin embargo, algo podemos hacer para su oportuna detección, prevención y/o canalización.

Es muy importante informarse más a fondo sobre la personalidad adictiva y los tipos de drogas que circulan afuera de las escuelas y en los llamados "antros".

Por principio, no rechaces o ignores los apoyos o programas que se realicen sobre el tema en el colegio de tus hijos; es más, propícialos y búscalos para estar al día sobre un problema de dimensiones enormes, que va más allá de la salud de tus hijos y que alcanza proporciones politicoeconómicas mundiales.

Vivimos en un entorno propicio para las adicciones, por lo tanto, hay que estar en alerta permanente.

Por ignorancia, podemos ser cómplices de esta cultura tolerante y enferma. Por lo tanto, este aspecto debemos tomarlo muy en serio y de frente.

No se trata de asustarnos y actuar irracionalmente, sino de conocerlo para reducir en lo posible sus efectos tanto sobre nosotros mismos como sobre nuestros hijos.

Hay que comprender que alguien puede ser adicto a una sustancia, conducta o persona.

Al hablar de adicciones no se deben considerar exclusivamente sustancias como las drogas, las medicinas o el alcohol. Se puede ser adicto a personas o también a conductas.

La personalidad adictiva
Para empezar, es necesario identificar los principales mecanismos de la personalidad adictiva. Sus principales expectativas, o los "beneficios" que la persona espera obtener de la adicción son:

"Me siento mal y no pienso vivir esto que me desagrada; mejor lo evado."

"Así ya no voy a sentir dolor."

"La adicción (persona, sustancia o conducta) me ayuda a mantener el equilibrio psicológico y emocional."

"Mejorará mi funcionamiento emocional, social e intelectual."

"Voy a encontrar más placer y excitación."

"Voy a obtener poder y pertenencia."

"Aprendo más ya que estoy más sensible y receptivo."

"Tengo mayor creatividad".

Así, muchos padres de familia presentan ellos mismos conductas adictivas, y sin embargo, tienen mucho miedo de que sus hijos caigan en las drogas. Una señora que consume diariamente pastillas para dormir es adicta, pues dichas pastillas le dan un "beneficio" de acuerdo con alguna de las expectativas anteriores. Otras personas son alcohólicas y aseguran "No lo soy porque lo puedo dejar cuando quiera, lo que pasa es que no lo quiero dejar ahorita".

Son frecuentes diversas costumbres que propician el consumo de drogas:

- Darle tantito rompope al niño para que "aprenda a beber desde chiquito y luego no me lo emborrachen"; el niño se pone "chistoso" y luego busca beberse los fondos de los vasos en las fiestas.

- Se le da té con "piquete" a la joven que sufre dolores menstruales para que se le calmen. Evidentemente, se relaja y se duerme, es decir recibe el "beneficio" del "piquete", en lugar de buscar con un ginecólogo competente alguna solución real.

Estoy seguro que tú podrías darme muchos ejemplos más.

Momentos de susceptibilidad a las adicciones

Es importante conocer algunos momentos en los que alguien puede ser susceptible para establecer relaciones adictivas (con una sustancia, persona o conducta):

- Cuando muere un ser querido.
- En momentos de severa confusión (adolescencia).
- Cuando pierde ideales o sueños.
- Cuando busca identidad.
- Cuando pierde a un amigo.
- Cuando experimenta un fracaso grave o una serie de fracasos seguidos.
- Cuando enfrenta nuevos retos sociales o aislamientos.
- Cuando experimenta una frustración.
- Cuando deja a su familia.
- Cuando ha padecido abusos sexuales o de poder.
- Cuando siente presión de otros y necesidad de pertenecer.
- Por estatus.

Es importante estar al pendiente de tus hijos cuando veas que experimentan situaciones como las anteriores y ofrecerles alternativas de comunicación, desahogo o incluso terapia preventiva.

En el comportamiento humano no hay un factor único que determine el uso de la sustancia, persona o conducta a la que se es adicto. La adicción es una enfermedad producida por varios factores internos (psicológicos y emocionales) y externos (medio ambiente familiar, grupal y social).

Características de una personalidad adictiva

1. Obsesiva.
2. Dependiente psicológica y físicamente.
3. Pérdida continua de control.
4. Baja tolerancia a la frustración.
5. Negación ante los problemas.
6. Inmadurez emocional (conforme al promedio para su edad).
7. Inestabilidad.
8. Intensidades descontroladas.

9. Compulsiva.
10. Manías (varias y continuas).
11. Autocompasión.
12. Mentira crónica.
13. Evasión.
14. Irresponsabilidad total por sus actos y sus consecuencias.
15. Incapacidad de asumir las consecuencias de sus actos.
16. Angustia.
17. Ansiedad.
18. Imprudencia.
19. Derroche.
20. Cambios de humor repentinos.
21. Cambios de conducta bruscos y temporales
    (muy raro, acelerado o calmado).
22. "Coleccionista" de resentimientos y corajes acumulados.
23. Miedo crónico.

Algunas de estas características pueden observarse en los hijos desde muy pequeñitos, por lo que es importante estar alertas y prevenir, en caso de llegar a enfrentar momentos de riesgo como los mencionados anteriormente. Estas características, combinadas con los momentos propicios, pueden detonar adicciones.

Los padres como primeros facilitadores/proveedores de drogas
Otro aspecto muy importante dentro de este entorno propicio a la adicción es el hecho de que muchos padres, con la buena intención de aminorar el dolor, el sufrimiento o la frustración de sus hijos provocados por diversos factores, recurren a elementos externos (pastillas, medicinas, dulces, regalos, etc.) para reducir o eliminar de inmediato dichos dolores, sufrimientos o frustraciones.

Se recurre a un medio externo para solucionar un problema interno. El niño aprende que para eliminar su dolor, sufrimiento o frustración existe un "remedio" externo rápido. No se le enseña a procesar, trabajar, comunicar y clarificar el origen de su malestar, sólo se le da la pastillita.

Ejemplo: La niña llegó de la escuela con dolor de cabeza y triste... su mamá le da un analgésico, le dice que no pasa nada y la acuesta para que descanse, en lugar de platicar con ella y posiblemente descubrir que se peleó con su mejor amiga, o que se le cayó su lunch y no comió nada en el recreo, o que la maestra le llamó la atención y se sintió frustrada. En lugar de esto, la niña sólo se toma una pastilla y se duerme. No procesa emocionalmente nada de lo experimentado; sólo lo tapa, lo evade y la mamá lo propicia.

La niña aprende que para todo mal hay un remedio externo rápido y eficaz. Al ser adulto no se plantea la posibilidad de procesar emocionalmente nada, y opta por consumir altas dosis de pastillas cuando tiene problemas con su esposo o en su vida en general.

Las frases "Para todo mal, un mezcal", "Con tequilita se te quita" es una proyección de esta falsa solución de recurrir a factores externos **para no sentir** lo interno. No se usa lo externo para solucionar lo interno, sino para **evadirlo**.

Salvo mediante receta médica en caso de enfermedades físicas reales, no debes proporcionarle estas ayudas externas a tu hijo y es mejor invertir un poco de tiempo, paciencia y comunicación para ayudarlo a procesar emocionalmente los problemas de la vida.

No te conviertas en el primer facilitador proveedor de drogas de tus hijos.

23 "Escucha música muy fuerte y como de drogados"

Este es un problema que debe resolverse mediante una buena comunicación y negociación, pues tu hijo seguramente también padece tus gustos musicales, aunque sean muy "selectos y cultos".

Es un hecho real que los gustos musicales entre jóvenes y adultos normalmente difieren, pero eso no tiene por qué ser motivo de conflicto o pleitos; simplemente se deben establecer reglas claras respecto al horario y al volumen aceptable para escuchar cada quien su música.

No te metas demasiado con sus gustos, la mejor manera de propiciar un buen gusto musical (según tu idea de buen gusto musical) es poniendo dicha música en el entorno cotidiano de la casa.

Ellos también tienen derecho a escuchar su música, a lo que debes acceder. Sólo debes negociar que todos escuchen a ratos la música de su gusto y no sólo la de un miembro de la familia.

Si tus hijos adolescentes se aislan para escuchar su propia música, no debes intervenir; déjalos en paz. Si el volumen interfiere con el resto de las actividades de la casa o molesta incluso las del vecindario, entonces dialoga para acordar un volumen moderado.

Con respecto a si es música "pesada" o "ponchis-ponchis", lamento decirte que no tienes nada que hacer al respecto, pues esa es la moda y es lo que a tus hijos les funciona como parte de su búsqueda de identidad con sus amigos con quienes comparte gustos. Acuérdate de tus gustos cuando tenías su edad y de cómo diferían de los de tus padres en aquella época.

El que escuche música "como de drogados" es una interpretación que no necesariamente es acertada y aunque así fuera, eso no convierte a tu hijo en un drogadicto. Recuerda que eso de las drogas se refiere a una problemática más compleja, como se expresó en el tema anterior. Si ese es el caso, consúltalo y no lo confundas con modos o costumbres sin mayor importancia.

"Admira a alguien que es un mal ejemplo" 24

La búsqueda de identidad es un proceso necesario. En el caso de niños pequeños, pueden identificarse con súper héroes o con artistas que tengan características deseables para ellos. No creo que deba ser algo preocupante. Simplemente platica con ellos e indaga las razones por las que les gusta tanto dicho personaje.

Ya sé que se cuentan historias sobre un niño que por no poder distinguir entre la fantasía y la realidad, se aventó de la azotea para volar como Superman; sin embargo, no sé si fue cierta o no dicha historia o qué disparadores llevaron al niño en cuestión a ese extremo. Cuando la escuché, que coincidía con la edad de gran admiración de mi propio hijo por los súper héroes, le dije en tono de advertencia que no se le ocurriera intentar volar; se me quedó viendo con incredulidad y me dijo: "Papá, ¿cómo se te ocurre que la gente puede volar?". Preferí sentirme tonto por mi comentario pero así me aseguré de su capacidad para distinguir la fantasía de la realidad. Efectivamente hay edades en las que esta distinción no está establecida, pero tampoco subestimes a tus hijos y su capacidad crítica.

La cuestión se complica (para variar) con los adolescentes; algunos admiran a personajes opuestos a sus padres como un acto de protesta y rebeldía. No hay problema, déjalos; es temporal. Aunque tengas que aguantar el pelo largo, corto o teñido, recuerda que es una etapa pasajera. Cuando crezcan y maduren desaparecerán esas identificaciones. La necesidad de ser diferentes a los padres es muy fuerte en algunos jóvenes. De este modo demuestran su independencia en proceso de desarrollo. Si admira a alguien que fomenta conductas nocivas, sólo observa si esa identificación interfiere con la escuela, lo aisla de sus amigos y los desconecta de la familia; en cuyo caso convendría revisar con un terapeuta la estrategia a seguir para prevenir alguna conducta más preocupante. Si observas que a pesar de admirar a dicho personaje nocivo, eso no interfiere con las relaciones mencionadas, entonces déjalo pasar. Puede ser producto de la protesta anteriormente mencionada.

25 "Ve mucha TV y juega demasiado con videojuegos"

Este punto no lo voy a abordar desde la perspectiva de cómo ver TV con los hijos o del impacto de los medios masivos y los videojuegos en la psicología de tus hijos, porque dicho enfoque requiere su propio espacio. Lo voy a enfocar exclusivamente desde la perspectiva disciplinaria, o sea, de la estructura de horarios necesaria en una casa. Lo recomendable es dosificar el tiempo de consumo televisivo y de videojuegos, y no utilizar la televisión como niñera electrónica, salvo en circunstancias excepcionales. Muchos padres ponen a ver televisión a sus hijos para quitárselos de encima o para poder dedicarse a otras actividades; eso no afecta mientras se recurra a este método de manera dosificada, sin abusar.

Establece reglas de uso y tiempo, asegurándote que se apeguen a ellas. Puedes colocar en un lugar visible un horario para señalar los programas que podrán verse durante la semana. Si prenden la TV en los horarios no autorizados, no pelees, limítate a preguntar "¿Qué acordamos esta semana sobre la televisión? Déjame ver el horario".

Si tu hijo se aferra y no le importa tu reglamentación, avísale: "Parece que has elegido perder el derecho a ver la televisión por hoy". No pelees ni insistas. Saca el aparato o desenchúfalo si tu hijo abusa de él y pasen más tiempo juntos haciendo otras cosas. Conviene realizar una junta familiar para planificar en conjunto el horario semanal de televisión. Déjalos elegir y utiliza el sentido común.

Cuando veas tele con él, no moralices ni sermonees. Pregunta cosas como "¿Qué hubieras hecho tú si te hubiera pasado eso?".

Utiliza el contenido mismo de los programas para propiciar el diálogo. No critiques de mala manera sus programas favoritos porque despertarás sentimientos defensivos; mejor pregunta su opinión. Puedes criticar sutil o abiertamente los comerciales absurdos y acabará teniendo un punto de vista crítico al respecto. Ríanse juntos de lo absurdo. No pelees con él y mucho menos te burles de sus gustos.

2.2 • *Haciéndote cargo de tu culpabilidad*

La culpa es una de las emociones más destructivas, además de que es inútil. La culpa es muy diferente a la responsabilidad; sin embargo, en muchas ocasiones se comete el error de utilizar ambos términos como si fueran sinónimos.

La responsabilidad significa responder por las propias acciones y sus consecuencias, buenas, regulares o malas; además, **es la manifestación de un incremento de la conciencia**, por lo que después de reconocer algo negativo en la propia conducta, este reconocimiento **puede conducir al cambio**. La responsabilidad conduce a una mejor conducta y al desarrollo personal.

La culpa significa observar solamente los aspectos negativos de la propia conducta; no permite ver lo bueno, sólo lo malo; además de que propicia la invención de causas ficticias sobre consecuencias que muchas veces no tienen nada que ver con la persona y su conducta. Se asume la culpa como causante de cosas que no tienen nada que ver con ella. La persona se desgarra y se desgasta repasando obsesivamente imágenes de su mala conducta, pero no es capaz de modificar dicha conducta indeseable. Lo sigue haciendo, a pesar de sentirse cada vez peor. **La culpa conduce a la autodegradación y al deterioro personal.**

Como mencioné anteriormente, muchos padres de familia sufren debido a un sinnúmero de culpas. Las mujeres mexicanas, y tal vez las latinoamericanas, han sido educadas para cargar con sus relaciones sobre la base de la culpa. Es un problema cultural que algunas mujeres conscientes han ido superando con mucho esfuerzo. Sin embargo, la loza que muchas conservan sobre sus hombros es tan insoportable, que no son capaces de ver alternativas que se hayan delante de sus ojos. La culpa ciega, impide la visión, y ésta impide a su vez la solución de situaciones, incluso, elementales.

CULPAS

1. Consulta el siguiente **Catálogo de culpas** en el **modo manual de consulta** (sólo busca los temas que se apliquen a tu caso).

2. Estudia el texto correspondiente.

3. Con una amigo(a) o con tu pareja, explícale lo estudiado como si fuera tu punto de vista al respecto.
Haz de cuenta que la persona con la que estás haciendo el ejercicio es alguien que tiene las mismas culpas que tú sobre el tema que escogiste y ahora eres quien trata de convencerla, con los argumentos estudiados, para que modifique su punto de vista.

4. Platiquen luego sobre tu propia opinión y los sentimientos que el tema te genera.

5. Repite el procedimiento con todos los temas que disparen tu culpabilidad.

CATÁLOGO DE CULPAS

A continuación te mostraré algunas de las situaciones que disparan la culpa de las madres y de los padres de familia en general. No pretendo que sea una lista completa; sólo he incluido los que he escuchado más recurrentemente. Recuerda que mientras no enfrentes y superes estos motivos de culpa, no lograrás ningún progreso con tus hijos, ya sean pequeños, adolescentes o incluso, adultos.

No están presentados en orden de importancia o recurrencia; simplemente localiza la conducta que se aplique a tu caso, ve a la página indicada y lee los comentarios correspondientes para determinar si se aplican a tu caso, y trata de entender lo que estás haciendo al respecto.

Descubrirás que en ocasiones requieres de apoyo profesional para poder liberar la carga emocional que dispara tu culpa, pero un comentario que te proponga otro enfoque puede ser un buen principio.

1 "Lo he castigado en exceso"

Desafortunadamente se puede llegar a adoptar un estilo de trato más parecido al amaestramiento de una mascota que a la educación de un ser humano. Golpes, gritos y amenazas son prácticas cotidianas en algunos hogares, provocando rebeldía o temor patológico en sus hijos.

Incluso un amaestrador de mascotas profesional te podrá decir que la mejor forma de obtener resultados con los animales no es a través de los golpes. ¿Por qué entonces tendría que serlo con las personas? Trata de darte cuenta de que si tú fuiste educado a golpes, amenazas y gritos, y según tú no estás tan mal por ello, no puedes aferrarte a ese esquema de referencia para educar a un hijo en la actualidad. Tus padres lo hicieron porque no tenían otra referencia. Tú sí la tienes. Hay gran cantidad de opciones de libros, de cursos, de apoyo profesional, como para quedarse atorado en "Así me educaron a mí y dio buen resultado". Lo que dio éxito en el pasado, no necesariamente lo dará en el futuro. Hay que encontrar nuevas formas de hacer lo mismo... o de plano hacer cosas diferentes de diferente manera. Ese es el reto. Educar, sacar a la luz lo mejor de tus hijos, no lo peor. El castigo envilece, humilla y genera fantasías de venganza.

Si hasta la fecha has golpeado como método educativo cotidiano, te conviene estudiar a fondo este libro, asesorarte y empezar el cambio ya. Existen alternativas funcionales. El castigo funciona en apariencia pero a un costo demasiado elevado de resentimientos y temor. Cuando me preguntan qué hacer cuando ya se lleva mucho camino recorrido de esta manera, la mejor respuesta que he encontrado es: "Si te equivocaste durante años, eso no justifica que tengas que seguir equivocándote. Deja de castigar. La transición puede que sea desconcertante para tus hijos y para ti mismo, pero vale la pena. Sólo deja de hacerlo; no te aferres al error y mucho menos intentes justificarlo y minimizarlo. Sólo deja de hacerlo". Culparse no sirve de nada, mejor responsabilízate y modifica tu conducta.

"Lo estoy sobreprotegiendo" 2

Posteriormente verás que la sobreprotección es el otro extremo del amaestramiento pero es igualmente reactiva. Algunos padres que fueron maltratados reaccionan yéndose al otro extremo de manera compulsiva e irracional. Otros, simplemente temen tanto que algo les pueda pasar a sus hijos, que los asfixian con su protección.

Convertir a tus hijos en inútiles es una de las posibles consecuencias de la sobreprotección. Otra posible consecuencia es una intolerancia a la frustración, lo que disparará mecanismos tiránicos en ellos. Se vuelven verdaderos dictadores familiares. Como mencioné un tanto en broma en una conferencia: "Hace 15 años impartía pláticas para disminuir el maltrato a los niños, y hoy uno de los temas principales es cómo disminuir el maltrato a las madres por parte de sus hijos tiranos".

Hay tantas corrientes y escuelas de pensamiento sobre educación, se ha culpado tanto a los padres sobre el futuro y la felicidad de sus hijos, que ahora no pueden ponerles ningún límite sin creer que los están traumando. Un gran número de padres tienen miedo a educar, de asumir su papel de adultos. Se trata de fomentar que los hijos crezcan, no que permanezcan en la infancia. La sobreprotección inutiliza; es una forma de decirle sin palabras a tu hijo que lo consideras inepto y sin capacidad de aprendizaje y madurez.

Una excusa para la sobreprotección es que se realiza por miedo a que le pase algo malo o que sufra. Es sensato cuidar de su salud y su bienestar, pero dentro de un marco relativamente seguro, debe permitírsele que desarrolle sus capacidades para enfrentar sus propios retos. Algunas madres sobreprotegen para, consciente o inconscientemente, crear una dependencia de sus hijos hacia ellas, con la fantasía subyacente de que de esa forma nunca serán abandonadas por ellos. **Fernando Savater** es implacable al respecto:

Para que una familia funcione educativamente es imprescindible que alguien se resigne a ser adulto. Y me temo que este papel no puede decidirse por sorteo ni por votación asamblearia. El padre que no quiere figurar sino como "el mejor amigo de sus hijos", algo parecido a un arrugado compañero de juegos, sirve de poco; y la madre, cuya única vanidad profesional es que la tomen por hermana ligeramente mayor que su hija, tampoco vale mucho más. Sin duda son actitudes psicológicamente comprensibles y la familia se hace con ellas más informal, menos directamente frustrante, más simpática y falible: pero en cambio la formación de la conciencia moral y social de los hijos no sale demasiado bien parada. Y desde luego las instituciones públicas de la comunidad sufren una peligrosa sobrecarga. **Cuanto menos quieren ser los padres, más paternalista se exige que sea el Estado.** Se trata, como suele decirse, de una crisis de autoridad en las familias... la autoridad no consiste en mandar: etimológicamente la palabra proviene de un verbo latino que significa algo así como *ayudar a crecer.*

Los niños –esta obviedad es frecuentemente olvidada– son educados para ser adultos, no para seguir siendo niños. Son educados para que crezcan mejor, no para que no crezcan. Puesto que de todos modos, bien o mal, van a crecer irremediablemente. Si los padres no ayudan a los hijos con su autoridad amorosa a crecer y prepararse para ser adultos, serán las instituciones públicas las que se vean obligadas a imponerles el principio de realidad, no con afecto sino por la fuerza. Y de este modo sólo se logran envejecidos niños díscolos, no ciudadanos adultos libres.

Principio de realidad: La capacidad de restringir las propias apetencias en vista de las de los demás, y aplazar o templar la satisfacción de algunos placeres inmediatos en vistas al cumplimiento de objetivos recomendables a largo plazo.

La sobreprotección no es educación aunque esté autojustificada por el amor. De acuerdo con Savater, más vale que el principio de realidad sea ejercido con benevolencia familiar y no que la policía la ejerza por la fuerza. La inadaptación social y los problemas en las relaciones interpersonales son típicas de alguien que considera que el mundo debe girar a su alrededor y a su ritmo.

"No le he dado suficiente tiempo y atención" **3**

¿Cuánto tiempo hay que dedicarle a los hijos? Cada hijo tiene diferentes necesidades de atención durante las diferentes etapas de su desarrollo. Algunos padres son adictos al trabajo; continuamente se llevan trabajo a la casa y descuidan las relaciones con sus hijos. No es sensato trabajar tanto que no puedas disfrutar de los frutos de tu trabajo. Hay que intentar equilibrar los tiempos y realmente estar donde uno está, es decir: si estás en tu trabajo, realmente hazlo poniendo tu atención en ello. Pero cuando estés con tus hijos, desecha lo demás y dedícate a ellos de verdad. Escúchalos, diviértete con ellos, conócelos, disfrútalos. Entenderán tus limitantes de tiempo si cuando estás con ellos, realmente estás con ellos. No de cuerpo presente, sino de verdad aquí y ahora. En el caso de las mujeres que trabajan, deben organizarse para establecer la rutina de horarios y reservar tiempos para estar con los hijos y hacerlo de verdad, no hablando por teléfono mientras ellos ven TV. Conoce sus gustos, sus opiniones sobre lo que ven, sus juegos, etc.

Muchas mujeres trabajan y la tendencia va en aumento. ¿Vas a vivir culpándote de algo inevitable? No es sólo un problema de tiempo; es un problema de "comunicación light" cuando ésta se reduce a un interés superficial: "¿cómo te fue en la escuela?", "¿ya hiciste tu tarea?", "lávate los dientes", como únicos aspectos de contacto. Debes intentar establecer una comunicación profunda; una comunicación que sea sensible, que te permita acercarte afectivamente a tus hijos. Para lograrlo empieza por hablar menos, corregir menos y escuchar más. Trata de entender cómo piensa y trata de sentir lo que tu hijo puede sentir a su edad. Acepta sus comentarios y sus sentimientos. Escúchalo. Tócalo, acarícialo, que sienta tu contacto, tu cariño, y juega con él. Date a ti mismo(a) un descanso y disfruta con tu hijo sin tener que corregirlo todo el tiempo. Esto hará que disfruten el tiempo (poco o mucho) juntos.

4 "Lo ha educado otra persona"

Hay hogares en los que la persona encargada del servicio doméstico se vuelve un pilar. No exagero. Hay personas que de verdad actúan como las antiguas nanas. Adoran a los niños y verdaderamente los cuidan y educan. Si tienes la fortuna de contar con alguien así, procúrala y consérvala. Nada más no exageres en la delegación de responsabilidades, pues cuando lo haces, inevitablemente la nana tendrá más peso que tú ante los ojos de tus hijos.

En algunos hogares, las nanas le enseñan a comer picante, le enseñan a caminar, sólo se duermen cuando los arrulla ella y cuando crecen, son sus confidentes. No te pongas celosa, sólo acércate lo suficiente para que tus hijos no tengan que sustituir a sus padres por su nana. Hay que acercarse a los hijos para que no sientan la carencia de sus padres y la necesidad de sustituirlos. No se trata de que despidas a la nana para que "no interfiera", sino de apoyarte inteligentemente en ella. El problema son los extremos, no la nana.

Hay otras situaciones en las que a pesar de no contar con una nana, sino más bien con un desfile de sirvientas, delegas tus responsabilidades en ellas. Esto es altamente riesgoso. Hay muchos delitos de diversa índole debido al descuido de los padres. Debes valorar muy de cerca y a lo largo del tiempo los niveles de confianza y de supervisión estrecha que debes ejercer sobre la relación de tus hijos con quienes te ayudan. Si no lo haces así, no te sorprendas de que tu hijo hable inadecuadamente, de que se chupe el pelo o mastique con la boca abierta. Los modales se adquieren por imitación. ¿A quién está imitando tu hijo? A la persona con la que pasa más tiempo o a la persona con la que se identifica más. Por esto es tan importante volver al tema de la atención y del tiempo. No sólo es el tiempo: es la calidad y la profundidad de la comunicación establecida con tus hijos la que cuenta, y así, aunque no pases mucho tiempo con ellos, dicha comunicación permite que tu influencia sea cada vez mayor.

"He descuidado mis asuntos personales" **5**

Te recomiendo no ser demasiado duro(a) contigo mismo(a) al respecto. Hay etapas en la vida y "tareas existenciales" en cada una de ellas. Son situaciones por las que debes de pasar y aprender. El problema es cuando no aprendemos o no las realizamos en su debido momento y nos quedamos con la fijación de tratar de realizarlas a destiempo. La edad de tus hijos cuenta mucho, tu edad también cuenta mucho.

Uno de los problemas más graves que observo en gran número de mujeres es que son madres propensas al sentimiento de culpa porque **donan su vida a sus hijos**. Donan su propia vida para que sus hijos sean felices. Creo que este error es frecuente y trae graves consecuencias. Cuando pregunto en alguna plática ¿para quiénes de los presentes sus hijos son lo más importante en sus vidas?, la mayoría levanta la mano. ¿Lo más importante en tu vida? ¡¿Lo más?! Cuidado. Es muy fácil dar el salto mortal de **lo más** importante *hacia* **lo único** importante. Hay personas que olvidan su rol de pareja para convertirse exclusivamente en madres de sus hijos ¿y la pareja? Bien, gracias.

Tarde o temprano los hijos se van a ir, para bien de todos, pues eso significa que tienen la salud física, psicológica y social para hacer su propia vida... pero, ¿y tú?, ¿tienes vida propia?

Tener una vida propia, un juego propio, independiente del de los hijos, es fundamental para ver las cosas en perspectiva e, incluso, para lograr una mayor estabilidad emocional. Tus hijos pueden ser una prioridad fundamental en tu vida; durante una época incluso pueden ser la número uno de la lista, pero no por eso debes descuidar otras prioridades como tu salud, tu trabajo, tu pareja. Por el bien de todos, debes tomar conciencia de no abandonar tu propia vida por la suya. No prepares el terreno para futuros resentimientos y reclamos basados en tu propio error. Tus hijos no te deben nada, así como tú no les debes nada a tus padres. Ellos hicieron lo que tenían que hacer. Cumple con tu papel de padre y deja que tus hijos asuman el suyo cuando les corresponda hacer su parte con tus nietos.

6 "Hay pleitos en el hogar"

Tenemos varias posibilidades para enfocar este problema:

A) Pleitos entre los padres, con los hijos como testigos

B) Pleitos entre padres e hijos

C) Pleitos con familiares vinculados al hogar

A) Pleitos entre los padres, con los hijos como testigos

Esta es una variante conocida como violencia indirecta. La violencia no es ejercida contra los hijos directamente, sino contra alguien a quien ellos aman. Además, por lo general no pueden intervenir, pues cuando lo hacen salen mal parados.

Los pleitos son algo inevitable en el hogar; en algún momento los habrá. Hay pleitos que pueden ser saludables y otros muy dañinos. Un pleito saludable entre la pareja es algo que hará crecer la relación, un pleito dañino es aquel que como resultado deteriora la relación.

Hay que aprender a pelear. Esto significa que haya un resultado más constructivo que destructivo.

La forma más que el fondo, es lo primero que hay que cuidar para aprender a pelear.

Durante la mayoría de los pleitos hay insultos y ofensas. Se tira a matar, olvidándote de que el rival es tu pareja, tu familia. Aparentemente, eres raptado emocionalmente y aparece una extraña y sombría entidad que habla por ti, que dice y hace cosas que luego lamentas.

Se vale pelear en pareja; lo que no se debe permitir es traspasar ciertos límites en las palabras, las acciones y los modos, que deterioren más la relación. Además, ¿peleas con tu pareja frente a tus amistades? La mayoría contestaría que no, sin embargo, ¿por qué razón crees que tus hijos sí deben de soportar dichas situaciones?

Trata de pelear en privado, y si la situación explotó en un lugar público o frente a los hijos, procura dejar para después el pleito. Contrólate y espera el momento de privacía. No se trata de que los hijos tengan la falsa percepción de que sus padres nunca se pelean, pues es saludable que se percaten de que así como se pelean, saben llegar a acuerdos y arreglar las cosas. Se trata de tener respeto y consideración por los demás, los cuales no están obligados a soportar tus pleitos, incluyendo a tus hijos. Para aprender a pelear en pareja te recomiendo lo siguiente:

1. Se puede comunicar lo que se siente, sin insultar ni decir groserías.
2. No se vale golpear o herir al otro ni física ni emotivamente.
3. No es válido dañar las propiedades del otro ni las propias.
4. Mientras uno habla el otro debe escuchar sin interrumpir, hay que dejar que acabe.
5. Todo pleito debe acabar en un acuerdo para corregir la situación que lo provocó.
6. Los pleitos deben tener un final; no se debe dejar de discutir para seguir mañana.
7. Un tema de pleito no se debe volver a tocar en pleitos futuros como referencia. La única excepción es cuando una de las partes no está cumpliendo lo acordado y se puede considerar que el pleito no ha terminado. Cuando se termine, no se debe tocar para volver a pelear por lo mismo en el futuro.

Si los pleitos ya tienen un color y tono peligrosos y se salen de tus posibilidades de control, conviene que consulten a un terapeuta especializado con el fin de que clarifiquen lo que están haciendo juntos como pareja. Los hijos no tienen por qué soportar tu infierno conyugal.

B) Pleitos entre padres e hijos

Hay ocasiones en que los padres y los hijos viven en un pleito permanente. El padre alega que su hijo es irresponsable; éste que su padre es intolerante. Ninguno escucha al otro.

Si no escuchas, o escuchas a medias mientras haces otras cosas cuando tus hijos intentan decirte algo, y les haces sentir que no te importa lo que les pasa, ¿por qué supones entonces que les va a importar lo que tú les digas? Escúchalos con toda tu atención y trata de entender de qué se trata lo que te están diciendo, sin juzgar.

Los jóvenes padecen a los padres que se la pasan aconsejando y preguntando. Los regaños son insoportables casi para cualquier persona. A veces los padres somos odiosos. Aconsejamos sin que nos lo pidan; cuestionamos constantemente y luego nos preguntamos la razón por la que nuestros hijos no nos quieren contar sus cosas, o por qué explotan pleitos constantemente. En ocasiones, no aceptas ni siquiera los sentimientos que tus hijos expresan; si te dicen que alguien de la familia no les cae bien, los regañas; si lloran por algo, es común que les digas que no es para tanto. ¿Por qué te extraña que surjan los pleitos? Mejora la comunicación y los pleitos se reducirán.

C) Pleitos con familiares vinculados al hogar
Cuando ocurren pleitos con familiares que frecuentan el hogar, (tíos, abuelos, cuñadas, etc.,) es importante no contaminar a los hijos con tus sentimientos hacia ellos. Recuerda que ellos no se pelearon con tus hijos.

Sólo aclara que hubo un desacuerdo y que esperas que luego se arregle. No les hables mal de ellos, pues si lo haces, en caso de una reconciliación, no podrán verlos de la misma manera.

Si tus hijos son muy pequeños y preguntan la razón por la que ya no van a la casa o por qué ya no se frecuenta a esa persona, sólo diles que hubo una discusión y que cuando se reconcilien volverá todo a la normalidad; no entres en detalles. Si son más grandes, no permitas que tomen partido. Es tu pleito, no el de ellos.

Si el pleito se origina con esa tercera persona por su intervención con alguno de tus hijos, cuando el tema surja con tu hijo, sólo aclárale que te molestaste porque no te gusta que intervengan en su educación y que ojalá puedan reconciliarse pronto, punto. No acuses a esa persona de metiche, ni la descalifiques de tal manera que no puedan luego reestablecer la relación.

Recuerda que son parte de tu familia, o de la de tu pareja, y aunque de lejos, tal vez algún día haya algún contacto o incluso se pueda rescatar la relación.

"Se pelean entre hermanos" 7

(Basado en la *Guía para Padres* de Gerald Deskin y Greg Steckler)

La pelea es una conducta que proviene de la necesidad de proteger algo o de conseguirlo. Un niño siente la necesidad de proteger, frente a un hermano invasor, sus juguetes, sus amigos o su relación con los padres, para conseguir mayor atención de la gente de su entorno. Cuando los padres no están presentes mental, emocional o físicamente, se incrementan las peleas entre los hijos. Puesto que son dependientes, los niños son muy sensibles a los estados de ánimo, las energías y las conductas de los padres. Con facilidad pueden percibir un cambio en la atención de éstos hacia ellos.

¿Qué hacer?

1. Cuando se peleen, tú no pierdas la calma. De otra forma se disparará un pleito colectivo.
2. Si hubiera golpes, detén la pelea físicamente separando a los hermanos. Si es necesario ponlos en diferentes lugares hasta que se calmen y que puedan hablar entre sí.
3. Aclara qué está tratando de lograr cada uno de los hermanos con la pelea ¿Trata de lograr o de proteger algo? Pregúntale a cada uno "¿Qué quieres?"

Las peleas relacionadas con el logro normalmente ocurren cuando quieren lo mismo al mismo tiempo:

• Retira el juguete o privilegio hasta que puedan negociar alguna opción. Sugiéreles algunas alternativas si ves que se atoran o se entercan.

• Fija límites de tiempo y has que se turnen en el uso del juego o del espacio. De preferencia que ellos acuerden dichos tiempos, si no lo hacen, entonces lo fijas tú.

• Propicia el intercambio de un juguete o privilegio por otro.

**Compartan, negocien, acuerden,
túrnense o... prescindan.**

Un letrero con esta frase estaba escrito en el interior de la puerta de la habitación de cada uno de los cuatro hijos de una madre que aprendieron a compartir realmente sólo cuando se convencieron, de manera absoluta, que prescindir era mucho peor que tener algo por lo menos parte del tiempo.

Las peleas relacionadas con la protección se presentan cuando un niño provoca a otro insultando, golpeando, invadiendo su espacio, tomando sus propiedades sin permiso, destruyendo algo que el otro está construyendo, interrumpiéndolo, etc. Cuando preguntes qué quieres para aclarar lo que los hermanos están tratando de lograr con el pleito, vas a obtener respuestas como "quiero que me deje en paz", "quiero que se salga de mi cuarto", "que deje de tocar mis cosas", "que deje de molestarme", etc., cuando el pleito tiene como finalidad la protección.

Muchas veces el hermano pequeño es el que molesta al grande, pues el chico desea copiarlo o competir con él para sentirse más grande, más fuerte o más maduro. En realidad lo que quiere es la atención del grande.

- Reconoce el derecho que cada hijo tiene a la privacidad, las pertenencias, el espacio o lo que esté en cuestión.
- Comunícales claramente que todos tienen los mismos derechos al respecto.
- Establece límites al niño que no está respetando estos derechos; le gusten o no, sea con o sin berrinche.
- Enséñales modales; "por favor", "gracias", "¿puedo entrar a tu cuarto?", "¿me prestas tu lápiz?", "perdón", son palabras mágicas para conseguir lo que se desea del otro y muestran una actitud de respeto por los límites.
- Platica con ellos sobre este punto por separado. Dedica un tiempo a cada uno y toca el tema sin sermonear. Dialoga sobre lo importante del asunto para vivir en paz y a gusto.

¿Cuándo hay que dejar que ellos solos arreglen sus pleitos?
- Cuando no te piden interceder.
- Cuando no hay golpes ni insultos.
- Cuando observas que ellos solos arreglan la mayoría de sus desacuerdos.

¿Cuándo hay que intervenir?
- Cuando observas que las cosas se están caldeando demasiado.
- Cuando hay golpes e insultos.
- Cuando se prolonga demasiado un desacuerdo.
- Cuando alguno está perdiendo el control emocional.

Cuida de que no te incluyan en la discusión. Cuando tú tomas una decisión para resolver el pleito, indícales lo que deben hacer, no se los pidas como un favor.

No ofrezcas demasiado tu ayuda. Antes de intervenir asegúrate de que lo haces porque no pueden resolverlo solos.

Sin embargo, hay relaciones entre hermanos y situaciones en el hogar que llegan más allá de los pleitos esperables entre ellos. En ocasiones uno de los hermanos o hermanas está realmente acosando al otro y es muy importante tu intervención para modificar estas conductas antisociales tan peligrosas.

Si presencias un episodio de acoso entre hermanos intervén en ese mismo momento y lugar. No intentes razonar con ellos, no solicites ideas para resolver el problema, simplemente pon fin al incidente:

1. Si el acoso es físico, di: "(Nombre de tu hijo o hija) deja inmediatamente de (empujar, golpear, lastimar, etcétera)", con voz firme y clara. Ordena a quien está acosando que se aleje de su hermana o hermano.

2. Si el acoso es verbal, di: "(Nombre de tu hijo o hija) deja inmediatamente de (burlarte, insultar, hacer ese tipo de comentarios, etcétera). Aquí no hablamos de ese modo".

3. Si el acoso es emocional, di: "(Nombre de tu hijo o hija) deja

inmediatamente de (amenazar, ignorar, excluir, etcétera). En esta casa todos tienen un lugar y derechos".

Es importante que intervengas de inmediato, pues tu silencio se interpretará como complicidad ya que estarás transmitiendo el mensaje que esas conductas no te importan mucho.

Tendrás que aplicar diversas estrategias planteadas más adelante, pues tu trabajo sobre el tema del acoso entre hermanos apenas empieza.

Si alguno de tus hijos se está peleando a golpes, ya sea con alguno de sus hermanos(as) o con cualquier otro niño o niña, sigue las siguientes sugerencias:

- Busca ayuda. Intervenir por tu cuenta, sin apoyo, es peligroso.
- Si hay espectadores, haz que se alejen del lugar del pleito. Los curiosos alimentan el fuego. La intensidad del altercado suele ser equivalente a la intensidad de quienes lo contemplan directamente. Hazlos alejarse de allí lo antes posible.
- Evita interponerte entre los contendientes. Esto no hace más que colocarte en una posición vulnerable; la agresión de ellos puede girarse rápidamente en tu contra o producir que salgas lastimada(o) accidentalmente.
- Prueba primero intervenir verbalmente. A menudo, uno de los rivales (o ambos) está esperando que alguien venga a detener la pelea.
- Usa un elemento de distracción. Un fuerte silbido, palmadas fuertes u otro sonido por el estilo puede reducir la intensidad de la pelea durante un tiempo suficiente para permitirte intervenir.
- Separa a los contendientes. En cuanto puedas, interrumpe el contacto visual entre ellos(as). Mientras se sigan viendo, es probable que las hostilidades continúen.

Instituto de Prevención de Crisis

"No pude darle un buen padre" 8

La diferencia entre *no darle un padre* y *no darle un buen padre* consiste en que en el primer caso estamos hablando de una situación en la que por principio de cuentas no existió la figura del padre; no lo hubo, ni bueno, ni malo. Para el hijo no existe esa experiencia; la conoce por comparación, basado en la observación de las familias de sus amigos o parientes.

En el segundo caso estamos hablando de que sí existió dicha figura y el padre no ejerció su paternidad de manera responsable y constructiva.

No es función de la mujer darle un buen padre a sus hijos. Con ser madre tiene más que suficiente para ocuparse, como para cargar además con la culpa sobre un hecho del que no puede tener control. El control que pudo tener al respecto consistió en elegir a su pareja para tener un hijo, e incluso en esta elección, no siempre se puede saber cuál será su desempeño como padre. A lo mejor era una excelente pareja y un mal padre. También ocurren casos en los cuales a pesar de ser una pésima pareja, resulta ser un padre responsable y cariñoso.

Por lo general, el concepto de ser un buen padre está poco y mal definido. ¿Qué es ser un buen padre? ¿Qué características tiene? ¿Ya las definiste con la suficiente claridad como para evaluar el desempeño del padre de tus hijos y el de otros padres? Porque si tienes en mente respuestas como "Un buen padre es ser como lo fue el mío" o "que cumpla con sus obligaciones", estás en el primer caso, estableciendo un estándar irreal, que además sólo tú conoces, y en el segundo caso estás reduciendo la función de un padre a la de proveedor. También hay buenos proveedores que son malos padres.

Si sientes culpabilidad por este punto, estás enfocando mal tu propio rol como madre.

Vale la pena mencionar que una mamá que actúa sola, sin

pareja, ya sea por ausencia física o emocional de él, sólo puede ser mamá. No será también padre, así como un padre solo no podrá nunca ser madre.

Estas serán carencias que el propio hijo o hija tendrá que resolver por sí mismo(a).

No intentes ser la "madre maravilla". Relájate, sólo puedes ser madre, lo cual no es poca cosa.

Trata de desempeñar dicho papel con inteligencia, no cargada de culpas generadas por situaciones que no están bajo tu control.

"Nos divorciamos" 9

Cualquiera que haya pasado por un divorcio, estará de acuerdo con la afirmación de que es una de las peores experiencias por las que se puede pasar.

Al final del incidente, algunos divorciados(as) experimentan una liberación, otros(as) se quedan atorados en el resentimiento y el odio. Sin embargo, estoy hablando de que el proceso, independientemente de su desenlace, es profundamente doloroso.

Algunos divorcios ocurren emocionalmente antes de que se formalicen legalmente. Otros divorcios completan el proceso legal pero emocionalmente las personas siguen casadas. Este tema tiene muchas vertientes, sin embargo sólo voy a enfocarlo a la culpabilidad que genera una situación así hacia los hijos.

Por un lado, el dolor que puedas estar sintiendo no te justifica para utilizar a tus hijos como armas para herir a tu expareja. Por otro lado, tampoco puedes asumir toda la carga de un divorcio y deteriorar tu salud emocional al grado de culparte por todo lo que no haya funcionado en la relación, y proyectar esta pesada loza en el trato y la educación de tus hijos.

Opino que toda persona que pasa por un divorcio debería recibir ayuda terapéutica para poder cerrar esa etapa de su vida de manera más saludable. No creo que sea una experiencia que alguien pueda atravesar sin salir lastimada en alguna medida. Son vivencias que requieren de un procesamiento que rebasa la capacidad de la mayoría para asimilarlo sin ayuda profesional.

Sin pretender que sea un consuelo de tontos, el índice de divorcios es cada vez mayor. Obsérvalo en la escuela de tus hijos. Esto te lo digo para que no creas que tus hijos serán unos apestados por ser hijos de padres divorciados.

Seas hombre o mujer, sométete a una terapia por el tiempo necesario hasta que realmente puedas separar tu relación fallida de la educación de tus hijos. Al final de cuentas, en la gran mayoría de los casos, el divorcio es entre las parejas, no entre los padres y sus hijos.

Es muy importante no bloquear la relación de tus hijos con tu expareja pues eso es algo que los hijos no te perdonarán. No les hables mal de él o de ella pues estarás atacando a alguien que ellos aman y hacia quien no tienen tu misma carga de resentimientos y experiencias amargas. Si te empeñas en agredirlo(a) frente a ellos, lo único que generarás es incomunicación hacia ti y te ocultarán su relación con él o ella para evitar seguir escuchando tus ataques hacia alguien que aman a pesar tuyo.

No contamines *su* **futuro con** *tu* **pasado.**

No debes convertir tu historia en su porvenir.

En la parte final de este libro encontrarás orientación para aplicar una Disciplina Inteligente en circunstancias especiales, como el divorcio, pero por lo pronto puedes avanzar mucho si eres capaz de comunicarte civilizada y respetuosamente con tu expareja para acordar asuntos relacionados con tus hijos.

Horarios, médicos, escuelas, permisos, son algunos de los aspectos que tendrás que negociar te guste o no. No lo hagas más difícil de lo que ya es. Esta es una situación muy propicia para crear un infierno insufrible. Ojalá evites su aparición. Si ya lo estás padeciendo, trata de salir de él sacando adelante a tus hijos.

Si existe algo realmente inmoral, es el involucrar a los menores en pleitos que no son suyos, en pleitos de adultos.

En teoría, el adulto es alguien que tiene cierta fortaleza emocional para resolver sus propios conflictos; dicha fortaleza se adquiere a lo largo de los años. ¿Por qué les pides a tus hijos menores respuestas de adulto que a ti te han costado tantos años? No expongas a tus hijos a una situación que los obligue a elegir entre alguno de ustedes.

Si en algún momento ellos desean vivir con la expareja, déjalos hacerlo así y experimentarlo. Si están mejor allá, por algo será.

Tus hijos no son tontos. Si están mejor contigo, que lo respete tu expareja. Puede ser saludable llegar a un acuerdo para vivir alternadamente por temporadas con cada uno, siempre y cuando todos lo acepten.

Dales y date tiempo para digerir el cambio. Ya suficiente dolor produjo la separación para que les agregues tu sufrimiento y los sigas lastimando. Para ellos es más saludable ver a sus papás separados pero emocionalmente bien, que juntos pero mal.

Si el divorcio no produce este bienestar en ambos cónyuges, deberían plantearse, con la ayuda de un terapeuta profesional, la posibilidad de una reconciliación.

Si el divorcio no produce este bienestar en uno de los dos y en el otro sí, deberían plantearse, también con la ayuda de un terapeuta profesional, la mejor forma de terminar el ciclo. Ya sea mediante ayuda conjunta o tratándose por separado.

A tus hijos, dales tiempo para sanar y verás que lo aceptarán gradualmente y para bien.

10 "Es hijo único"

¿Y...? ¿Cuál es el problema?

Por favor no caigas en la trampa de creer en ideas que no están comprobadas. Se han realizado algunos estudios en hijos únicos y no hay pruebas contundentes que indiquen que ello afecte la psicología personal y que por eso se convierta en alguien egocéntrico, incapaz de compartir y con una baja tolerancia a la frustración.

No es cierto que tu hijo esté condenado a sufrir problemas de socialización por ser hijo único. Son meras especulaciones no comprobadas. ¿Vas a cargar con una loza adicional de culpabilidad por suposiciones no comprobadas? No te lo recomiendo.

La personalidad de tu hijo estará determinada por una gran cantidad de factores: temperamento heredado, genética, medio ambiente, estimulación temprana, alimentación, inclinaciones y preferencias, talentos, experiencias placenteras y dolorosas, interpretación propia de esas experiencias, inteligencias múltiples, y si gustas le agregamos posibles características espirituales, sólo por mencionar algunos de los principales aspectos que influyen en ello. Te aseguro que el hecho de que sea hijo único, no influirá de manera decisiva en la formación de su personalidad.

Claro que tener hermanos ayuda a aprender a compartir, pero recuerda que eso debe ser fomentado de todas formas, con hermanos o sin ellos. Los hermanos también ayudan para repartirse los embates de las neurosis de los padres; no todo se concentra en un solo hijo.

Los hermanos pueden llegar a convertirse en excelentes amigos, en verdaderos hermanos, no sólo biológicos, sino también en hermanos espirituales... sin embargo, esto no ocurre con frecuencia. La experiencia de vivir con hermanos es deseable pero no indispensable para la salud emocional de un ser humano.

Una precaución que te sugiero tomar si tienes un hijo único, es la de fomentarle el contacto diario con niños y niñas de su edad para que no viva sólo en entornos adultos, pero no exageres: tener hermanos es algo deseable, mas no indispensable.

"No quise tenerlo" 11

Si una condición como esta te atormenta, es señal inequívoca de que requieres ayuda terapéutica profesional, pues tal vez aún no resuelves un problema que surgió desde el embarazo y sigues generándote más y más carga emocional negativa, la cual no será eliminada sin que la desahogues de alguna manera que te permita cerrar la herida; cerrar el capítulo de esa etapa de tu historia personal.

Independientemente de las circunstancias de tu embarazo, de tu parto y de tu vida con tu hijo(a), estás negando un principio de realidad contundente. Tu hijo existe, es un ser humano con sentimientos, necesidades y capacidades, que requiere de tu apoyo por lo menos los primeros veinte años de su vida. Las fantasías que tengas alrededor del "No quise tenerlo(a)" son eso: fantasías. Tu hijo(a) es una realidad y puede ser igualmente real que su existencia te ayude a aprender a ser mejor persona. Inténtalo.

No culpes a tu hijo por todo lo que dejaste de hacer debido a su llegada. En la vida no hay premios ni castigos, sólo consecuencias.

Culpar a alguien por impedirte hacer lo que deseas, es un pretexto para no enfrentar que no tomaste la iniciativa para hacerlo, punto. El resto son sentimientos de autojustificación y autocompasión.

Cuando algo, o en este caso, alguien irrumpe en tu vida sin estar planificado, efectivamente hay desviaciones y retrasos en tus planes, pero de ahí a renunciar a tus aspiraciones hay mucha diferencia.

Por otro lado, si te sientes sólo culpable por no haber deseado a tu hijo(a) cuando te embarazaste y justamente ahora que lo adoras, te produce remordimiento haberlo rechazado, creo que lo mejor es asesorarte de un profesional que te ayude a liberar dicha culpa, empezando por reconocer tus sentimientos de aquella época y luego asumir tus sentimientos actuales. Busca y encuentra a alguien que te ayude a dejar el pasado en el pasado y a percibir y disfrutar tu presente que, de hecho, es lo único que tienes.

12 "Quiero más a uno que a otro"

Esta situación se presenta más comúnmente de lo que te imaginas. La compatibilidad de personalidades, la historia mutua, el género, son entre otros posibles factores, aspectos que influyen para que con un hijo establezcas relaciones más profundas que con otro. El inclinarte más por un hijo es normal; la culpa debido a esto (como todas las culpas) es inútil.

Seguramente por cada uno de tus hijos eres capaz de hacer muchas cosas, indudablemente los quieres a todos; sin embargo, como en todas las relaciones humanas, hay gente con la que fluyes y tienes más afinidad que con otra. Esta preferencia no expresada con palabras, pero percibida por los hijos a través de tus actitudes y actos, puede generar rivalidad y celos entre ellos, lo cual es algo delicado que debes trabajar para disminuir su impacto negativo en la dinámica familiar y en sus sentimientos.

Te sugiero que dediques un tiempo por separado a cada uno de tus hijos. Dales un espacio propio. En otro momento puedes fomentar la convivencia general. Equilibra los tiempos con todos. Si te gusta pasar mucho tiempo con uno y no tanto con otro, debes hacer el esfuerzo de equilibrar los tiempos. Al hijo en desventaja, busca acompañarlo en actividades de su interés, aunque no lo sean tanto para ti. Platica sin sermonearlo. Escúchalo un poco más sin enjuiciarlo.

Nunca compares a un hijo con el otro, pues en lugar de funcionar como estímulo de superación, funciona como factor de resentimiento hacia ti y hacia el hermano puesto como modelo.

Procura que tu afecto, tus caricias, detalles, regalos o atención sean repartidos equitativamente, aunque te cueste trabajo hacerlo.

En lugar de preocuparte, ocúpate en convivir con tus hijos. No sólo les digas que los quieres a todos por igual, demuéstraselos con actos, dedicándoles espacio y compartiendo tiempo.

Tú mismo(a) te sentirás más a gusto contigo mismo(a).

"No es feliz" 13

Te sugiero tener precaución ante el concepto de felicidad. Los grandes filósofos de la humanidad han tratado el tema y no parece haber un punto de vista unificado sobre lo que significa la felicidad.

No pretendo resolver esta cuestión de la felicidad, prefiero recomendarte algunas lecturas de los grandes pensadores al respecto. Plantearse el hacer feliz a alguien más, es un error de enfoque muy extendido en nuestra sociedad; "Quiero hacerte feliz", "Me caso para que mi esposo me haga feliz", "Quiero hacer felices a mis hijos", es tener una visión desenfocada del asunto. ¿Por qué? Porque la felicidad es un proceso subjetivo. Es algo que a cada quien le corresponde elaborar.

Hay gente que cree que con tener dinero logrará la felicidad, hay otros que tienen dinero y no son felices. Hay un vacío interno permanentemente que se trata de llenar con objetos y compras. El despilfarro es un indicador de dicho vacío existencial.

Hay otros que fundamentan su felicidad en la relación con otra persona: un hijo, una pareja, otros familiares. Son *codependientes*, es decir dependen del otro para poder estar bien o estar mal.

La codependencia se va generando a lo largo de los años y fomenta relaciones dañinas, agobiantes, asfixiantes para quien sufre los embates del codependiente, el cual utiliza diversos mecanismos para controlar a los demás: chantaje, manipulación, agresión abierta, agresión encubierta, ayuda amañada (te ayudo si dependes de mí), entre otros recursos.

Volviendo a los hijos: ¿quién te dijo que la felicidad de tus hijos depende de ti? Con mucho trabajo podrás llegar a clarificar lo que para ti significa felicidad. Con más trabajo podrás iniciar un estilo de vida que esté alineado con tu concepto de felicidad.

¿Vas además a trabajar en la felicidad de tus hijos? ¿Tu felicidad es la felicidad de ellos?, ¿y acaso sabes qué concepto tienen ellos de felicidad?¿No será que esperas que tus hijos se comporten de acuerdo con tus expectativas y luego calificas dicha conducta como su felicidad y su bien? Entonces, ¿de quién es la felicidad que persigues en tus hijos?, ¿tuya o de ellos?

Hay algunos padres y madres que llegan a adoptar conductas absurdas y entrometidas en la vida de sus hijos que justifican arguyendo que es por su bien y su felicidad. **Cada ser humano es responsable de su felicidad o de su infelicidad.**

Tú, como madre o padre, limítate a darle lo que puedas para generar un entorno propicio a su pleno desarrollo físico, psicológico, emocional y social. Hasta allí llega tu papel. El resto será responsabilidad de tu hijo(a).

Hay adultos que son felices a pesar de haber tenido padres nefastos. Hay adultos infelices a pesar de haber tenido buenos padres.

La felicidad es algo tan personal y subjetivo, que planteártela como una de tus metas te llevará invariablemente a la frustración.

Es probable que cuando crezca, su idea de felicidad no coincida con la tuya. Se irá de viaje, conocerá a su pareja, estudiará lo que le guste, vivirá de acuerdo con su propio estilo... y tú y tus ideas sobre su felicidad no necesariamente se ajustarán a las suyas.

Cuidado con caer en la trampa de *darle todo lo que yo no tuve* para hacerlo feliz. Los niños que tienen todo son consumistas insaciables. No aprecian el valor de las cosas importantes en una jerarquización de valores humanistas. No confundas su felicidad con el bienestar inmediato. El bienestar por satisfacer deseos, no es felicidad. La felicidad es una experiencia profunda determinada por el proyecto de vida de cada persona, el cual le da sentido a su existencia.

La felicidad de tus hijos estará estrechamente vinculada a la posibilidad de manifestar sus talentos, sus múltiples inteligencias, de tomar sus propias decisiones, de ejercer su libertad responsablemente... no de tus ideas y esfuerzos por darle algo que a lo mejor ellos no desean.

"No les he podido dar lo mejor" 14

Existe una gran influencia de la publicidad en el concepto que se tiene sobre *lo mejor*. A veces, lo mejor es gratis. Muchas veces lo mejor corresponde a una escala material medible en costo o dinero que se desembolsa para adquirir un producto de calidad superior. Sin embargo, te sugiero tengas precaución para no caer en clichés o conceptos vacíos basados en patrones compulsivos de consumo.

En algunos entornos, los jóvenes platican casi exclusivamente de las marcas de ropa, autos, rines y llantas, lentes oscuros, "antros", estéreos, etc., como si la marca en cuestión les proporcionara lo que su personalidad no les aporta: seguridad personal. Y esto proviene, en gran medida, de estructuras familiares donde les han dado siempre lo mejor. Las pláticas en reuniones de adultos, con demasiada frecuencia caen en el mismo tenor: sólo hablan de sus automóviles, de sus propiedades, o del *shopping* que acaban de hacer. Demostrar, aparentar, es lo más importante para fines de estatus social.

Cuando hablamos de darles lo mejor a nuestros hijos al educarlos, debemos considerar otros aspectos más amplios y profundos, y no centrarnos únicamente en lo material y en los patrones de consumo. No quiero caer en una postura radical anticonsumista; sólo pretendo marcar una sana distancia entre lo que alguien *es* y lo que *tiene*. Vale la pena rescatar algo de la filosofía humanista cuando estamos embarcados en la educación de valores y no basar tu desempeño como madre o padre exclusivamente sobre el criterio de darle económicamente lo mejor a tus hijos. Pregúntate, ¿lo mejor según qué publicista?, ¿lo mejor según los intereses de qué empresa?

Está muy bien disfrutar lo que se tiene; efectivamente es un placer disfrutar de productos de alta calidad, pero hay que conservar la posesión de las cosas, no que las cosas lo posean a uno... y esto es algo que hay que inculcar en los hijos: **uno no es lo que tiene**. No se *es* en función del *tener*. Uno puede ampliar su capacidad para *tener* después de haber desarrollado primero lo que uno *es*.

15 "Nació con algún problema"

Cuando un hijo nace con algún problema de salud por causas congénitas (o incluso si fallece), la culpa y las acusaciones encuentran un terreno fértil para hacer su aparición. Ante este hecho, lo primero que algunos padres hacen es revisar rápidamente si hay algún antecedente de ese mal en su propia familia, y si no lo hay, de inmediato culpan a la familia de la pareja. Si hay antecedentes en la propia, entonces puede dispararse un mecanismo de negación o sobreviene un derrumbe personal.

Adicionalmente a las acciones que se adopten para enfrentar la situación médica del hijo en cuestión, es necesario un proceso terapéutico inmediato y profundo entre la pareja, pues la relación corre el riesgo de romperse debido a recriminaciones no siempre expresadas. Resentimientos y culpas calladas, que tarde o temprano desembocan en rupturas dolorosas. Además, si los padres no se someten a un tratamiento clínico, y no se elabora el proceso de asimilación y aprendizaje, el hijo en cuestión se volverá el arma que cada uno puede utilizar para lastimar al otro. Las causas del problema congénito no es el punto relevante en la relación familiar; lo importante para dicha relación es el procesamiento de la realidad con la que cada uno se ve confrontado. Suficiente dolor tienen ambos padres por la circunstancia de que su hijo no esté bien como para tener que soportar además la carga de recriminaciones de la pareja. Si antes de esto se amaban, vale la pena apoyarse para salir adelante juntos. Si ya no se amaban, entonces no hay que utilizar esto como pretexto para terminar una relación que ya estaba rota de antemano. Acordar con la pareja las acciones para ayudar al hijo, tomar decisiones conjuntas, platicar a fondo sobre sus respectivos sentimientos, son algunos de los aspectos indispensables para que una pareja supere una experiencia tan dolorosa y se sobreponga.

"Es anoréxica/bulímica/obeso(a)" 16

Anorexia:

Trastorno de la conducta alimentaria que consiste en **no comer**, al grado de afectar las principales funciones del organismo y cuyo desenlace es la muerte si no se trata adecuada y oportunamente. Algunas de sus características principales son:

- Delgadez extrema.
- Coloración grisácea de la piel.
- Ansiedad.
- Debilidad extrema.
- Menorrea (suspensión del ciclo menstrual)
- Vergüenza por su cuerpo.

Puede presentarse acompañada de un consumo inmoderado de anfetaminas para adelgazar. Es un trastorno que principalmente le ocurre a las mujeres a partir de la adolescencia y muchas veces se desarrolla en complicidad con alguna amiga que padece el mismo trastorno.

Bulimia:

Trastorno de la conducta alimentaria que consiste en **ingerir cantidades inmoderadas de alimentos**, provocándose intencionalmente vómito, diarrea y orina excesiva con el fin de expulsar lo consumido. Su desenlace puede ser la muerte, debido a desgarres en el esófago, a los vómitos incontrolados y a la afectación de las principales funciones del organismo. Algunas de sus características principales son:

- Delgadez extrema.
- Obsesión y compulsión por la comida.
- Huída al baño después de cada comida (para producirse el vómito)
- Vergüenza por su cuerpo.

Al igual que en el caso de la anorexia, la bulimia se presenta principalmente en mujeres a partir de la adolescencia y muchas veces en complicidad con alguna amiga con el mismo trastorno.

Obesidad:

Trastorno de la conducta alimentaria que consiste en **ingerir cantidades inmoderadas de alimentos**, generando daños en las principales funciones del organismo debido al sobrepeso. Su desenlace puede ser la muerte prematura por paro cardíaco debido al exceso de grasa y colesterol en la sangre, las arterias y las venas. Algunas de sus características principales son:

- Sobrepeso.
- Sudoración excesiva.
- Renuencia al esfuerzo y al ejercicio físico.
- Vergüenza por su cuerpo.

Se presenta en hombres y mujeres por igual y a partir de cualquier edad. Muchas veces es propiciado por los mismos padres que padecen el mismo trastorno. En otras ocasiones, puede deberse principalmente a un problema del sistema endocrino.

Independientemente del trastorno de conducta alimentaria que llegara a presentar alguno de tus hijos, el punto principal es reconocer que ninguno de estos problemas se resolverá con acciones disciplinarias de tu parte.

Estos trastornos deberán ser tratados por especialistas en cada caso. Constituyen problemas que están más allá de lo que cualquier madre o padre de familia puede resolver con sus propios recursos. Reconocer este hecho es el primer paso para ayudar a la rehabilitación real de tu hijo(a).

No trates de resolverlo con dietas sacadas de revistas, ni de pláticas con amigas, ni incluso con nutriólogos, puesto que estos trastornos tienen un origen principalmente emocional y requieren un manejo profesional y especializado. Existen clínicas especializadas, así como terapeutas que pueden asesorarte sobre la mejor forma de iniciar la rehabilitación.

2.3 • Unificación de conceptos usuales sobre el tema educativo

"Los límites de mi lenguaje son los límites de mi mundo."
Ludwig Wittgenstein

Tarde o temprano, como madre o padre de familia te enfrentarás a conductas inaceptables de tus hijos y, si estás honestamente comprometido(a) en su educación, te sentirás exigido y presionado contigo mismo para responder lo mejor posible.

Y para ello, es importante que tengas claros los conceptos. Puede ser que en algunas ocasiones reacciones mal y tarde. Y eso se debe a que te falta pensar con claridad.

Es posible que alguien actúe absurdamente a pesar de ser una persona inteligente y preparada... si observas detenidamente tus conductas absurdas, podrás encontrar que éstas se dan con respecto a determinadas situaciones y no a todas (afortunadamente), afectando ciertas áreas específicas de tu vida.

Es lo curioso y lo paradójico de la conducta humana: podemos ser brillantes en un área y torpes y absurdos en otra. Puedes ser excelente en tu trabajo y, sin embargo, ser un desastre administrando el dinero que ganas. Así también hay genios financieros que no tienen idea de qué hacer para educar a sus hijos y acercarse a ellos...

En ocasiones los padres de familia actuamos absurdamente. Tal vez no sea tu caso, pero revísalo por si acaso.

¿De dónde proviene una conducta absurda? ¿Por qué alguien inteligente actúa brillantemente en un área y de manera tan absurda en otra? En gran medida, tus conductas están determinadas por tus ideas, conceptos y emociones sobre las cosas.

Existe una especie de programación emocional, que podemos definir como el conjunto de decisiones y creencias que desde pequeño te

Los **conceptos guía** son ideas sobre temas fundamentales que rigen la vida:

Pareja, sexo, matrimonio, hijos, educación, dinero, trabajo, vida, religión, etc.

Según como entiendas cada uno de estos conceptos, responderás y actuarás en consecuencia.

formas acerca de ti mismo(a), los demás y el mundo en general conforme vas creciendo.

Cada día que vives, vas acumulando experiencias y cada experiencia te ayuda a conformar decisiones acerca de ti mismo, de la gente y de la vida. De la misma manera en que se programa una computadora con información básica o un sistema operativo, tú programas tu mente con estas creencias o interpretaciones, y este programa afecta tu forma de sentir, de pensar y de comportarte a lo largo de la vida.

Los seres humanos no percibimos la realidad, creamos nuestra realidad. Creamos mundos en función de nuestro lenguaje. Es decir, las interpretaciones que hacemos de lo que nos rodea y sucede crean nuestra realidad personal. No vemos las cosas como son, las creamos a partir de nuestro entendimiento.

Hay ideas tan fundamentales que las utilizas, incluso, para filtrar tus percepciones. Es decir, percibes los elementos que están dentro de la idea sobre la que piensas, y no percibes lo que está fuera de ella. Es como cuando buscas un botón blanco en un cajón lleno de cosas; no te darás cuenta de todo lo que hay en ese cajón y tu percepción se reducirá al objetivo botones blancos, o si acaso se ampliará al genérico botones y no te fijarás en la gran cantidad de cosas que contiene el cajón porque no las necesitas, tú sólo necesitas un botón blanco. Percibes exclusivamente lo que buscas y no percibes todo lo que esté fuera del campo de dicha búsqueda.

Todos poseemos una serie de conceptos básicos que determinan nuestras percepciones, actitudes, emociones y conductas. Son **conceptos guía** que sirven para enfocar las percepciones, pero que también pueden bloquearlas al excluir aquello que no esté relacionado con dichos conceptos guía.

> **Los conceptos guía son una especie de enfocadores de la atención.**

CONCEPTOS GUÍA

No funcional

Educación → Concepto guía no funcional: "La letra con sangre entra" → Conducta resultante: → Castiga e incluso golpea al hijo para que aprenda

Funcional

Educación → Concepto guía funcional: Significa sacar a la luz lo mejor de una persona → Conducta resultante: → Apoya a su hijo para que adquiera buenos hábitos y técnicas de estudio.

"Cada hombre confunde los límites de su propio campo de visión con los límites del mundo."

—Arturo Schopenhauer

Puede haber **conceptos guía funcionales** y **conceptos guía no funcionales.**

Los conceptos guía no necesariamente son útiles. En muchas ocasiones proceden de verdaderas sandeces o barrabasadas adquiridas de diversas fuentes no necesariamente confiables: familiares, libros, TV, maestros, amigos, etc., que sólo reforzaron ciertas confusiones que teníamos sobre algún tema en particular, y que a la larga nos producirán continuos fracasos y frustraciones.

Ejemplo de un concepto guía *no funcional:* Susana tiene el *concepto guía* de que el *matrimonio (tema fundamental)* es una decisión que limita la libertad de las personas e impide su desarrollo personal.

Esta idea no necesariamente está expresada así en su cabeza, pero tiene una sensación coincidente con ella. No vamos a revisar las causas que llevaron a Susana a creer esto, ni tampoco a polemizar si está en lo correcto o no; sólo vamos a ver cómo actúa Susana sobre la base de esta idea: ella contrae matrimonio porque, por otro lado, desea estabilizar su vida con un hombre del cual se enamoró y, después de dudarlo mucho, decide dar el paso. Sin embargo, tiene una sensación de desconfianza y en ocasiones se cuestiona si hizo bien en casarse. Su esposo no le coarta su libertad. Sin embargo, ella está a la defensiva y reacciona exageradamente ante cualquier insinuación de lo que ella interpreta como un "bloqueo a su libertad", debido a que tiene un malentendido básico y devastador respecto al matrimonio y todo lo percibe en función de dicho concepto guía.

La historia puede terminar como tú la quieras imaginar, pero con la influencia nefasta del concepto guía no funcional de Susana sobre el matrimonio, difícilmente terminará bien ya que constantemente le "disparará el gatillo" y reaccionará absurdamente.

¿Recuerdas lo de los botones blancos en el cajón? Asimismo Susana no percibe lo demás que se encuentra en el cajón, sólo los botones blancos que busca, que en este caso son las posibles "amenazas a su libertad", derivadas de su concepto guía sobre el matrimonio.

Si aplicas la disciplina asociándola a elementos represivos, convertirás tu práctica educativa en algo absurdo, sin sentido, y corres el riesgo de convertirla en la manifestación de tus frustraciones, obsesiones y temores, lastimando física y psicológicamente a tus hijos en lugar de educarlos.

El gran problema es que los conceptos guía no funcionales pueden estar alterados por experiencias e influencias nocivas, dañinas o dolorosas y, sin embargo, a partir de ellas se programa emocionalmente ante todo lo que se relacione con dicho concepto, llevándonos a actuar de manera errónea ante las necesidades reales de una situación.

Puede haber interpretaciones tan erróneas que trastornarán profundamente nuestras percepciones conduciéndonos a conductas absurdas.

De hecho, hay una serie de términos de uso común en educación que al consultarse en el diccionario, no se encuentran definidas de manera que sean aplicables al contexto o a las necesidades actuales del acto educativo. En ocasiones incluso se encuentran acepciones francamente alarmantes (más adelante te mostraré un ejemplo de esto al adentrarnos en el concepto de la palabra disciplina).

Por lo tanto, te propongo hacer un alto para que revisemos la forma en que entendemos ciertos conceptos de uso común relativos al acto educativo con el fin de que hablemos el mismo lenguaje.

La forma en que abordaré estos conceptos será la siguiente: mencionaré el término, transcribiré la raíz de la palabra, mostraré diversas acepciones de algunos diccionarios, opinaré respecto a posibles interpretaciones riesgosas de dicha palabra que, desde mi perspectiva podrían contaminarnos con ideas no funcionales o incluso absurdas, y finalmente te haré una sugerencia de concepto que intento sea funcional para los propósitos de esta obra y mi propuesta disciplinaria.

DISCIPLINA

Raíz:
Viene de la forma latina disciplina derivada del verbo *discere,* enseñar. Los mismos dos sentidos que conserva el español estaban presentes en latín, de modo que disciplina se aplicaba a las pautas de comportamiento y especialmente a la disciplina militar, pero este sentido convivía con el de *disciplina* como mención de una materia

"Si nosotros seguimos
utilizando formas de
intervención "educativas",
mediante revanchas
por parte nuestra, como
castigos o sanciones
negativas rodeadas
de ira o frustración,
reforzaremos todavía más
la posibilidad de
incrementar la escalada
de venganzas."

—Isauro Blanco
La evolución educativa

o área objeto de estudio. En ambos casos es clara la relación con un contenido transmitido a quien aprende debe adaptarse.

Observación: Por su relación con *discere* este término está emparentado con discípulo.

Lo que algunos diccionarios dicen:
1. Doctrina, instrucción de una persona, especialmente en lo moral. (*RAE*)
2. Rama del conocimiento que involucra investigación. (*Webster´s* en inglés)
3. Conjunto de leyes o reglamentos que rigen ciertos cuerpos, como la magistratura, la iglesia, el ejército. (*Larousse*)
4. Instrumento de flagelación, azote: dar la disciplina a un niño. (*Larousse*)
5. Instrumento, hecho ordinariamente de cáñamo, con varios ramales, cuyos extremos o canelones son más gruesos, y que sirve para azotar. (*RAE*)
6. Castigo corporal autoinfligido de manera voluntaria como penitencia o por cualquier otra razón. (*Dictionarium* en inglés)
7. Sujeción a las reglas; sometimiento al orden y al control; hábito de obediencia. (*Dictionarium* en inglés)
8. Castigo, severa llamada de atención. (*Webster´s* en inglés)
9. Reglas o sistema de reglas que afectan la conducta o la acción. (*Webster´s* en inglés)
10. Entrenamiento severo para corregir faltas; instrucción utilizando medios severos, de sufrimiento y castigo. (*Dictionarium* en inglés)
11. La virtud de la constancia, tenacidad en una actividad que conduce al logro de objetivos.

Algunas interpretaciones riesgosas del concepto:
Las primeras tres definiciones mostradas anteriormente no conllevan mayor riesgo, aunque la tercera se circunscribe a ámbitos particular-

La disciplina es un medio para que los valores puedan ser enseñados y aprendidos.

La disciplina consiste en una serie de estrategias para que tus hijos puedan distinguir lo aceptable de lo no aceptable de su conducta y de la de los demás en el contexto de la sociedad en la que viven.

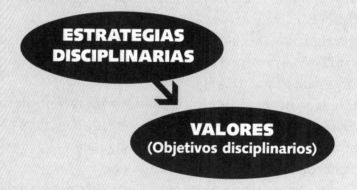

Disciplina = **Un medio para alcanzar un objetivo disciplinario**

Objetivo disciplinario = **Valores prioritarios**

mente rígidos como el ejército, la iglesia y la magistratura; pero la cuarta y la quinta, las cuales encontré en dos diferentes diccionarios en español, son realmente espeluznantes en el contexto actual.

La sexta definición proviene de un diccionario en inglés y tiene connotaciones autorepresivas dolorosas y, a todas luces, patológicas.

La séptima definición tiene sus puntos positivos pero también riesgos: sujetarse a ciertas reglas es vital para la vida en sociedad, pero adquirir la obediencia como hábito es realmente peligroso. Hay casos reportados de abuso sexual y vejaciones diversas que se fundamentan en la obediencia ciega al adulto, en la incapacidad para decir *no* ante situaciones o peticiones inaceptables. La obediencia no es una buena opción ante depredadores sexuales o abusadores y acosadores de todo tipo.

La octava y la décima definiciones implican que el concepto de disciplina está asociado permanentemente con faltas de conducta que requieren correcciones severas y dolorosas, en las que el sufrimiento equivale o conduce al aprendizaje, una lección, sin enriquecer el concepto disciplinario con otra cosa que no sea el binomio infracción–dolor.

La novena definición se enfoca en las reglas como elemento básico o único de la disciplina sin observar que las reglas deben provenir de valores claramente definidos pues los sistemas de reglas son la expresión de los valores morales que una comunidad ostenta como prioridad (este punto lo tocaré más adelante).

La onceava acepción podría ser la más rescatable de las aquí mostradas, sin embargo no menciona el camino para lograr la virtud allí planteada.

Concepto propuesto:
El conjunto de estrategias utilizadas para transmitir valores morales a los niños y adolescentes. El medio para fomentar una serie de conductas que personal, familiar y socialmente son consideradas

¿Qué son los valores?

Concepto guía funcional:

Son referencias fundamentales,
profundamente arraigadas,
que te sirven para jerarquizar tu vida,
tomar decisiones y evaluar tu propia
conducta y la de los demás en diversos
grados de aceptación o rechazo.

Los valores sirven para tomar decisiones,
para actuar, no sólo limitarte.

como deseables o, simplemente, aceptables.

Las estrategias disciplinarias te deberán conducir a fomentar la aplicación cotidiana de valores claros, los cuales deben ser tus objetivos al disciplinar.

En este libro encontrarás diversas sugerencias, todas enmarcadas en este concepto de disciplina.

Como habrás observado, la definición 11 establece que la disciplina puede entenderse como una virtud en sí misma: constancia y persistencia para alcanzar logros. La incluí aunque no la encontré en ningún diccionario al ser una virtud realmente indispensable en la vida; sin embargo, el concepto que utilizaré a lo largo de esta obra es el que concibe la disciplina como un medio para la transmisión de valores a nuestros hijos que les permitan ser persona autónomas, constructivas y productivas en sus respectivas vidas. Bajo este criterio, **la disciplina es un medio, no un fin.**

Piénsalo detenidamente; incluso escribe lo que viene a tu mente cuando piensas en la disciplina para tus hijos. Estoy seguro de que lo que viene a tu mente son descripciones de cumplimiento, horario, estructura.

Si aplicas la disciplina sin un fin claramente definido, la conviertes en algo absurdo, sin sentido, y corres el riesgo de convertirla en la manifestación de tus obsesiones y temores.

VALOR

Raíz:

Viene del verbo latino *valere*, que significa estar sano y fuerte; a partir de esta noción de fuerza, el significado se amplió de la esfera orgánica y física a los ámbitos psicológico, ético, social, económico, artístico, etc. Los valores son estudiados por la axiología (del griego *axios*=valor), teoría filosófica que conceptualiza las nociones de lo valioso en diversos campos.

Encuentra formas para
que dichos valores sean
los motores de tu trabajo,
de tu proyecto de vida y,
por supuesto, del proyecto
educativo que pretendes
realizar con tus hijos.

Lo que algunos diccionarios dicen:

1. Precio de las cosas. (*Larousse*)
2. La importancia o utilidad de algo. (*Oxford* en inglés)
3. Característica o conjunto de características que hacen apreciable a una persona o cosa. (*Larousse*)
4. Principios morales, ideológicos, etcétera, que condicionan el comportamiento humano. (*María Moliner*)
5. Estándares del comportamiento, códigos de conducta. (*Oxford* en inglés)

Algunas interpretaciones riesgosas del concepto:

Es claro que hay muchas formas de entender los valores, lo que es valioso para el ser humano en diferentes contextos; sin embargo una acepción puramente económica del concepto valor la limitará y la reducirá, como en el caso de la primera definición transcrita arriba.

Otra interpretación que considero puede entorpecer el desarrollo de las ideas planteadas en este libro es considerar los valores desde la perspectiva exclusivamente utilitaria, es decir, que la importancia de algo o alguien se otorgue en función de la utilidad que nos representa, de acuerdo con la segunda definición.

Los últimos tres conceptos me parecen muy adecuados para los fines de la presente obra.

Concepto presupuesto:

Son creencias fundamentales, profundamente arraigadas, que te sirven para:

- jerarquizar,
- tomar decisiones,
- evaluar tu propia conducta y la de los demás en diversos grados de aceptación o rechazo,
- corregir o reforzar las decisiones tomadas.

"[El hombre] es capaz de establecer
sobre su natural naturaleza otra que
no es natura, sino nurtura, la cultura
que lo educa y le establece límites,
costumbres, modalidades de conducta,
que lo nutre.

El hombre no es naturaleza,
es lo que él hace con su naturaleza.

El ser humano no se define como
tal porque hace lo que quiere,
sino porque hace lo que debe."

—Jaime Barylko

A partir de un valor, defines todo un campo de acción y tienes certeza de los límites de dicha acción.

Si estuvieras jugando sobre un terreno enorme que termina al filo de una barranca, sería absurdo pensar en irte a la orilla a lamentar todo que lo podrías hacer en la barranca; jugarías sobre el terreno que tienes, el cual, créeme, es enorme y no has aprovechado en su totalidad. Algo similar sucede con alguien que cree que los valores sólo son límites. Conocer estos límites no significa que vas a dedicarte a actuar en la orilla de dicho campo, en vez de disfrutar de toda su extensión.

Por ejemplo, *No matarás* es un mandamiento que limita tu acción, efectivamente, pero a la vez promueve el respeto por la vida. El campo de acción del valor que fomenta la restricción normativa no matarás es muy amplio y puedes orientar tu intención hacia actividades de cuidado por la vida, no solo orientadas a evitar matar.

LÍMITES

Raíz:
Del latín *limes*, genitivo de *limitis* (frontera, borde). Sendero entre dos campos, frontera. Del mismo origen que *linde*, a la misma familia pertenece *limítrofe*. Originalmente se refería a un sendero que separaba una propiedad de otra. Así pasarse del límite sería entrar en propiedad ajena. El sendero era tierra de nadie por donde ambas partes podían transitar.

Lo que algunos diccionarios dicen:
1. Línea real o imaginaria que marca el fin de una superficie o cuerpo o la separación entre dos entidades. (*diccionarios.com*)
2. Punto o línea que señala el fin o término de una cosa no material; suele indicar un punto que no debe o no puede sobrepasarse. (*diccionarios.com*)

Los límites son para
que pueda haber libertad.

Justamente lo contrario
de lo que podría pensarse:
no cercenan la libertad,
la otorgan.

Tienes libertad
porque tienes límites.

3. Delimitaciones del camino, cercos protectores, marcos contenedores y referenciales.

Algunas interpretaciones riesgosas del concepto:
Considerar que límite es sinónimo de represión, censura, castración psicológica, cárcel. Creer que para establecer límites hay que maltratar a quien se intenta educar. Establecer límites a la conducta inaceptable de alguien no es lo mismo que limitar su personalidad. Considero un riesgo no diferenciar la conducta de alguien de su personalidad. Cuando limitas una conducta hay que dejar claro que lo inaceptable es dicha conducta, no la persona que la realiza.

Otra interpretación que considero riesgosa respecto a los límites, la cual también es resultante de la asociación errónea entre límites y represión, es aquella en la que debido a esta confusión, entonces no se establecen límites a la conducta inaceptable de un niño o adolescente por considerar que si se le ponen dichos límites a la conducta del menor éste se traumará o no expresará libremente su naturaleza, llegando a extremos absurdos en los cuales los padres no educan y se limitan a sobrellevar al pequeño o pequeña tirana, los cuales no son capaces de considerar que existen otras personas con derechos y no se enteran de la existencia de los demás, estableciendo así las bases de una psicología antisocial, desconsiderada y poco empática, por no decir cruel, hacia los demás.

Algunas madres y padres de familia que no ponen límites a la conducta inaceptable de sus hijos consideran que están educando en la libertad, creo que en realidad los están criando en el abandono.

Concepto presupuesto:
Son delimitaciones del camino, cercos protectores, marcos contenedores y referenciales. No son un fin educativo en sí mismos, son un instrumento para realizar fines. Cuando uno conoce lo límites, se puede salir de ellos. Para salirse hay que conocer los límites.

¿Qué es la autoridad?

Concepto guía funcional:

Según su etimología, la palabra autoridad
proviene del verbo latino *augeo*,
que significa, entre otras cosas,
hacer crecer.

Los límites tanto en los niños como en los adolescentes les permiten sentirse seguros, que hay alguien que los mira, los cuida y les enseña a vivir.

Gracias a la existencia de límites, la convivencia es posible.

AUTORIDAD

Raíz:
Del verbo latino *augere*, que significa, entre otras cosas, incrementar, producir, ayudar a crecer.

Lo que algunos diccionarios dicen:
1. Poder legal o por derecho; un derecho para mandar o actuar sobre algo o alguien. (*Dictionarium* en inglés)
2. El poder derivado de la opinión, respeto o estima. Ostentarse como alguien en quien debe creerse y ser obedecido debido a alguna superioridad intelectual o moral. (*Dictionarium* en inglés)
3. Persona respetada y admirada por sus conocimientos o dominio de una cosa. (*Larousse*)
4. Aptitud o carácter para hacerse obedecer, mandar. (*María Moliner*)

Algunas interpretaciones riesgosas del concepto:
Creer que consiste en actuar de manera autoritaria, rígida, inflexible e incluso ofensiva, utilizando la fuerza o el maltrato con el fin de lograr obediencia.

En el contexto educativo, el concepto de autoridad, debería matizarse con la capacidad de ganarse el respeto y la admiración para conseguir que los niños nos hagan caso y sigan nuestra guía.

Confundir autoridad con autoritarismo donde se debe ejercer la imposición para obtener obediencia, puede conducir a choques continuos que acabarán quebrantando la voluntad de los niños, atentando contra su vitalidad.

"Cualquier ayuda
innecesaria
es un obstáculo
para el desarrollo.

Ayúdame a hacerlo
por mi mismo."

—María Montessori

En el otro extremo, y como en el caso del concepto anterior sobre los límites, al confundirse autoridad con autoritarismo, hay madres y padres de familia que renuncian a ejercer su autoridad y confunden la libertad con la permisividad, o se hacen amigos de sus hijos, lo cual nunca será válido para educar. Puede haber padres amistosos, pero la amistad es un tipo de relación que tiene características totalmente diferentes a la establecida entre padres e hijos.

Concepto presupuesto:
Ayudar a crecer. Fernando Savater, en su libro *EL valor de educar* dice: "Los niños –y esta obviedad es frecuentemente olvidada– son educados para ser adultos. No para seguir siendo niños. Son educados para que crezcan mejor, no para que no crezcan...", y esto significa en muchas ocasiones dejar de ser popular ante la mirada de tus hijos y decir *no* cuando dicho *no* es necesario.

Hacer crecer de acuerdo con sus posibilidades y ritmo, no al que tu fantasía estableció como el que debe ser. Si te empeñas en hacerlo a tu manera, vas a intentar meter a tu hijo en tu propio esquema, y como muy probablemente no encajará en él, tratarás de imponerle tus tiempos y expectativas, generando una doble moral en la que el niño actúa y habla frente a ti como tú lo deseas, pero en privado actúa y habla de otra forma y, en muchos casos, de manera opuesta a la que deseas, tan solo por su necesidad de autoafirmación, rebelándose precisamente a lo que intentas imponerle.

La obediencia no es el fin de la autoridad; su fin es ayudar a crecer a la persona para que pueda ser responsable, es decir, para que responda por su conducta y por sus compromisos. Es la serie de estrategias para lograr el fin de inculcar el valor de la responsabilidad personal.

La autoridad sirve para enseñar a cumplir con los compromisos, a cumplir la palabra empeñada, a acabar lo que se empieza, a esforzarse por hacerlo muy bien desde el principio. Y esto no tiene nada

"Mientras no sepa qué necesitan
una planta, un animal, un niño,
un hombre, una mujer,
y mientras no me desprenda
de lo que me figuro
que es mejor para el otro
y de mi deseo de controlarlo,
mi amor es destructivo,
un beso de la muerte.

El amor hace que el ser humano
supere el sentimiento
de aislamiento y separación
permitiéndole, no obstante,
ser él mismo y preservar
su integridad."

—Erich Fromm

que ver con los golpes o con el concepto represivo de autoridad; se enseña actuando uno mismo de esta forma, no sólo hablando sobre ello.

AMOR

Raíz:
Viene del latín amor. Del hispanolatino *amma* (nodriza), que debió significar primeramente "madre que amamanta", voz infantil para llamar a la madre, que se halla en diversos idiomas.

En inglés (love) proviene de lief del mismo origen que believe (creer).

Lo que algunos diccionarios dicen:
1. Un sentimiento de fuerte apego inducido por quienes nos inspiran admiración y deleite. (*Dictionarium* en inglés)
2. Sentimiento experimentado por una persona hacia otra, que se manifiesta en desear su compañía, alegrarse con lo que es bueno para ella y sufrir con lo que es malo. (*María Moliner*)
3. Sentimiento de afecto y cariño, unido a una atracción sexual. (*SM*)
4. Suavidad y delicadeza con que se trata a una persona o a una cosa. (*Larousse*)
5. Esmero o cuidado con el que se realiza algo. (*SM*)

Algunas interpretaciones riesgosas del concepto:
Creer que consiste en una dependencia mutua en la que sin el otro no seremos capaces de seguir viviendo. Esto puede conducir a situaciones similares a la codependencia en las que es muy fácil crear lazos enfermizos que obstaculizan la independencia y autonomía de los hijos.

Otro riesgo que observo es creer que el amor es la justificación afectiva para adueñarse de toda la atención y el afecto del otro para

"Progenitores que no son padres...
el ser progenitor y no ser padre
puede desencadenar tragedias.

El progenitor produce la física
simiente de tu nacimiento.
El padre –debería ser la misma
persona, claro está- es el modo en
que el sujeto aquel no mira hacia el
pasado, hacia el acto de procreación
realizado, sino al futuro, ese que te
corresponde, hijo, y por tanto
te ama en cuanto procura tu
crecimiento, tu desarrollo afectivo,
intelectual, espiritual.

Amar es apoyar y exigir
el crecimiento ajeno."

—Jaime Barylko

absorberlo en uno mismo, generando situaciones de sobreprotección y maltrato, "Lo hago por tu propio bien y porque te amo".

La confusión entre dependencia y amor, independientemente de que se trate del amor a una pareja, a un hijo o a un amigo, generará sentimientos y actitudes posesivas, que a su vez, generarán dependencias o incluso adicciones, hacia esas personas, lo que comúnmente se traduce en celos enfermizos y manipulaciones para que la persona amada nos necesite y nunca nos deje; así como en chantajes, depresiones y falta de sentido de la vida cuando la persona amada se va o simplemente establece una distancia.

Concepto presupuesto:
El amor es cuidar, responder, respetar y conocer a otra persona de tal manera que establezcamos vínculos mutuamente nutritivos.

Esta vinculación no admite dependencias enfermizas; implica respeto por las necesidades propias y las del ser amado. Establecer una vinculación profunda que no se vuelva posesiva nos remite a la brillante descripción que al respecto hace **Erich Fromm** en su libro *El arte de amar*, donde menciona cuatro elementos básicos, comunes a todas las formas de amor:

1. Cuidado: "... El amor es la preocupación activa por la vida y el crecimiento de lo que amamos. Cuando falta tal preocupación activa, no hay amor.

   ... la esencia del amor es *trabajar* por algo y *hacer crecer*, el amor y el trabajo son inseparables. Se ama aquello por lo que se trabaja, y se trabaja por lo que se ama."

2. Responsabilidad: "... Hoy en día suele usarse ese término para denotar un deber, algo impuesto desde el exterior. Pero la responsabilidad en su verdadero sentido, es un acto enteramente voluntario, constituye mi respuesta a las necesidades, expresadas o no, de otro ser humano. Ser *responsable* significa estar listo y dispuesto a *responder*. La persona que ama, responde."

3. Respeto: "La responsabilidad podría degenerar fácilmente en dominación

Elementos del Amor Activo
(Erich Fromm)

Cuidado   Responsabilidad

AMOR

Respeto   Conocimiento

y posesividad, si no fuera por un tercer componente del amor: el respeto. *Respeto* no significa temor y sumisa reverencia; denota, de acuerdo con la raíz de la palabra (*respicere* = mirar), *la capacidad de ver a una persona tal cual es*, tener conciencia de su individualidad única. Respetar significa preocuparse de que la otra persona crezca y se desarrolle por sí misma, en la forma que le es propia, y no para servirme... tal como esa persona es, no como yo necesito que sea, como un objeto para mi uso."

4. Conocimiento: "... Respetar a una persona sin conocerla, no es posible; el cuidado y la responsabilidad serían ciegos si no los guiara el conocimiento."

Para conocer a alguien es necesario comunicarse con esa persona, percibir su realidad, su forma de ver e interpretar las cosas y también percibir sus emociones, conectarse emocionalmente con ella. Si no lo haces así, nunca conocerás a otro ser humano, aunque se trate de tu hija o tu hijo.

Capítulo 3
Cómo evitar los extremos
(amaestramiento–sobreprotección)

"Lo que a ellos (tus padres)
les han hecho te lo están
haciendo a ti.

A menos que te rebeles,
a los hijos que vas a tener
has de hacerles lo mismo.

Los sufrimientos familiares,
como los eslabones de una cadena,
se repiten de generación
en generación, hasta que
un descendiente, en este caso
quizás tú, se hace consciente
y convierte su maldición
en bendición."

—Alejandro Jodorowsky
La danza de la realidad

Capítulo 3
Cómo evitar los extremos
(amaestramiento–sobreprotección)

3.1 • ¿Podré cambiar mi forma de actuar con mis hijos?

"El primer objetivo de la educación consiste en hacernos conscientes
de la realidad de nuestros semejantes[...] lo cual implica
considerarles sujetos y no meros objetos; protagonistas de su vida
y no meros comparsas vacíos de la nuestra..."
Fernando Savater

Como madre o padre de familia, puedes adoptar diversos estilos para disciplinar. Estos, en ocasiones oscilan de una manera brusca y en otros casos, se quedan estacionados como si fueran parte de tu personalidad. No lo son.

Existen madres y padres de familia que utilizan frases como "Así soy yo", "Le grito a mi hija porque tengo el carácter fuerte de los López" y una cadena de sandeces autojustificatorias encaminadas a no hacer siquiera el intento de cambiar.

Wayne Dyer en su clásico libro de autoayuda *Tus zonas erróneas*, llama a estas justificaciones autoetiquetas y explica que siempre reportan algún beneficio psicológico a quien las utiliza. Por supues-

"La vida no es estática.

Los únicos que no cambian
de propósito y de ideas
son los inquilinos
de los manicomios
y los del cementerio."

—**Everett Dirksen**

to que se trata de beneficios imaginarios, en los que la persona se escuda sin medir las consecuencias de los efectos que tienen sobre los demás.

Existe una confusión entre lo permanente de la personalidad y lo transitorio de los estados de ánimo.

La lengua española tiene dos palabras para poder distinguir entre el *ser* y el *estar*. La lengua inglesa está en desventaja al respecto: utiliza *"to be"* para ambas condiciones sin diferenciarlas. Basémonos en el español: no es lo mismo *ser* que *estar*.

Es absurdo confundir una situación en la que uno se encuentra temporalmente (*estar*) con una condición de *ser*, esencial y permanente.

Sin embargo, muchas personas dicen que actúan de una determinada manera "Porque así soy", "Soy muy duro con mi hija porque así me hicieron mis propios padres" o "Soy muy débil y no puedo hacer nada con Miguelito".

Frases que expresan una falta de voluntad para cambiar la propia conducta y se autojustifican achacándosela a la herencia o a supuestas causas totalmente indefinidas. Ni siquiera se intenta cambiar una conducta negativa; se le atribuyen fuentes ambiguas y se les otorga un rango integrante de la personalidad. Para colmo, se culpa a los demás y ni siquiera hacemos el esfuerzo de cambiar lo que sabemos que está mal en nuestra conducta.

"Así soy yo, ni modo... o me tomas o me dejas", "Así me conociste, genio y figura hasta la sepultura"; frases así, indican esta falta de disposición para hacer un esfuerzo por cambiar, y aducir que no se puede hacer nada al respecto, que los demás nos tienen que aguantar con nuestros defectos de carácter. Si consultas por ejemplo el *Diccionario Larousse Esencial*, encontrarás:

Ser: Principio activo y radical constitutivo de las cosas.

Se refiere a las condiciones características que determinan a alguien o algo. En este caso, me refiero a las características de la personalidad, las cuales incluyen factores físicos, psicológicos, temperamentales y si quieres

Vale la pena cuestionarse
la idea fija de que las
emociones y las conductas
son formas de ser
permanentes y no formas
de estar pasajeras,
estilos temporales,
los cuales tú eliges.

Revísalas. Procura observarte
a ti mismo(a), "desde afuera",
reflexiona sobre tu
comportamiento y entonces
tendrás mayores
oportunidades de cambio.

hasta espirituales pero que **son permanentes.**

Estar: *Con algunos adjetivos, tener en ese momento y de forma transitoria, la calidad expresada por éstos.*

Se refiere a las condiciones que determinan el estado temporal de alguien o algo. En este caso, me refiero a las **características pasajeras** del estado de ánimo.

Es absurdo hablar de *ser enojón* o *ser llorona*; en realidad una persona está *enojada* y luego ya no. Si la ira fuera permanente, entonces se tendrían que detectar las circunstancias que disparan dicha emoción, pero no significa que la persona sea así, sino que *está* así.

Igualmente, nadie es llorona; alguien llora por determinadas circunstancias emocionales pasajeras. Si la situación es crónica, entonces puede haber razones más profundas o cargas emocionales que la persona no ha podido liberar, pero después de un buen desahogo, seguramente cambiará su estado de ánimo.

Así pues, si comprendes que tu forma de actuar es producto de una elección, tendrás mayores oportunidades de reconocer como algo modificable la conducta que asumes, y a pesar de la costumbre, por medio de la conciencia y la voluntad, cambiarla y plantearte entonces metas para mejorar las relaciones con tus hijos.

De otro modo, te quedarás atorado(a) en tu pretendida forma de ser y ninguna estrategia te funcionará, pues el ambiente o la atmósfera provocada por tu conducta y por la respuesta de ellos en función de esa conducta, será nociva para la aplicación de una disciplina inteligente.

3.2 • *Cómo evitar los extremos*

> *"Tú eres la suma total de tus opciones."*
> **Wayne W. Dyer,** *Tus zonas erróneas*

Los estilos disciplinarios son **formas de actuar que asumes, que eliges**

ASERTIVIDAD

Término que proviene de *aserto*,
que significa aserción:
acción de afirmar, asegurar.
Proposición en que se afirma
o se da por cierta alguna cosa.

No es necesario hacer sentir inseguro
a alguien más para adquirir
seguridad personal.
Tu autoafirmación no debe depender
de la falta de afirmación
de los demás.

La asertividad no sólo es útil
para quien educa, es un objetivo
que define buena parte
de la razón educativa.

**La asertividad es un recurso y al mismo
tiempo un fin de la educación.**

para ejercer la disciplina en tu familia. Hay diversos modelos o esquemas que puedes usar para ubicar tu estilo y cobrar mayor conciencia sobre los efectos de tu conducta en tus hijos.

Un concepto fundamental, vigente y muy aplicable tanto a este campo como a otros asociados con las relaciones interpersonales en general, es la *asertividad*.

¿Por qué se escribe con *s* y no con *c*? En una ocasión alguien me objetó que si la palabra proviene de *acertar*, entonces debería escribirse *acertividad*. Así sería si ese fuera el origen de la palabra, pero no es el caso.

Asertividad proviene de *aserto*, que significa *aserción: acción de afirmar, asegurar. Proposición en que se afirma o se da por cierta alguna cosa.*

Por eso se escribe con *s*.

¿Qué significa *asertividad* en el contexto educativo? Significa asumir una conducta segura, afirmativa tanto para quien la ejerce como sobre quien recae.

Hay padres de familia que asumen actitudes extremas que oscilan entre la pasividad y la agresividad. Estos estilos no son funcionales ni asertivos. Claro que no los ven como estilos, los perciben como formas de ser permanentes; "Así soy yo... pasiva" o "así soy yo... fuerte y agresivo". No "tienes que" actuar de acuerdo con los patrones que asumiste de tus propios padres. Tú no eres así. Actúas así y puedes cambiar tu conducta si entiendes el proceso y estás dispuesto(a) a romper los malos hábitos.

La asertividad, entonces, tiene toda una amplia gama de posibilidades para ser utilizada con madurez en tus relaciones interpersonales.

La asertividad es de hecho la **libertad emocional** en lo que se refiere a la defensa de los derechos propios; todo lo contrario al **estreñimiento Emocional**, en el que se manifiesta una carencia de autosuficiencia y siempre se hace lo que no se quiere hacer.

Tu asertividad o la falta de ella repercute en tu estilo disciplinario, y tus hijos modelarán su conducta y probablemente desarrollarán el

Algunas de las características de la conducta asertiva:
• Libertad para expresarse con palabras y/o actos.
• Comunicación abierta, directa, franca y adecuada.
• Orientación activa para ir tras lo que quiere en la vida, no esperar que las cosas sucedan, intentar hacer que las cosas sucedan.
• Prioridad en conservar el respeto propio, aún en situaciones desventajosas.

Algunas de las características de la conducta no asertiva:
• Mostrarte constantemente conciliador(a) con los demás, porque temes ofenderles (no puedes decir ¡NO!)
• Permitir que otros te impliquen en situaciones que no son de tu agrado (pegas a tu hijo porque estás delante de tu suegra y todos están presionando para que lo corrijas)
• No poder expresar tus deseos legítimos (incluso a tus hijos)
• Creer que los derechos de los demás son más importantes que los tuyos (sacrificas tus actividades favoritas por los demás)
• Sentirte tímido(a) ante superiores y representantes de la autoridad (y por lo tanto no puedes ejercerla)
• Ofenderte con tanta facilidad por lo que los demás dicen o hacen que continuamente te inhibes a ti mismo(a) (te llenas de corajitos que te impiden fluir con tu familia y amigos)
• Te dejas dominar por los demás, porque nunca has aprendido a defenderte (incluso los hijos te exigen, te insultan u ofenden)
• Te sientes solo(a) porque no puedes establecer relaciones verdaderamente íntimas.

—Herbert Fensterheim y Jean Baer
No diga sí cuando quiera decir no

hábito ellos mismos de acuerdo con la forma en que los abordes y te relaciones cotidianamente con ellos. Es posible que en ocasiones actúes asertivamente y en otras no, dependiendo de tu estado de ánimo, de tu entorno y de tus decisiones. También sucede que ante ciertas personas actúas asertivamente y ante otras no.

Para esquematizar un concepto con tantas variaciones, imagina un péndulo para representar los cambios, y a veces extremos, en los que nos movemos al asumir estilos disciplinarios.

He acuñado un nuevo verbo: *pendulear*. Penduleamos, oscilamos mucho en nuestro quehacer cotidiano como padres.

En un extremo vemos a los padres demasiado duros, que son mandones e inflexibles: establecen normas y exigen que se cumplan escrupulosamente, con castigo físico incluido, si es necesario. Son el tipo de gente del "Cierra la boca y haz lo que se te ordena". Cuando un padre de familia persigue la obediencia como objetivo primordial, está amaestrando a su hijo(a). Sé que este es un término usado para domesticar a los animales, que no es correcto utilizarlo cuando se habla de personas, pero la similitud de objetivos hace inevitable la comparación.

Los padres demasiado blandos son justamente lo contrario: no les dan indicaciones a sus hijos y son permisivos a más no poder. ¿Reglas?, ¿qué reglas? Lo importante, creen ellos, es demostrarle muchísimo cariño a sus hijos.

La verdadera educación radica en colocarse en el punto medio: ni amaestrar, ni sobreproteger, sino educar asertivamente, enfatizando los valores que sustentan tus decisiones como madre o padre de familia. No te obsesionas con la obediencia, ni tampoco utilizas el chantaje como arma principal de manipulación.

Estas son las diferencias: **al educar aplicas un sistema disciplinario de consecuencias**, que detallaremos más adelante; **al amaestrar, aplicas el tradicional sistema de premios y castigos**, que únicamente condiciona conductas reactivas pero no forma personas con valores, y **al sobreproteger simplemente no aplicas ningún sistema** pues

EL PÉNDULO DISCIPLINARIO

ESTILOS

SOBREPROTECCIÓN Pasividad (evasiva o sumisa)	EDUCACIÓN Asertividad	AMAESTRAMIENTO Agresividad (ofensa verbal o violencia física)
Libertad de expresión de las emociones y la conducta SIN TOMAR EN CUENTA A LOS DEMÁS dejando que el niño o joven haga lo que desee sin límite o haciendo las cosa por él.	*Libertad de expresión de las emociones y la conducta TOMANDO EN CUENTA A LOS DEMÁS a través de la comunicación asertiva, procesos de negociación.*	*Represión de la expresión de las emociones y la conducta a través del maltrato físico y/o psicológico.*
SIN SISTEMA DISCIPLINARIO	SISTEMA DISCIPLINARIO DE CONSECUENCIAS	SISTEMA DISCIPLINARIO DE PREMIOS Y CASTIGOS
Posibles consecuencias: • Codependencia. • Inutilidad para tomar decisiones y resolver su propia vida. • Inadaptación social debido a la imposibilidad para aceptar límites ni tener tolerancia a la frustración.	Posibles consecuencias: • Interdependencia. • Confianza en sí mismo. • Capacidad afectiva. • Enfoque constructivo y de contribución hacia la sociedad.	Posibles consecuencias: • Contradependencia • Agresividad patológica. • Sumisión temerosa. • Problemas de autoestima. • Inadaptación social debido a que intenta vengarse o a su rebeldía patológica.
Actitud característica del adulto sobreprotector: *No lastima a las personas, no ataca los problemas.*	**Actitud característica del adulto educador:** *No lastima a las personas, ataca los problemas*	**Actitud característica del adulto amaestrador:** *Lastima a las personas, ataca los problemas*
ÉNFASIS EN EL CHANTAJE	**ÉNFASIS EN LOS VALORES**	**ÉNFASIS EN LA OBEDIENCIA**
MIEDO A EDUCAR	CLARO Y CONSISTENTE AL EDUCAR	SOBRERREACCIÓN Y EXAGERACIÓN

temes traumar a tus hijos si les dices que no deben hacer algo o los limitas. Recapacita sobre las frases del recuadro que describen la conducta característica de los adultos en los extremos del péndulo; en la **sobreprotección** la actitud característica es: **no lastima a las personas**, **no ataca los problemas**, lo que significa que pueden abusar de ti asumiendo esta actitud:

— ESCENA I —

Mamá dice: "Miguel Arturo, vete a la cama a dormir, ya es muy tarde y mañana tienes escuela..."
Miguel Arturo por supuesto no le hace caso y sigue viendo la televisión.
Mamá dice: "Miguel Arturo, por fa... vete a la cama ya, si no mañana no te vas levantar, mi amor..."
Miguel Arturo sigue viendo la tele y dice: "¡Ya voy!"
Después de más de quince minutos mamá vuelve a decir: "¡Me voy a enojar contigo, ¿eh?!".
Miguel Arturo sigue viendo la tele hasta que lo vence el sueño y su mamá resignadamente lo lleva a su cama.

En esta breve escena puedes apreciar cómo la mamá es tan suave que no quiere tener un choque con su hijo y, por lo tanto, es blanda ante los problemas, en este caso la hora de irse a la cama y establecer un horario estructurado, por lo que su hijo hace lo que se le pega la gana y abusa de su debilidad. Por supuesto que sobreprotegiendo sólo lograrás hijos resentidos que abusan sin concesión de ti, que exigen cada vez más y de peor manera, pues creen que es tu obligación, y así como tú los chantajeas para que te obedezcan, ellos te chantajean para exigirte más y más.

El chantaje es un recurso que proviene del temor, que se utiliza para evitar ser dañado por los demás y que al final se vuelve en tu contra generando más chantajes. Si haces todo por tus hijos no aprenderán a vivir sin ti, y cuando crezcan se darán cuenta de que no son capaces de enfrentar situaciones elementales en las que tengan que decidir por sí mismos.

Ahora lee la frase del recuadro que describe la conducta característica de los adultos amaestradores; en el **amaestramiento** la actitud característica es: **lastima las personas, ataca los problemas**, lo que significa que puedes abusar de los demás asumiendo esta actitud:

— ESCENA 2 —

Mamá dice: "Miguel Arturo, vete a la cama a dormir, ya es muy tarde y mañana tienes escuela…"
Miguel Arturo por supuesto no le hace caso y sigue viendo la televisión.
Mamá grita: "¡Miguel Arturo, te estoy diciendo que te vayas a la cama ahora mismo, estoy harta de que no me hagas caso nunca, siempre te sales con tu regalada gana…!"
Acto seguido apaga la tele y le pega a Miguel Arturo mientras le grita: "¡Cuando te digo algo lo tienes que hacer y rápido! ¡¿Entiendes o eres bruto?!…"
Miguel Arturo se encuentra en su cama llorando de coraje, no por no poder seguir viendo la tele, sino por lo que su mamá le dijo y sobre todo por los golpes.

En esta breve escena, la mamá es tan dura que ofende a su hijo al intentar resolver un problema, generando serios conflictos en la relación y provocando una fuerte carga de resentimiento por asuntos que no son tan importantes. Está resultando muy caro el precio de la obediencia a través de los golpes y los insultos al hijo para resolver un problema que no ameritaba tanta fuerza.

Es curioso observar cómo los niños detectan la conducta que más molesta y la repiten insistentemente. Si te molesta mucho que no coma, tu hijo no comerá; si te molesta mucho que hable como chiquito, así lo hará. Debes comprender que esa es su forma de atacarte, como revancha a tus sobrerreacciones y exageraciones ante cuestiones sin importancia. No se necesita llegar a la adolescencia para manifestar una conducta difícil; hay muchísimos niños pequeños que están en permanente defensa y ataque contra sus padres amaestradores.

En la **educación** prevalece la actitud: **no lastima las personas, ataca los problemas**, lo que significa que se utiliza un estilo de autoridad correcto, asertivo:

— ESCENA 3 —

Mamá dice: "Miguel Arturo, vete a la cama a dormir, ya es muy tarde y mañana tienes escuela…"
Miguel Arturo por supuesto no le hace caso y sigue viendo la televisión.
Mamá dice: "En cuanto acabe este programa te vas a la cama…"
Miguel Arturo sigue viendo la TV sin hacer mucho caso…
Al terminar el programa, mamá se acerca, apaga la TV, y toma con suficiente firmeza a su hijo y lo conduce a su cama, sin hacer mucho caso a sus protestas.
Él puede estar llorando o no pero su mamá le da un beso y le dice: "Buenas noches, ojalá descanses para mañana estar listo."
Apaga la luz y abandona el cuarto sin hacer más caso.

Si utilizas un estilo de autoridad que realmente **haga crecer** a tus hijos, les darás cariño y apoyo, pero establecerás límites y los harás cumplir.

Serás capaz de persuadirlos para que se comporten adecuadamente razonando con ellos, antes que usar la fuerza. Las reglas se establecerán con claridad, pero no estarán labradas en piedra, podrán cambiar y evolucionar según las necesidades, opiniones y negociaciones con tus hijos.

Más adelante nos concentraremos en cómo lograr este equilibrio para tu tranquilidad y poder fortalecer vínculos de amor con ellos.

La única forma de fomentar la autoestima es tratándolos con estima, como seres merecedores de un trato digno y respetuoso y

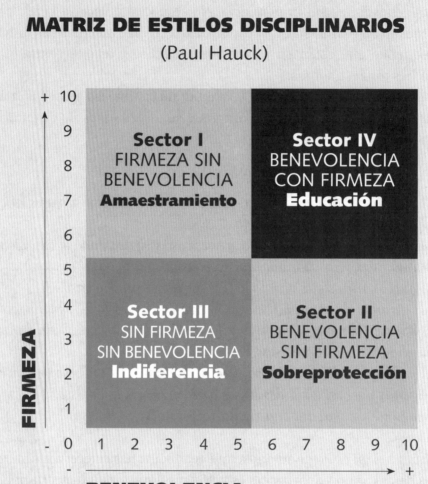

MATRIZ DE ESTILOS DISCIPLINARIOS
(Paul Hauck)

Sector I
FIRMEZA SIN
BENEVOLENCIA
Amaestramiento

Sector IV
BENEVOLENCIA
CON FIRMEZA
Educación

Sector III
SIN FIRMEZA
SIN BENEVOLENCIA
Indiferencia

Sector II
BENEVOLENCIA
SIN FIRMEZA
Sobreprotección

FIRMEZA

BENEVOLENCIA

Tu estilo disciplinario establece la calidad
de la comunicación y el ambiente o clima
emocional de tu hogar que, a su vez,
determinan la efectividad de las estrategias
disciplinarias que utilizas con tus hijos.

limitándolos cuando ellos no actúan de manera digna y respetuosa.

Trátalos como personas capaces de resolver sus propios problemas y enfrentar sus propios retos de acuerdo con sus respectivas edades y notarás un verdadero crecimiento.

3.3 • *Cómo equilibrar la firmeza con la benevolencia*

Las dos variables que determinan tu estilo disciplinario son la *firmeza* y la *benevolencia*. Su combinación nos conduce a los diferentes posibles estilos, dependiendo del balance entre estas dos variables.

Firmeza significa estabilidad, fortaleza para poner límites y hacer que se cumplan. El concepto de firmeza puede entenderse como una variable, es decir que puede tener diferentes niveles de aplicación que vayan desde una firmeza alta, disminuyendo por una escala imaginaria hasta llegar a la ausencia de firmeza. No confundas una falta de firmeza con la benevolencia pues ésta es la otra variable y tiene su propia definición.

Benevolencia significa tener buena voluntad, afecto, bondad. Aplicada a la educación, **la benevolencia se fundamenta en el conocimiento de las etapas de desarrollo de un niño o de un joven**, con el fin de no exigir comportamientos que no le corresponden, a fin de ubicar con mayor precisión lo que sí se puede hacer esperar de acuerdo con dichas etapas de desarrollo.

Los posibles estilos disciplinarios se encuentran básicamente descritos en alguno de los cuatro bloques o sectores que muestra la Matriz de estilos disciplinarios. Recuerda que al igual que el esquema del Péndulo disciplinario, nuestra conducta no puede ser tan rígida como los esquemas que diseñamos para clarificarla; normalmente nos movemos de un sector a otro. Es muy difícil mantenerse en un solo estilo; lo común es que en ocasiones estemos en el I y en otras actuemos como lo describe el IV. No obstante que las variaciones sean

Si utilizas este estilo disciplinario de no será extraño observar que tus hijos presenten algunas de las siguientes reacciones:

- Rebeldía enfermiza.
- Agresividad patológica.
- Sumisión temerosa.
- Doble moral (frente a ti son unos y sin ti son otros).
- Problemas de autoestima.
- Problemas de socialización.

Estas reacciones pueden presentarse por separado o combinadas.

El miedo no es la base del respeto, es la base del resentimiento e incluso, del odio.

No puedes respetar lo que temes, puedes respetar lo que amas y reconoces como promotor de tu bienestar y de tu vida.

constantes, trata de identificar las características de cada sector y, sobre todo, las conductas que presenta tu hijo para relacionarlas con tu propio estilo crónico, el cual es un estilo elegido y puede modificarse.

Cuando tu estilo es el correspondiente al Sector I *(Alta firmeza/ Baja benevolencia)*, estás buscando la obediencia como prioridad principal. Deseas que te obedezcan a como dé lugar y te autojustificas argumentando que "ya te lo agradecerán cuando crezcan y entiendan". Es un estilo disciplinario generador de temor profundo, de culpabilidad y resentimiento. Equivale al extremo del *amaestramiento* en el Péndulo disciplinario y acarrea todas sus consecuencias. **La firmeza sin benevolencia se manifiesta como dureza con las personas y dureza para resolver problemas**, es decir, impone límites recurriendo a la rudeza innecesaria.

El amaestramiento nace del miedo a que tu hijo se vuelva incontrolable y, por ello, ejerces control excesivo. **Nace del miedo y produce miedo, empeorando lo que se intenta solucionar.** En ocasiones se confunde la obediencia temerosa con la efectividad disciplinaria. No son lo mismo. El que tu hijo te obedezca no garantiza que lo estés educando correctamente. La obediencia de algunos niños no es otra cosa que miedo al posible castigo o a tus reacciones exageradas. Los niños y los jóvenes responden fácilmente a la disciplina cuando se sienten parte integrante de una familia.

El miedo a ser censurados los hace vivir una mentira que dura toda la vida. No se atreven nunca a ser ellos mismos. Se convierten en esclavos de las costumbres.

Puedes decirle *no* a un menor, sin convertirte en su opresor, pero utilizar el castigo como una constante no te llevará a obtener buenos resultados. En ocasiones, los padres pagan demasiado caro por la obediencia de sus hijos, con rompimientos dolorosos cuando llegan a una edad en la que pueden desembarazarse de ellos. Si eres un convencido de que está bien pegarle al niño en el restaurante porque está jugando con el salero y no se come todo, te auguro problemas

Si utilizas este estilo disciplinario no será extraño observar que tus hijos presenten algunas de las siguientes reacciones:

• Dependencia patológica hacia los demás (codependencia).
• Inmadurez y disparidad entre su edad cronológica y su edad emocional.
• Tendencia a las adicciones en general.
• Inutilidad para tomar decisiones y resolver su propia vida.
• Inadaptación social debido a la imposibilidad para aceptar límites, ni tener tolerancia a la frustración.

Estas reacciones pueden presentarse por separado o combinadas. Observa la conducta crónica de tus hijos...

Cuando hay benevolencia sin firmeza:
"[...] los jóvenes no se desarrollan en libertad sino que crecen en el vacío. Cuando tienen siempre la razón no son felices, porque para tener la razón hay que confrontarla con alguien, pero tenerla en el vacío provoca el sentirse desvalido. Absolvemos a los hijos para que nos absuelvan; El vacío es la ausencia de responsabilidad."

—Jaime Barylko
El miedo a educar

mayores cuando tu hijo crezca. No fantasees con la idea de que de grande te lo agradecerá. No lo hará. Los hijos agradecen un trato digno, no los golpes en público... ni en privado.

Cuando tu estilo es el correspondiente al Sector II *(Alta benevolencia/Baja firmeza)* por lo general utilizas el amor como justificación para no poner límites a tus hijos ante sus conductas inaceptables. Te autojustificas argumentando que "Los amas tanto que no eres capaz de negarles algo". Es un estilo generador de frustración para los padres y de abuso por parte de los hijos. Equivale al extremo de la *sobreprotección* en el Péndulo disciplinario y acarrea todas sus consecuencias.

La benevolencia sin firmeza se manifiesta como suavidad con las personas y suavidad ante los problemas, por lo que no conduce a resolver nada y además propicia que abusen de ti, pues al resolverle la vida a tus hijos, éstos no sabrán cómo hacer frente a las dificultades que tendrán en su propia vida, lo que le generará cierto grado de inutilidad. **La sobreprotección nace del miedo y a la larga provoca problemas de socialización**, pues al retacar a tus hijos de regalos, viajes, y darle todo lo que su capricho exige, su tolerancia a la frustración será nula, y le será más duro enfrentar los golpes que inevitablemente sufrirá cuando comprenda que el mundo más allá de su hogar no existe exclusivamente para complacerlo, ni gira a su alrededor y de sus caprichos.

El péndulo se ha ido al otro extremo como reacción a tantos años de represión. Hay ahora tal temor de que el hijo se traume, que los padres no le ponen límites y son víctimas de sus chantajes, berrinches y maltratos. Si en el amaestramiento tenemos padres dictadores, en la sobreprotección tenemos hijos dictadores con padres obedientes. La misma moneda pero por el reverso.

Cuidado con confundir tu amor por ellos con perder el derecho a ser tratado(a) con respeto. Si tú crees que con amarlos es suficiente... no lo es. No sólo hay que amarlos, hay que educarlos.

Si utilizas este estilo disciplinario es probable que tus hijos presenten algunas de las siguientes reacciones:

• Ansiedad por carencias afectivas.
• Resentimientos y "cuentas pendientes" contra los padres.
• Codependencia en sus relaciones afectivas.
• Abandono o indiferencia hacia sus padres.

Estas reacciones pueden presentarse por separado o combinadas.

"Cree que la vida vale la pena vivirla
y tu creencia originará el hecho.
No tengas temor de vivir."
—William James

"La pregunta no es si esperamos algo de la vida,
sino si la vida espera algo de nosotros..."
—Victor Frankl
El hombre en busca de sentido

Cuando tu estilo es el correspondiente al Sector III *(Baja firmeza/Baja benevolencia)*, en realidad es un indicador de apatía hacia tus hijos; tal vez estés dentro del pozo de la *depresión*. Se te está escapando la vida por todos los agujeros que tú mismo(a) generas con tu indiferencia y, por supuesto, tus hijos se te escaparán también. La persona en este sector, se encuentra dentro de un marasmo que le impide ocuparse de los demás, ya que no es capaz de ocuparse ni de sí misma. Me sería muy difícil imaginar que alguien cuya conducta coincida con este sector esté siquiera leyendo este libro, pues su problemática rebasa el proceso de autoayuda y requiere de auxilio profesional.

Es característico de este sector que la persona procure dejar encargados a los hijos con familiares o amigos por períodos prolongados, ya que es probable que se sienta demasiado abrumada como para hacerse cargo de ellos.

Cuando se impone la realidad de las necesidades de afecto y atención emocional y también físicas de los hijos, la madre o el padre en este estado, puede llegar a tener accesos de furia y maltratarlos, o de plano a dejar que se las arreglen solos, propiciando así la falta de cuidado, de higiene, de cumplimiento escolar y ocasionándoles, incluso, serias carencias alimenticias.

También, la indiferencia hacia los hijos puede deberse simplemente a que, en la jerarquización de importancias personales de los padres, juzgan que sus hijos les estorban para alcanzar sus objetivos económicos, para desarrollarse profesionalmente o para desenvolverse socialmente, y por lo tanto, no les dedican tiempo. Si la madre vive en reuniones sociales, tomando café con las amigas y hablando por teléfono gran parte del día, será una madre ausente aunque físicamente se encuentre en casa. Si el padre vive exclusivamente para su trabajo y no equilibra sus tiempos, será un padre ausente aunque sea un buen proveedor.

Cuando tu estilo es el correspondiente al Sector IV *(Alta firmeza/*

Si utilizas este estilo disciplinario es posible que logres los siguientes objetivos disciplinarios:

- Interdependencia y madurez.
- Confianza en sí mismo y Asertividad.
- Capacidad afectiva para dar y recibir amor.
- Enfoque constructivo, de contribución y servicio hacia la sociedad.

Ojalá estos efectos se presenten todos juntos.

"[...] el respeto es previo al amor. El que respeta quizás ame. El que no respeta nunca conocerá el amor."

—Jaime Barylko
El miedo a educar

Alta benevolencia) estás muy cerca de una educación cuyo sentido de autoridad realmente significa hacer crecer. Equivale al anhelado punto medio en el Péndulo disciplinario y significa el logro de todas sus consecuencias.

La firmeza con benevolencia se manifiesta como suavidad con las personas y dureza frente a los problemas; actuando de esta manera, a la vez que resuelves los problemas, eres capaz de conservar el respeto y la dignidad propia y la de tus hijos.

Tener esta actitud depende mucho de tu congruencia, pero más de tu consistencia.

> **Congruencia** significa actuar como dices y piensas. **Consistencia** significa actuar congruentemente la mayor parte del tiempo.

Para mantenerte en el Sector IV necesitas congruencia y consistencia. Que tus hijos sepan con claridad a qué atenerse contigo. Pocas cosas son tan desconcertantes como una mamá o un papá que permite conductas porque está de buen humor, y posteriormente prohibe las mismas conductas porque está de mal humor. La educación por estado de ánimo o educación hormonal, que obedece al capricho, al humor o al estado hormonal de los padres, no logrará absolutamente ningún resultado positivo. Los hijos aprenden a manipular, a aparentar para obtener beneficios de sus padres, pero no aprenden valores constructivos ni para ellos mismos ni para la sociedad en la que viven.

En la vida hay limitaciones y tanto nosotros como nuestros hijos debemos reconocerlas. Dentro de estas limitaciones existe la libertad. Sin límites no hay libertad, hay mera confusión.

3.4 • *Sugerencias útiles para preparar/reparar el terreno para una disciplina inteligente*

1. Trata de ser congruente, actuando tal y como dices que se debe de actuar.

2. Trata de ser consistente, conservando la congruencia a lo largo del tiempo.

3. Escucha más. No interrumpas para dar tu opinión, regañar o sermonear sin tener toda la información. Escucha y trata de comprender más desde la perspectiva de tu hijo, no sólo desde la tuya.

4. Emite tus opiniones aclarando que son sólo eso, opiniones. No eres el dueño de la verdad única.

5. Clarifica los valores prioritarios de la casa y las reglas que de ellos se deriven. No corrijas según tu humor del día o del momento. Si algo no está permitido, no cedas porque estás de buenas. Si algo está permitido, no lo prohibas sólo porque estás de malas. No eduques con sorpresas, sé predecible en tu postura.

6. Enfatiza las habilidades de tus hijos, no sus inhabilidades. Ayúdalos con lo que les cuesta trabajo, pero refuerza más aquello en lo que son hábiles, para que sean mejores. Si refuerzas aquello sobre lo que no son hábiles, perderá valor todo aquello en lo que sobresalen.

7. Ten paciencia para que tu hijo haga las cosas a su propia manera y no como tú esperas que las haga. Respeta sus tiempos de aprendizaje y su velocidad de respuesta, ya sea que estén por debajo o por encima del tuyo.

8. No le pegues, no lo ofendas, no te burles de él ni lo insultes. Respeta siempre su dignidad. ¿Cómo esperas que tenga autoestima si no le enseñas a tener autodignidad para merecer ser tratado con respeto y amor?

9. Muestra tu afecto. Manifiéstale de alguna manera clara que lo amas sin condiciones. Reconócelo por ser, no sólo por una buena conducta. Hazlo con palabras o con caricias. Sólo cuida no sobrepasar su límite de tolerancia a las caricias.

10. No lo manejes con chantajes o culpándolo. La culpa sólo produce remordimiento pero no genera conductas de cambio constructivo. La responsabilidad no debe confundirse con la culpa. La responsabilidad genera respuestas de cambio constructivo.

3.5 • *Tres principios para que tus hijos se sientan parte importante de la familia*

El sentido de pertenencia que tus hijos tengan respecto a su familia es una garantía para mejorar la convivencia cotidiana. Puede haber conflictos, pleitos, desacuerdos pero siempre existirá ese sentimiento profundo de amor, derivado de sentirse unido por lazos invisibles pero indivisibles de pertenencia, lo que permitirá que las reconciliaciones, la tolerancia y el perdón existan.

No puedes aspirar a que tus hijos realmente se sientan parte de esa abstracción llamada familia si sólo se habla de unidad, lazos, sangre y en la práctica sólo hay un cúmulo de neurosis compartidas y resentimientos no expresados.

Una persona se siente parte de un grupo o comunidad cuando es incluida en su proceso de comunicación. ¿Nunca te hicieron la

Comparte información y sentimientos con tus hijos.

ley del hielo en algún grupo de la escuela o del vecindario? Te sientes aislado y rechazado. Haz sentir a tus hijos parte del grupo familiar comunicándoles la información relevante de lo que sucede en la casa, y en asuntos externos también aunque los afecten para bien o para mal. Los hijos no sólo necesitan que alguien los escuche, también se sienten muy bien cuando tú les expresas tus propios sentimientos; se sienten tomados en cuenta como personas. Pero por favor no vayas a exagerar y los adoptes como terapeutas. Expresar tus necesidades y sentimientos respecto a situaciones cotidianas o extraordinarias, es un medio saludable de integración familiar.

Si atraviesas por problemas en el trabajo y te falta dinero, es importante que lo sepan para que se ajusten a la nueva situación.

Sentido de pertenencia familiar

- Comparte información
  y sentimientos con tus hijos.

- Proporciona autonomía
  por medio de fronteras.

- Sustituye la autoridad
  inapelable por la
  comunicación de
  beneficios colectivos
  y de valores claros.

No trates de aparentar que no pasa nada; sí pasa y ellos deben saberlo para que toda la familia actúe conjunta y solidariamente.

Es una práctica muy extendida el ocultar los problemas a los hijos. Claro que hay situaciones privadas de la pareja que no deben contaminarlos, pero hay otras, como enfermedades, limitaciones económicas, muertes, viajes, cambios de escuelas, etc., que deben comentarse con tacto y de acuerdo con la edad, pero que sí deben ser compartidas por la comunidad familiar.

Una actitud de aquí no pasa nada cuando sí está pasando no protege a los hijos del sufrimiento; al contrario, lo perciben, y al no saber procesarlo se queda acumulado, encubierto, pudriéndose como agua estancada. El comunicar maduramente los asuntos del hogar, propicia la madurez de sus miembros, incluso de los más pequeños.

Deja que tus hijos aprendan a resolver sus propios problemas sin que tengas que intervenir constantemente.

Márcales claramente cuáles son los límites permitidos para actuar y, una vez aclarado esto, déjalos en paz. Por ejemplo: después de enseñarles a organizarse para realizar sus tareas escolares puedes marcar el límite, no negociable, de que no está permitido dejar de hacer las tareas de la escuela. Una vez establecido dicho límite, déjalos en paz sobre cómo, dónde y cuándo hacerla.

Proporciona autonomía por medio de fronteras.

El truco es definir con claridad las fronteras y otorgarles la libertad de moverse a su antojo dentro de dichas fronteras. De otra forma, ¿cómo esperas que sean independientes y aptos para vivir su propia vida si nunca los dejas experimentar su autonomía? Aunque suene paradójico, la autonomía requiere de fronteras, así como la responsabilidad requiere de libertad para poder existir.

SIMPLICIDAD

"Siempre existe la posibilidad
de que haya una forma
más simple de hacer las cosas.
Aunque no siempre sea así,
vale la pena invertir algún tiempo
en pensar y hacer un esfuerzo
creativo para intentar hallar
un enfoque más simple.

Las cosas siempre tienden
hacia la complejidad,
no hacia la simplicidad.

La simplicidad no es natural.
Has de elegirla para que suceda."

—**Edward de Bono**
Simplicidad

Aunque tú seas la autoridad en el hogar, no te creas infalible. Es mejor convencer que imponer. Ya sé que en ocasiones no queda más remedio que imponer tu punto de vista, pues también los niños pueden llegar a ponerse muy tercos o necios; sin embargo, esto debe ser ocasional y en casos extremos; la mayoría de las veces debes operar sobre la base de acuerdos.

> **Sustituye la autoridad inapelable por la comunicación de beneficios colectivos y de valores claros.**

Para lograrlo, es necesario comunicar con claridad los beneficios de una decisión o clarificar por qué actuar de una determinada manera. Así, el cumplimiento de esa conducta estará basada en un valor claramente expresable, sin explicaciones complicadas.

Por ejemplo, explícale que X actitud no fue honesta o aclárale por qué dejar de hacer algo puede ser poco solidario con la familia, dependiendo del caso.

También es conveniente ceder en ocasiones y dejar que los hijos decidan algo aunque tú prefieras otra cosa, siempre y cuando se mantengan dentro de límites sensatos establecidos por valores claros.

Capítulo 4
Normas y juicios de valor

"La educación es en última instancia
educación ética.

Libertad no es elegir
lo que a uno se le antoja.
Ahí quizá comienza la libertad.
Pero se realiza cuando eso
que uno ha elegido,
lo carga sobre los hombros y dice:
«Es mío, yo me hago cargo de la carga,
lo elijo antes de hacerlo
y después de hacerlo».
Puede el hombre, inclusive,
reconocer que se ha equivocado,
que obró mal,
que hubo un error.
Ese es el segundo momento,
el de la responsabilidad
y el de la rectificación,
cualquiera que ésta sea."

—Jaime Barylko
El miedo a educar

Capítulo 4
Normas y juicios de valor

4.1 • ¿Enseñamos valores o a valorar?

> *Lo decisivo no es el número de años desde el nacimiento,*
> *sino la capacidad adecuada para hacer frente a las realidades*
> *de la vida, para soportarlas y estar a su altura.*
> **Max Weber**

Hay una gran cantidad de literatura sobre el tema de los valores en la educación, incluyendo las ediciones previas de esta obra, que lo abordan concibiendo los valores como si éstos fueran aspectos ajenos a las normas y reglas que las describen. Es decir, se habla del respeto, de la responsabilidad, de la honestidad y de un largo listado de valores, intentando darles definiciones basados en su etimología, en las costumbres, en mandamientos divinos, en intereses sociales, políticos y económicos.

Esta forma de abordar el tema no es pedagógicamente productiva porque se presta a una variedad interminable de supuestas definiciones sobre los valores.

No intentes definir los valores como si fueran elementos autóno-

Contesta verazmente estas preguntas:

- ¿Qué conductas socialmente valoradas como deseables aspiro a fomentar en mis hijos e hijas?

- ¿De qué manera se las fomento? (¿ejemplos, reglas, diálogo, sermones?)

- ¿Mi conducta cotidiana es congruente con lo que deseo fomentar?

- ¿Existen normas/reglas de conducta en el hogar que las fomenten?

- ¿Cómo establezco los límites a la conducta en mi hogar?

- ¿Es un tema platicado y consensuado con los adultos significativos para mis hijos, con quienes comparto la educación de ellos? (pareja, abuelos, tías, etcétera).

mos que existen por sí mismos. Revisa el contenido de las normas que estableces y así definirás los criterios de juicio de valor. Revisa qué interpretación moral pueden tener los límites que marcas en tu hogar.

Desde una perspectiva jurídica, el contenido de la norma define el valor. Desde una perspectiva pedagógica, también.

Intentaré evitarte toda la especulación filosófica sobre los valores (axiología) y plantearte alternativas prácticas en el hogar. Sin embargo, si deseas profundizar en el tema encontrarás sugerencias de lectura al respecto en la sección titulada "Recomendación de lecturas interesantes y fuentes consultadas" en el tema de Filosofía, al final de este libro.

Después de años de trabajar el tema en diversas escuelas, en diversas familias y en mi propio hogar, puedo afirmar que ésta es una forma más eficaz de trabajar el tema porque reducirás la variedad de posibles interpretaciones sobre los valores y podrás orientar tus esfuerzos educativos hacia conductas concretas en momentos y espacios específicos.

Esta perspectiva de divulgación pedagógica práctica te ayudará como mamá, papá o adulto que educa niños y jóvenes, a tomar decisiones educativas y disciplinarias en el hogar más acertadas y con mejores resultados.

Si tu intención es que tus hijas e hijos logren autoregular su conducta, que a lo largo del tiempo presenten conductas que valoras como buenas, no sólo frente a ti (evitando la doble moral) sino como parte de su convicción personal y elección privada, entonces tendrás que adentrarte en el largo camino del desarrollo de su propio criterio.

Esto significa que tu objetivo no debe ser lograr la obediencia de tus hijos a toda costa, sino buscar una obediencia justificada y vinculada a las circunstancias específicas y a las normas de la sociedad donde vive, siempre dentro de un marco que contemple las necesidades de su edad y de su desarrollo intelectual y emocional.

Si actúas de manera rígida para que obedezca estrictamente las

"Antes que hacer algo,
tiene cada hombre que decidir,
por su cuenta y riesgo
lo que va a hacer.
Pero esta decisión es imposible
si el hombre no posee algunas
convicciones sobre lo que son
las cosas en su derredor,
los otros hombres, él mismo.
Sólo en vista de ellas
puede preferir una acción a otra,
puede en suma, vivir.

Yo soy yo y mis circunstancias."

—**Ortega y Gasset**

normas sin excepción, muy seguramente tus hijos presentarán comportamientos temerosos, encubiertos o declaradamente rebeldes y hostiles.

En contraparte, si actúas de manera laxa, sin límites ni respeto por las normas y por los demás, inevitablemente tus hijos presentarán comportamientos antisociales diversos, actuarán como tiranos exigentes, inútiles sociales o, en el mejor de los casos, como personas con retrasos en su proceso de maduración social.

Y así, estamos de vuelta al problema de encontrar el sutil punto medio.

Te preguntarás por qué hasta ahora he hablado de normas y límites, y no de valores. Lo hago porque un valor no es algo que exista de manera separada o desvinculada de las normas o reglas sociales de las cuales emana.

Los valores no son creencias que se tengan que describir o definir, debido a que no existen por sí mismos. Lo que hay son juicios de valor que te conducen a aceptar o rechazar ciertas conductas propias y ajenas, en determinadas circunstancias.

Las conductas adquieren significado a través de las normas y los límites o restricciones que cada sociedad establece hacia sus integrantes. Es decir, cada acto es interpretado según las normas y sus restricciones o límites. Las normas funcionan como un esquema de interpretación que sirve para dar significado a las conductas.

En otras palabras, las normas de conducta aceptadas o rechazadas en la sociedad en la que vives, son las que te orientan para interpretar lo aceptable o inaceptable de tu comportamiento y el de los demás.

Por su parte, los valores no son conceptos aislados, como burbujas flotantes ajenas a las normas y restricciones de una sociedad, sino que son creencias relativamente estables que provienen de las normas y límites que los adultos imponemos en los niños.

No hay valores, hay juicios de valor. Se adoptan normas que nos conducen a tener valoraciones (juicios de valor) que te conducen a interpretar algo como bueno, aceptable o valioso, o sus opuestos:

El juicio que tenemos
de una conducta como
buena o mala depende
de si dicha conducta
está conforme o no
a la norma y límite
que hemos adoptado.

Y enfatizo:
A la norma, no al valor.

lo malo, lo inaceptable, lo no valioso, o incluso malvado.

Esta forma de ver el tema de los valores –que en realidad debería llamarse el tema de los juicios de valor– cambia toda la práctica educativa al respecto.

Pero volvamos al tema del desarrollo del criterio propio de tus hijos e hijas. Criterio (del latín *criterium*, juicio y del griego *kriterion*, facultad de juzgar) significa: norma para conocer la verdad o la adecuación de una cosa a lo requerido en una materia o una disciplina, capacidad para juzgar o discernir. Por lo tanto, uno de los propósitos más importantes de la pedagogía de las valoraciones es desarrollar un criterio propio.

Para ello ten siempre en mente que:
• El contenido de la norma define el valor.
• No enseñamos valores, enseñamos a valorar.

4.2 • *Hacia una pedagogía de las valoraciones racionales*

Lo que conoces como valores, en realidad son **juicios de valor** que utilizas, precisamente, para evaluar tu conducta y la de los demás, y surgieron de la adopción que hiciste -consciente o inconscientemente- de las normas y límites que adquiriste de tu entorno social.

Estos juicios de valor son **tu criterio.**

El criterio personal es un equivalente de brújula moral que orienta las decisiones que tomas a lo largo de tu vida, y que dependiendo de su consolidación, te permite a la postre autoregular tu conducta.

En caso de que este criterio no se ajuste a la normatividad socialmente aceptada (ya sea por causas neurológicas, psiquiátricas, psicológicas, ambientes propicios al crimen o adversidades sociales), la persona se comportará de manera antisocial, abierta o encubiertamente. En este caso, la autorregulación no sucederá y se necesitará supervisión estrecha de las autoridades de dicha sociedad para

Una norma
no es ni verdadera
ni falsa, sino sólo válida
o no válida.

–Hans Kelsen

evitar que la persona delinca o se comporte de manera socialmente dañina o peligrosa.

Quitemos el velo de misterio sobre cómo se adquieren los valores en nuestra conducta y en nuestras convicciones.

Los juicio de valor se adoptan con base en las normas y los límites que los adultos establecemos en los niños, los cuales serán cuestionados durante la etapa adolescente. Los adultos queremos que los niños y jóvenes se comporten de determinada manera, y eso establece la interpretación de su conducta, es decir, tu percepción de si se porta bien o se porta mal.

Como estas normas que constituyen el fundamento de los juicios de valor son establecidas por actos de voluntad humana, y no por una voluntad sobrehumana (alguna entidad divina, dioses, espíritus o Dios único), los valores que por medio de estas normas se constituyen dependen de quienes los decidieron, es decir de personas, por lo tanto no son absolutos, únicos o universales.

Debemos reconocer y aceptar que otros actos de voluntad humana pueden producir otras normas, contradictorias a las nuestras, que constituyen a su vez otros valores, posiblemente opuestos a los nuestros. Es decir, lo que conforme a nuestras normas y límites sería bueno, puede ser malo para otros. De ahí que las normas y límites a la conducta establecidas por cada familia u otro grupo social constituyan sólo valores relativos.

Por lo tanto las valoraciones, para ser racionales, deberán reconocer esta relatividad y no pretender imponer los juicios de valor personales como únicos, como si éstos fueran universales, absolutos o la "verdad revelada".

Una pedagogía que promueva valoraciones racionales, debe reconocer que las valoraciones humanas se basan en los deseos o la voluntad de una o de varias personas. De allí la importancia de responderse a la pregunta anteriormente planteada: **¿qué conductas socialmente valoradas como deseables aspiro a fomentar en mis**

Una pedagogía de las valoraciones racional requiere:

- Reconocer la relatividad de las valoraciones humanas y no pretender que éstas deban ser absolutas, únicas o universales.

- Establecer con claridad sus fines u objetivos (¿Qué conductas socialmente valoradas como deseables aspiro a fomentar en mis hijos e hijas?)

- Revisar la vigencia de las costumbres de las cuales se derivan las normas y límites actuales. No darlos por hecho como si fueran aspectos incuestionables e inamovibles.

- Actualizar continuamente las normas, los límites, los reconocimientos y las sanciones vinculadas con los juicios de valor que se desean fomentar en los niños y jóvenes de acuerdo con las circunstancias y situaciones vigentes (edades, etapas de desarrollo, necesidades de la comunidad familiar, etcétera).

- Reconocer que los adolescentes se encuentran en una etapa en la que cuestionarán las normas y los límites establecidos por tus juicios de valor, y no temer que desarrollen sus propias valoraciones, las cuales serán inevitablemente distintas a las tuyas, aunque no necesariamente incompatibles.

hijos e hijas?; expresado de otro modo: **¿qué fin tengo en mente para que mis hijos valoren como positivas o negativas ciertas conductas?**

Qué fines tengo en mente: ¿la convivencia social pacífica?, ¿la persistencia en el trabajo y la productividad?, ¿la conservación de la vida en el planeta?, ¿la compatibilidad con la ciencia?, ¿el respeto por los derechos humanos?, ¿la equidad económica?

¿Qué deseas fomentar en tus hijos a largo plazo?

Si no tienes claros los fines u objetivos educativos, estarás dando palos de ciego y actuando de acuerdo a tus volubles estados de ánimo. No será una educación basada en objetivos socialmente valiosos, sino una práctica caprichosa e impredecible para tus hijos.

Cuando tengas claros los fines socialmente deseables, sólo entonces, podrás establecer normas o reglas, marcar límites, establecer prohibiciones, dar permisos, reconocer, felicitar, sancionar, regañar, y todo lo que los adultos hacemos para fomentar las valoraciones en los hijos que les sean útiles para los fines trazados.

Por otro lado, las conductas derivadas de la costumbre pueden también establecer normas aceptadas socialmente. Es decir, la costumbre se convierte en una voluntad colectiva.

> Cuando una comunidad convive socialmente durante cierto tiempo, surge en cada individuo la voluntad de actuar en la manera como los miembros de dicha sociedad actúan, y cuando un miembro de la sociedad no actúa en la forma en que los otros miembros suelen hacerlo, su conducta es objeto de reproches por aquéllos, puesto que no se conduce como ellos lo quieren. Así la costumbre se convierte en una voluntad colectiva que la persona perteneciente a dicha sociedad considera como un deber.
>
> **Hans Kelsen**, *Teoría pura del derecho*

La moral se asocia con la vida en sociedad, con sus costumbres y las normas que una comunidad considera como positivas o negativas.

La moral es transmitida por los adultos que imponemos normas a los niños, muchas de las cuales se basan en las tradiciones y cos-

LA MORAL	LA ÉTICA
• Indica cómo actuar según un grupo específico	• Se pregunta lo correcto de dicho actuar
• Proporciona respuestas de actuación	• Se pregunta sobre lo correcto de dichas respuestas de actuación
• Da respuestas a la pregunta: "¿qué se debe hacer en esta situación?	• Da respuestas a las preguntas: "¿por qué se debe hacer eso en esta situación?", "¿qué debo hacer para actuar correctamente?"
• Perpetua costumbres	• Cuestiona y en muchos casos modifica costumbres

tumbres. Cuando tus hijas e hijos lleguen a la adolescencia, estarán cognitivamente preparados para cuestionar dicha moral, y te aseguro que le encontrarán huecos e inconsistencias. Por eso es que los adolescentes, en general, no toleran que los adultos les demos sermones sobre lo bueno y lo malo de su conducta, mientras observan que no somos congruentes con nuestro discurso y en consecuencia adoptan una actitud de confrontación rebelde o de cinismo encubierto con una doble moral frente a sus padres, maestros y autoridades.

Te será útil diferenciar moral de ética, aunque normalmente se mencionen indistintamente.

La moral te indica cómo actuar según lo establece un grupo o sociedad, la ética se cuestiona si esta actuación es correcta o no.

La ética es la reflexión del por qué la moral establece como aceptables o no ciertas conductas (analiza las cuestiones morales). Es decir, mientras la moral proporciona respuestas, la ética hace preguntas sobre dichas respuestas.

La moral sigue costumbres y tradiciones, la ética las cuestiona y muchas veces las modifica.

En síntesis: la ética es la moral reflexionada.

Pero, ¿por qué razón vale la pena distinguir estas diferencias entre moral y ética?

Debido a que los adolescentes se encuentran en un momento clave para la consolidación de sus juicios de valor y viven en un constante cuestionamiento ético respecto a la moral que recibieron durante su infancia. Una vez que entren al túnel de los cuestionamientos adolescentes, no habrá retorno posible a las creencias de su infancia. En el otro extremo del túnel surgirá un joven adulto con una ética propia, con valoraciones y juicios de valor seguramente distintos de los de los adultos significativos de su vida, pero no necesariamente incompatibles.

Por eso es tan importante no asustarse ante los cuestionamientos adolescentes, ni reprimirlos. Es mejor escucharlos, debatirlos,

Desde la óptica de las etapas de desarrollo cognitivo de la persona, la moral se presenta así:

- Durante la **infancia** el niño adquiere la moral de los adultos, los cuales constituyen su mundo afectivo y social.

- En la etapa **adolescente** los hijos cuestionarán dicha moral y se apoyarán en la socialización con los grupos de su edad o similares, no en los adultos a los que pone en entredicho.

- Al arribar a la siguiente etapa, el **joven adulto** construirá una ética basada en las respuestas a los cuestionamientos que se haya hecho durante su adolescencia.

plantear dilemas que lo cuestionen todavía más profundamente. No tengas miedo al adolescente contestatario, acompáñalo y trata de estar a la altura de sus cuestionamientos y dudas, sin imposiciones dogmáticas o absolutistas sobre los juicios de valor que intenta construir.

4.3 • *Ética de la convicción vs. Ética de la responsabilidad*

El hecho de que nuestros hijas e hijos salgan del túnel de la adolescencia y lleguen a su siguiente etapa de desarrollo como joven adulto con su propio criterio para hacer valoraciones de su conducta y de los demás, no garantiza que la ética alcanzada sea racional y confiable (recuerda que se llama ética y no moral porque se hizo cuestionamientos al respecto).

Cualquier acción orientada éticamente puede ajustarse a dos máximas fundamentalmente distintas entre sí y totalmente opuestas: puede orientarse según la **ética de la convicción** o según la **ética de la responsabilidad**.

> **Las buenas decisiones requieren de preguntas sobre las consecuencias de los actos, no de convicciones inalterables.**

La ética de la convicción que también puede llamarse absoluta, sólo establece obligaciones sin preguntarse por las consecuencias.

El fomento de una ética de la responsabilidad en tus hijos (que seguramente te tomará más tiempo), por el contrario, se basa en la previsión de las consecuencias de la propia actuación y en la confianza de que tus hijos serán capaces de pensar por sí mismos para decidir y elegir de forma autónoma. Eso significa que aunque tú tengas opiniones diferentes, reconoces su derecho a decidir.

227

En el momento que las consecuencias
de una acción con arreglo a una ética de
la convicción resultan funestas, quien la llevó
a cabo, lejos de considerarse comprometido
con ellas, responsabiliza al mundo, a la
necedad de los hombres o a la voluntad de
Dios por haberlas hecho así.

Por el contrario, quien actúa apegado a una
ética de la responsabilidad toma en consideración todas las fallas del hombre medio.
No se permite imputar a otros aquellas
consecuencias de su proceder que bien
pudieron serle previsibles. Siempre se dirá
que tales consecuencias deben achacarse
a su proceder.

—Max Weber
El político y el científico

LOS RIESGOS DE LA ÉTICA DE LA CONVICCIÓN

La ética de la convicción es radical e intransigente. No admite términos medios o matices que las circunstancias puedan presentar. Me gustaría observar la conducta de una persona convencida radicalmente de no robar si por alguna circunstancia extrema no hubiera comido en dos días y tuviera la oportunidad de tomar un pan y comérselo sin la autorización del dueño. Ese es el problema con la ética de la convicción, no da cabida a las circunstancias ni a las posibles consecuencias, sólo establece obligaciones.

Ten cuidado si tu hijo o hija adquiere una ética de la convicción de alguna religión, secta o grupo de cualquier tipo que le imponga obligaciones sin llevarlo a cuestionar su responsabilidad respecto de sus actos en circunstancias diversas. Aún más grave: cuidado si tú tienes una ética así. Y lo peor es si crees que cuestionar tu ética es algo nocivo que debe evitarse a toda costa. Malas noticias: has sido adoctrinado.

Una expresión clara de la ética de la convicción que puede conducir a posturas rígidas, radicales, e incluso fanáticas e intolerantes, es utilizar el concepto de escalas de valores como referente para realizar juicios de valor.

La persona que utiliza este concepto cree que hay un valor prioritario por encima de todos los demás. No importa por qué decidió poner ese valor hasta arriba, pero allí está y le funciona como unos anteojos por los que filtra sus juicios sobre su propia conducta y de quienes le rodean. Si dichas conductas se ajustan a su imaginario valor prioritario dentro de su escala de valores, entonces dichas conductas las valorará como buenas o en su defecto como malas.

Esta forma de valoración la considero irreal y riesgosa, pues las circunstancias de la vida nos enfrentan a situaciones complejas en las que lo que teníamos supuesto hacer puede trastornarse por variables no contempladas originalmente.

Ante el embarazo no deseado de una hija adolescente, un pleito

Aferrarse rígidamente
a una escala de valores
impedirá la flexibilidad
y el sentido común requerido
para decidir apropiadamente
de acuerdo con las necesidades
de cada ocasión.

familiar por una herencia, un abuso sexual sufrido o perpetrado por un familiar, un homicidio imprudencial, el descubrimiento de consumo de drogas por algún miembro de la familia; o incluso ante circunstancias menos dramáticas como la nueva novia de tu hijo quién no te agrada o su exceso de parrandas y sus bajas calificaciones; no podrás actuar acertadamente utilizando solamente un valor prioritario como referencia ya que estarás atribuyendo a un valor "superior" un gran poder para decidir correctamente en todos los casos. Y eso no existe.

Dado el caso, tendrás que valorar la situación desde muchas variables: tu circunstancia personal, la circunstancia familiar, la circunstancia de los demás involucrados, las condiciones económicas, los antecedentes, e incluso tus sentimientos, entre muchos otros elementos.

Si por el contrario, tu perspectiva se deriva de un valor único que te impone obligaciones de las cuales estás convencido sin cuestionamiento alguno (ética de la convicción) te cerrarás y no podrás ver otras posibles alternativas. Te aferrarás a tus supuestas obligaciones, limitarás tu percepción de las cosas y correrás el riesgo de radicalizar tu postura, lo que aumenta el riesgo de equivocarte.

Un ejemplo concreto, basado en un caso real que me compartieron; si tu hija adolescente se embaraza y decides correrla de la casa porque tu ética de la convicción así te lo dicta, corres el riesgo de fracturar irreversiblemente la relación con ella de tal manera que no la vuelvas a ver o ni conozcas a tu nieta, ¿cómo la ves?, ¿te parece una consecuencia aceptable? Quien así lo hizo ni siquiera se lo cuestionó, solo actuó de acuerdo con sus convicciones incuestionables.

CONSTRUCCIÓN DE UNA ÉTICA DE LA RESPONSABILIDAD

En la vida y en especial en la educación de tus hijos e hijas no decidas sin preguntarte antes las posibles consecuencias de lo que vas a hacer, lo que vas a permitir o a prohibir.

"Cuando los hijos
pierden la inocencia,
los padres
la recuperamos."

Comentario irónico
de una madre de familia
en una de mis conferencias

De tus actos siempre se derivarán efectos. Antes de decidir algo respecto a tus hijos hazte y respóndete la siguiente pregunta: Si de decido esto o lo otro ¿Fomentaré en mis hijas o hijos a las valoraciones que considero importantes que ellos adquieran?

La presión social será parte del problema cuando tengas que permitir o prohibir algo a tus hijos. Todo mundo tiene un celular, ¿por qué tu hija de 12 años no? Tu hijo es el único que no irá a esa fiesta en la que no habrá supervisión adulta, "Pero son buenos chicos, no pasará nada", te dice una mamá "alivianada" de un compañero de la escuela de tu hijo. ¿Qué hacer?

Revisa las posibles consecuencias de tu decisión. No seas catastrofista, pero tampoco niegues los riesgos reales. No te pongas una venda en los ojos. Tus hijos son personas con fortalezas, pero también con debilidades. No los subestimes, tampoco los sobreestimes. Estamos de regreso al sutil punto medio.

Ética

de la convicción	de la responsabilidad
• Establece obligaciones antes que preguntas respecto a las consecuencias de las decisiones.	• Se pregunta por las consecuencias antes de elegir una acción.
• Pretende ser absoluta, es decir, aplicable y válida para todos los seres humanos.	• Reconoce su relatividad social, es decir, no la cree aplicable y válida para todos los seres humanos, sino a ciertos grupos, contextos y circunstancias.
• No cuestiona los medios para alcanzar sus fines ya que los justifica por el fin moralmente bueno que pretende alcanzar.	• Cuestiona los medios para alcanzar sus fines y detiene sus acciones si los medios son moralmente dudosos o por lo menos arriesgados.
• En caso de malos resultados, responsabiliza al mundo, a la necedad de los demás o a alguna voluntad sobrehumana.	• No se permite imputar a otros las consecuencias negativas que bien pudo prever.

La ética de la responsabilidad

- Te permitirá prever posibles consecuencias de tus decisiones.

- La previsión te ayudará a decidir mejor, gracias al cálculo de riesgos.

- Te apoyará a evaluar si las decisiones tomadas fueron acertadas o no.

- Te auxiliará a reforzar o corregir tus decisiones en ocasiones futuras.

De ninguna manera permitas que alguno de tus hijos se coloque a sí mismo en una posición de riesgo o altamente vulnerable. La ética de la responsabilidad aplicada a las madres y padres implica no imputar a otros las consecuencias que bien pudiste prever.

La ética de la responsabilidad te permitirá prever posibles consecuencias de tus decisiones. Te ayudará a decidir mejor, gracias al cálculo de riesgos, le medirás el agua a los camotes. Te apoyará para evaluar si decidiste bien o no, auxiliándote a reforzar o corregir tus decisiones en el futuro.

4.4 • *Las esferas de aplicación de los juicios de valor*

Es momento de obtener respuestas más específicas a la pregunta ¿qué conductas socialmente valoradas como deseables aspiro a fomentar en mis hijas e hijos?

Te propongo que revises el siguiente listado de posibles esferas o áreas de la vida y que analices si en tu hogar hay normas, reglas, límites o acuerdos respecto a cada una de dichas esferas. No te estoy sugiriendo que reglamentes rígidamente la vida de tus hijos en cada uno de estos aspectos, sólo que establezcas con claridad normas, permisos y prohibiciones específicas en aquellas áreas en las que consideras importante fomentar juicios de valor socialmente deseables.

Este listado te ayudará a no olvidar algunas áreas importantes en tu vida y la de tus hijos. Es una propuesta que te permitirá aterrizar a la vida cotidiana de la familia las conductas concretas y observables, evitando que sólo te limites a sermonear, regañar y exhortar de forma grandilocuente a tus hijos para que se porten bien.

Para empezar puedes marcar con una paloma en la columna derecha (Normas, límites, acuerdos) si haz hecho lo posible para establecer normas y límites en cada una de las áreas enlistadas. No

ESFERAS DE APLICACIÓN	NORMAS, LÍMITES, ACUERDOS
Higiene personal	
Salud personal (alimentación, ejercicio, descanso, etcétera)	
Bienestar emocional (inteligencia emocional)	
Relaciones entre hermanos	
Relaciones familiares (con cada integrante del hogar)	
Relaciones con personas de apoyo en el hogar	
Amistades	
Relaciones con compañeros de la escuela	
Aprovechamiento escolar	
Amistades	
Vida sexual	
Vida comunitaria o vecindario	
Vida cívica	
Cuidado y conservación ambiental (aire, energía, agua, desechos, etc.).	
Vinculación y cuidado con y de otros seres vivos (animales y plantas)	
Manejo del dinero	
Superación personal (no necesariamente académica)	
Relación con otras culturas, creencias, religiones y preferencias diferentes a las propias	
Religión propia	
Conciencia y desarrollo espiritual	

van en un orden sugerido, ni pretenden ser un listado completo, simplemente revisa si en tu hogar tus hijos tienen y conocen normas de conducta específicas en dichas esferas.

Si es necesario agrega otras áreas que consideras que tu familia debe trabajar. Y recuerda: la ética de la responsabilidad siempre irá unida a la revisión de las consecuencias de cada conducta.

4.5 • *Estrategias para fomentar valoraciones racionales basadas en la ética de la responsabilidad*

> *"Es del todo cierto, y así lo demuestra la Historia, que en este mundo no se arriba jamás a lo posible si no se intenta repetidamente lo imposible."*
> **Max Weber**

La siguiente es una lista que resume acciones puntuales para fomentar valoraciones racionales basadas en la ética de la responsabilidad de manera cotidiana en tu hogar.

✓ **Enfócate en un área y conducta a la vez.**
Esto significa que mientras te enfoques en una cosa a la vez, tendrás más impacto en tu comunicación. No te pierdas en un listado enorme de conductas que harán que la atención se disperse.

Además será agotador para todos que te la pases recitando un sinnúmero de conductas que deseas que tus hijos tengan.

Apoyate en el listado anterior de áreas o esferas de aplicación para diseñar normas más específicas.

✓ **Establece normas y límites en cada esfera según se presenten las situaciones.**

No se trata de que redactes una constitución o las leyes de tu hogar de forma anticipada, simplemente expresa con claridad lo que se permite y no en cada esfera, según se presente una oportunidad o situación que amerite dicha clarificación a tus hijas e hijos.

No funciona reglamentar por anticipado todo lo que pueda ocurrir en casa con la conducta de tus hijos. Además, es imposible prever todo lo que puede pasar, tus hijos te sorprenderán cotidianamente. No te contagies de la enfermedad llamada "reglamentitis" (excederse en el establecimiento de normas y reglas en el hogar), ya que tarde o temprano tus hijos se dedicarán a encontrar formas de romperlas. Sólo elabora normas que consideres necesarias para prevenir comportamientos que desatan conflictos de manera continua o que son potenciales para crear problemas.

Por ejemplo, si tu hijo se burla de su hermano pequeño –que corresponde a la esfera "relaciones entre hermanos"–, tendrás que establecer lo permitido y lo prohibido, así como la consecuencia aplicable al caso (en los siguientes capítulos ahondaremos en el tema de las consecuencias).

✓ **Elabora normas derivadas de conductas socialmente valoradas.**
Una norma como "Pide las cosas por favor y da las gracias al recibirlas" se vincula con el hábito de la cortesía y fomenta el buen trato mutuo. Este es un ejemplo de un comportamiento socialmente valorado. Si la norma es "Puedes utilizar las pertenencias de tu hermana sólo si ella lo autoriza", también te conduce a una conducta socialmente apreciada de respeto mutuo.

✓ **En lo posible, redacta las normas indicando la forma en que se podrá hacer algo, no sólo la prohibición.**
Expresa la norma en positivo, es decir, lo que sí se puede hacer o en qué circunstancia. Por ejemplo: "Puedes usar lo ajeno sólo con permiso de su dueño" indica lo que se debe hacer, no sólo la prohibición,

como sería en el caso de "No se puede usar lo que no es tuyo".

Muchas personas tienen el mal hábito de expresarse sólo en negativo o con prohibiciones. Muchos mamás y papás nos la pasamos prohibiendo constantemente, y es agotador. Si este es tu caso, te sugiero hacer el ejercicio de redactar por escrito las normas de prohibición a las que estás habituado y redactarlas en positivo. Algunos ejemplos:

- *En negativo:* No llegar tarde a las citas y compromisos.
  En positivo: Llegar puntual a las citas y compromisos.
  Aparentemente es lo mismo, pero visto de cerca no lo es, porque indicas una acción que construye un hábito, no sólo la abstención de una conducta.
- *En negativo:* No sales a ningún lado hasta que termines tus tareas escolares.
  En positivo: Para poder salir a jugar primero acabas tu tarea.
  Dile como sí podrá lograrlo, no sólo impidas la conducta.
- *En negativo:* Está prohibido pelearse a golpes.
  En positivo: Los desacuerdos se arreglan sólo dialogando.

Rompe el mal hábito de limitarte a prohibir. Sin embargo, evita caer en la exageración de nunca usar la palabra no. Aunque los estudiosos de la programación neurolingüística podrán objetar esta excepción, hay prohibiciones que inevitablemente requieren el *no* o aún no existe la forma de expresarlo en positivo, por ejemplo, ¿cómo dices en positivo que no está permitido fumar?: "Puedes fumar afuera" no es factible pues lo que deseo es que no fume, no que fume en otro lugar; "Cuida tu salud" es una frase demasiado abierta que no necesariamente se refiere a la prohibición de fumar; así que verás que a veces hay que decir la prohibición tal cual: "Prohibido fumar" o "No fumes", se acabó.

Pero éstas son excepciones, la mayoría de las conductas que deseas fomentar en tus hijos podrás redactarlas o expresarlas en sentido positivo. Haz el esfuerzo por romper tu hábito prohibicionista, sin dar opciones de acción.

✓ **Acuerda las normas y límites con tu pareja y/o con los adultos significativos en la vida de tus hijos.**

Pocas cosas desgastan más y deterioran la autoridad de los adultos ante los ojos de los niños y jóvenes, que las discusiones y pleitos originados por desacuerdos respecto a lo que es permitido o prohibido en casa. Incluso estos pleitos pueden derivar en un desencuentro y alejamiento entre parejas. En algunos casos, las discusiones son la manifestación externa de otras problemáticas más profundas que la pareja ya tiene en su propia relación, y que es proyectada en los desacuerdos respecto a la forma de educar a los hijos.

Las normas y límites que establezcas debes platicarlas en privado con los adultos que te apoyan en la educación de tus hijos para lograr acuerdos sobre las mismas, con base en el diálogo respetuoso. Sé firme respecto a lo que se permitirá y lo que no en la conducta de tus hijos con base en tus valoraciones; sin embargo, vale le pena que pongas el freno de mano y escuches, por ejemplo, a la abuela opinar respecto a tu obsesión por la limpieza de tus hijos, y así, tal vez veas que efectivamente estás exagerando al respecto (recuerda que los abuelos ven las cosas desde afuera, sin las presiones que las madres y padres tenemos).

El diálogo respetuoso con el afán de encontrar coincidencias, no la descalificación ni las recriminaciones mutuas, será el instrumento que te permitirá establecer normas y límites claros para tus hijos y todos los integrantes de la familia que conviven en tu hogar.

✓ **Establece normas y límites sin usarlas para negociar.**

Las normas no son moneda de cambio: "Si haces tu tarea, te llevo al cine", esa no es una norma, es una negociación y un premio, con una amenaza no mencionada de castigo en caso de no cumplir.

La norma es "Para poder salir o jugar, primero acabas tus tareas escolares", si luego hay tiempo y es pertinente ir al cine, pues vayan y diviértanse, pero no mezcles las cosas.

"Si no te comes todo, te lo daré de cenar", "Si no pasas de año no irás de vacaciones con todos", son amenazas, no normas. Si lo que deseas es que coma bien o que estudie, mejor dile algo así: "Si pides algo de comer, te lo comes" o "Lo más importante en esta casa es estudiar y aprender", ya lo que venga después (vacaciones, salidas, etc., dependerá de cumplir primero con lo establecido en la regla.

✓ **Las normas eficaces son breves.**
Simplemente expresa la conducta esperada, sin "rollos" ni mayores explicaciones. Si te cuestionan alguna norma, entonces explica la finalidad y los beneficios de dicha conducta, lo positivo de ella. Ejemplos útiles:

"Se cumplen los horarios acordados."
"Se avisa ante cualquier contratiempo que impida cumplir lo acordado."
"Se puede usar lo ajeno sólo con permiso de su dueño."
"El baño debe ser diario."
"Se estudia diariamente entre semana."
"Sólo se pide de comer lo que realmente se va a comer."
"Los desacuerdos se arreglan sólo dialogando."
"Mientras comemos en familia, no se usan los celulares."

✓ **Las normas eficaces se actualizan de acuerdo con las edades de los hijos y sus necesidades reales.**
Los horarios, los permisos, los viajes, y todo tipo de actividades que son parte de la vida de la familia deben modificarse de acuerdo con la etapa vital de sus integrantes. De otra forma, las normas se volverán un lastre y no conducirán a comportamientos socialmente útiles; y en consecuencia los hijos harán todo lo posible por romperlas encubiertamente fomentando la doble moral y la simulación.

La norma del horario de sueño para un pequeñito de 5 años no puede aplicar para un niño de 10 años, y mucho menos para el adolescente de 16 años.

Cuando alguno de los menores proteste porque al grande sí le permiten hacer algo que a él no, la respuesta debe ser breve: "Porque tu hermano tiene 16 años y cuando tú llegues a esa edad, también dormirás más tarde", seguro contratará con "Pero no es justo", puedes entonces terminar el debate alegando "La vida no es justa" y que lo digiera. No sigas con discusiones absurdas, termínalas pronto.

No insistas con reglas caducas, revisa periódicamente las normas que hay en tu casa y observa si son aplicables en cada caso.

✓ Incluye normas de colaboración colectiva en el hogar.

Pon a trabajar a tus hijos en actividades que beneficien a todos en casa. Que haga mandados, que ponga la mesa, que recoja la mesa (no sólo lo suyo, sino lo de todos), que saque la basura, que haga su cama, que ceda su lugar a las personas mayores que acaban de llegar. Sólo cuida que sean tareas que pueda realizar de acuerdo con su edad y que las actividades no lo expongan a ningún riesgo.

En hogares donde se cuenta con servicio doméstico de apoyo, la estructura es diferente, pero eso no implica que liberemos a los niños de todo tipo de contribución con la limpieza y el orden en la casa (levantar sus platos y llevarlos a la cocina, recoger su ropa sucia y colocarla en las canastas para su lavado, apagar las luces que no se utilicen, recoger los excrementos del perro, etc.).

Una norma de ese tipo puede expresarse así: "En casa todos colaboramos igual para beneficio de todos". Educa a tus hijos para que sirvan, para que colaboren; no los acostumbres a ser atendidos. Propicia que todos cooperen, incluyendo a los adultos del hogar.

Este tipo de reglas te ayudarán además a romper con los roles y estereotipos respecto a los papeles que desempeñamos hombres y mujeres en el hogar.

No conviertas a tus hijos varones en machos atendidos por las mujeres de la casa. No conviertas a tus hijas en mujeres incapaces de ser autónomas sin un hombre a su lado.

✓ **Pon el ejemplo cumpliendo con las normas que te aplican.**

Esta obviedad no siempre la tenemos presente. Si quieres que tu hijo valore la honestidad, no te quedes con las monedas de más que te dieron por error en el súpermercado y devuélvelo a la chica que lo hizo (ya que seguramente se lo cobrarán de su salario).

Aunque se utilice cada vez con más frecuencia la metáfora de que vivimos en una selva, y que cada quien debe sobrevivir a como de lugar, es importante decirle con nuestros actos y palabras que la rectitud y la decencia son formas de vivir de manera satisfactoria, no sólo civilizada. Y que a pesar de vivir en la selva, se puede ser un buen ciudadano, si el resto no se comporta de esta manera, uno puede marcar la diferencia.

Es lamentable la creencia generalizada de "Si todos lo hacen, sería tonto no hacerlo yo" cuando estamos frente a actos de corrupción o de falta de respeto o de responsabilidad. ¿Entonces sólo nos queda convertirnos en lo que criticamos?

Tus hijos te están observando todo el tiempo; cuando discutes con tu pareja se fijan en tus actitudes y en lo que dices, y eso tiene más impacto que todo el discurso sobre el respeto.

Ser madre y padre es una magnífica oportunidad para revisar, y en su caso corregir, incongruencias entre nuestros juicios de valor y nuestras conductas. No conozco atajos.

Para terminar

Algunas acciones extra que pueden servirte:

- Felicita a tus hijos cada ocasión en la que muestren conductas socialmente deseables, que no pasen inadvertidas.
- Practica (y exige que todos lo hagan) los buenos modales y la consideración por los demás. Cero maltrato en la familia, ni verbal, ni emocional, ni físico.
- Respeta la comunicación y los turnos de cada quien para expresarse. Exige que también respeten los tuyos.

- Asiste y participa en actividades sociales de convivencia pacífica que propicie la escuela de tus hijos.
- Exige el cuidado y respeto por los animales y de todo ser vivo. Cero crueldad y maltrato a los animales y a las plantas. Promueve la adopción responsable de mascotas, no compres en criaderos o en lugares informales que lucren con seres vivos.
- Propicia que la familia se involucre en actividades de servicio social voluntario que beneficien a personas más vulnerables.
- Promueve conductas en el hogar de cuidado ambiental. Ahorro de energía eléctrica y agua, separación de basura orgánica e inorgánica, no contaminar con fuegos artificiales, evitar el uso de automóvil cuando se pueda, y un largo etcétera.
- No permitas la impunidad. Cuando algún hijo haga algo dañino, debe actuar para reparar y resarcir el daño (este tema será abordado extensamente más adelante).
- Insiste en la aplicación de las normas y límites que estableces ya que se convertirán en acuerdos de convivencia que le permitirán a tus hijos desarrollar su capacidad de socialización. Persiste, no claudiques. Es un proceso a mediano y largo plazo.
- Establecer normas y límites no debe amargar tu carácter. Intenta encontrarte con tu familia a través de la risa compartida y el buen sentido del humor. Cero burlas, sólo risa compartida. Aligera tu percepción de las cosas. Dimensiona, dale aire a los problemas (trata de verlos en perspectiva sin agobiarte por ellos) y verás que muchos simplemente se extinguen. Los que requieran tu atención, atiéndelos de inmediato. Un papá alegre, una mamá con buen humor son una bendición para los hijos de todas las edades.

Capítulo 5
Disciplina estúpida

El cáncer en la educación:
Premios y castigos

LOS PREMIOS

- Condicionan "si haces X tendrás Z..."
- Condicionan "si no haces X tendrás el castigo Y..."
- Desvirtúan la acción deseada y le otorga mayor importancia al premio mismo.
- Trasladan la iniciativa a factores externos (el premio) y la persona pierde motivación interna.
- Le quitan a la conducta deseable su significado educativo, convirtiéndola, a través del premio, en una variante de soborno.

LOS CASTIGOS

- No redimen, tan sólo hieren.
- No cambian al individuo, lo atemorizan.
- Generan doble moral e hipocresía para evadirlos.
- Eliminan la responsabilidad e incorporan al mundo de la culpabilidad.
- Generan remordimiento como producto de la culpa, y refuerzan el seguir actuando destructivamente.
- Distraen en lugar de responsabilizar y enmendar, propiciando fantasías de venganza.

Capítulo 5
Disciplina estúpida

5.1 • *El cáncer en la educación: premios y castigos*

El sistema de premios y castigos es el cáncer en la educación. Los premios y los castigos logran que el hijo obedezca, de allí la ilusión de que funcionan para educar pero en realidad se está condicionando su conducta de manera similar a la de una mascota. Para fomentar la cooperación, la socialización y el desarrollo ético de una persona, utiliza métodos que propicien la conciencia, no reacciones automáticas basadas en el temor al dolor.

El premio y el castigo son los dos lados de la misma moneda para condicionar la conducta. Lo que hay que hacer es sacar de circulación dicha moneda, por lo tanto, **hay que eliminar ambos métodos**.

Utilizar el mecanismo de los premios y los castigos propicia personas irresponsables, con una doble moral e impide que los padres dimensionen correctamente la conducta inaceptable de sus hijos, propiciando reacciones exageradas ante actos, muchas veces, intrascendentes.

Eliminar los castigos de tu esquema de relación con tus hijos es algo que te va a costar mucho trabajo cuando así lo has hecho toda su vida (y toda tu vida). Más adelante verás algunas estrategias para

Premiar una conducta, establece que
dicha conducta no tiene valor por sí misma,
ya que el premio es el que le otorga su valor.

Tu hijo repetirá la conducta deseada
para obtener su premio, como cualquier
mascota amaestrada...

Además, los premios condicionan de tal
manera a la persona, que le quitan
cualquier iniciativa para actuar si de por
medio no hay algún premio que obtener.

Esto no es educación,
es amaestramiento.

Los premios están bien
para las mascotas,
no para las personas.

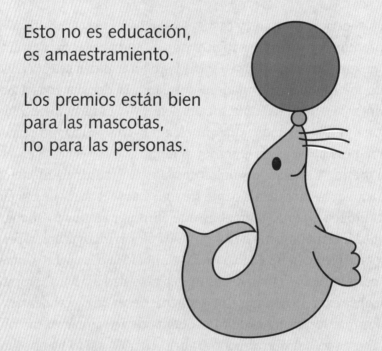

lograrlo. Igualmente estoy seguro de que te va a costar el mismo trabajo eliminar el mecanismo de los premios, debido a que has creído toda tu vida que al premiar estás educando, que has estado reforzando conductas adecuadas... Lamento decirte que no es así; si has intentado reforzar conductas adecuadas con premios, lo que a tu hijo le importa son los premios, no se comporta adecuadamente porque le importe lo que le dices o tratas de inculcarle, sino por lo que le vas a dar a cambio.

Para eliminar el mecanismo de premios y castigos, **te sugiero empezar por eliminar los premios**.

Antes de entrar de lleno en el tema de las estrategias disciplinarias específicas para enfrentar conductas inaceptables de los hijos, hagamos una reflexión sobre los sistemas de premios y castigos que normalmente se aplican para educarlos. **Premiar una acción determinada, establece que dicha acción no tiene valor por sí misma. El premio se vuelve más importante que la propia conducta premiada.**

Además, los premios condicionan de tal manera a la persona, que le van disminuyendo la iniciativa, ya que se acostumbra a actuar sólo si hay de por medio algún premio que obtener.

Los premios condicionan: "Si haces X tendrás Z", "Si no haces X, tendrás un castigo". Además le quita a la conducta deseable su significado educativo pervirtiéndola en una variante de soborno, convirtiendo a los niños en mercaderes de su buena conducta, pues te cobrarán (con privilegios, objetos, en efectivo, se aceptan todas las tarjetas de crédito) por cada comportamiento que saben que deseas que tengan.

En muchas ocasiones, los premios generan niveles excesivos de tensión o estrés tanto para los padres como para los hijos. Los padres para pagar y encontrar nuevas formas de pagar, los hijos por obtener a toda costa los premios aunque sea con mentiras y simulaciones.

Te lo digo de manera más cruda: haz estado pagando por lo que era gratis. Haz pagado por lo que por principio de cuentas, era parte de la educación que el niño debe aprender. El joven debe ayudar en

¿CÓMO PROPICIAR CONDUCTAS POSITIVAS?

Los reconocimientos deben ser:

Breves

Cálidos

Sinceros

Oportunos

Específicos

PELIGRO:

No manifiestes tu reconocimiento afectivo exclusivamente durante los momentos en los que presenta la conducta deseada, pues se puede confundir con amor condicionado a dicha conducta, disparando ansiedad de reconocimiento y aprobación.

No le hagas sentir que tu amor está condicionado. "Si estudias te voy a querer mucho" o "Si no estudias ya no te voy a querer", son pésimas opciones.

la casa, sacar la basura, lavar platos y hacer su cama. Hacer sus tareas escolares y cumplir con sus horarios. Nada de esto se debe hacer para luego cobrar por ello, es lo correcto a hacer, punto.

Para acabar con el cuadro, los premios trasladan la iniciativa a factores externos y la persona pierde motivación interna, que es la realmente válida y perdurable, no volátil.

Si continúas ofreciéndole una suma de dinero a tu hijo por cada diez de calificación que se saque en la escuela, no te extrañe si luego te exige más por pasar de año, y cuando no quieras o no puedas recompensarlo, él pensará que no tiene por qué sacar buenas calificaciones, ya que tú no estás haciendo tu parte.

Al premiar, se le está quitando valor a la acción premiada, y se le está otorgando el valor al premio. Le estás bloqueando al niño la oportunidad de sentirse orgulloso por una determinada conducta y lo estás condicionando a actuar de una determinada manera para obtener el premio.

Estás educando a un ser humano, no amaestrando una foca, a la que si no le das pescados, no aplaude ni hace sus gracias.

Además, los premios generalmente están asociados con la amenaza del castigo en caso de una conducta contraria a la esperada. Ya sea que se mencione o no, dicha amenaza está latente.

Entonces, ¿qué hacer?, ¿debes evitar reconocer las buenas conductas de tus hijos?, ¿acaso no es necesario validar las conductas que están de acuerdo con los valores prioritarios definidos en el hogar? Por supuesto que sí. Lo único que estoy sugiriendo es que cambies el enfoque.

¿Qué hacer para reconocer la conducta cotidiana adecuada de tu hijo?

RECONOCIMIENTOS VERBALES Y AFECTIVOS

Para reconocer a tu hijo por algo que se espera de él, sólo utiliza el reconocimiento verbal, también se le llama *acuse de recibo*. Felicítalo

ERRORES TÍPICOS RESPECTO A LOS RECONOCIMIENTOS

No reconocer	Exagerar
"Es su obligación…"	Adulación
"Sí, pero…"	Discurso moralizador
Regaño retroactivo	

Los reconocimientos son gratuitos, no seas tacaño para otorgarlos. Verás la respuesta que tus hijos tendrán si lo haces bien.

o dale las gracias o simplemente dile algo alentador como "Muy bien". No es necesario más, pero tampoco escatimes en ello.

No confundas el reconocimiento con la adulación o la felicitación exagerada y ansiosa. Exprésalo de manera simple, sin muchos aspavientos; no lo compliques, sólo reconócelo.

Como mencioné en el subcapítulo 4.4 (Estrategias efectivas para fomentar valores), en el subtema

> **Reconoce lo que hagan de acuerdo con lo esperado; que la conducta deseable no pase inadvertida.**

"Valida a tus hijos", los reconocimientos eficaces deben ser: breves, sinceros, cálidos, oportunos y específicos; de otra manera será mayor su margen de ineficacia.

LOS ERRORES TÍPICOS RESPECTO A LOS RECONOCIMIENTOS

En México, desconozco si ocurre en el resto de latinoamérica, tenemos la tendencia a no validar lo positivo y enfatizar lo negativo. Es un hábito culturalmente arraigado.

Nos cuesta trabajo encontrar el punto medio para reconocer las buenas conductas de los demás. Por un lado hay personas que no otorgan reconocimientos en lo absoluto, generando una frustración y sensación de que se "Haga lo que se haga, nunca será suficiente para mis papás", y otras que se van al extremo contrario de adular en vez de reconocer, en lugar de dar reconocimientos lo que hacen es exagerar de tal manera que pierden credibilidad y los niños dejan de creerles y no valoran lo que se les dice. Estos últimos lo hacen con la idea de que así están apoyando y fortaleciendo la autoestima del niño o adolescente, cosa que no es cierta, como ya trataré un poco más adelante.

La falta de reconocimiento puede manifestarse de diversas formas:

"Es su obligación"

Es frecuente escuchar que un padre de familia diga: "¿Por qué voy a felicitarlo? Si es su obligación estudiar, a eso se dedica, no hace otra cosa, ese es su trabajo". Coincido en que es su obligación, pero eso no significa que no debamos validar, por ejemplo, el esfuerzo para lograr mejorar en alguna calificación.

Hay madres y padres que creen que el esfuerzo no debe ser reconocido, que la obligación de quien debe hacer algo es tal que no merece mención alguna.

Anteriormente mencioné la triste situación en la que muchos adolscentes expresan su frustración al sentir que hagan lo que hagan, se porten como se porten, sus papás no estarán satisfechos: "Haga lo que haga, nunca es suficiente para mi papá".

¿Te cuesta mucho decir?: "¡felicidades. Bien hecho!", "Buen esfuerzo, mi amor. Mejoraste mucho."

Aunque efectivamente sea su obligación, te sugiero que lo felicites para que perciba que lo que hizo es algo importante para ti. Valida el comportamiento deseado.

"Sí, pero..."

Ésta es otra forma de echar a perder un reconocimiento. Si juntas un *sí* con un *pero* lo que se grabará en la memoria de tu hijo será el pero.

"Está bien que hayas pasado la materia, pero... tú puedes más".

"Jugaste bien, pero... todavía no eres la mejor".

"Vas bien, pero... los Gómez Orozco siempre hemos estado en el cuadro de honor de nuestras escuelas".

Estos ejemplos de *peros* posteriores al *sí*, indican que en realidad estás desvirtuando el logro alcanzado. Muchos padres de familia lo hacen así porque creen que estarán motivando o picando el orgullo de sus hijos para que se esfuercen más. Mi experiencia me indica que en la mayoría de los casos no es interpretado así, en especial por los adolescentes, sino como una forma de descalificación continua. Alerta.

Para dejar mi punto claro, te pregunto como adulto: ¿qué sentirías si tu pareja te felicitara por la deliciosa y agradable comida familiar que organizaste el fin de semana y luego agregara algo como: "Pero... no debiste usar ese vestido tan corto y escotado", honestamente, ¿con qué te quedarías? ¿con la felicitación o con el comentario sobre el vestido?

Otro ejemplo, pero ahora aplicable a los señores: ¿qué sentirías si después de tener relaciones sexuales con tu esposa, ella te dijera: "Estuvo bien, pero... sé que tú puedes hacerlo mejor". ¡Ah! ¿verdad?

¿Quedó claro mi punto? No juntes el sí con el pero, sepáralos. Felicítalo por su logro, y aunque éste no te parezca suficiente, deja que lo asimile y lo disfrute. Al otro día puedes acercarte para preguntarle de qué manera va a lograr mejorar lo que hizo. Sólo dale ese tiempo para que pueda procesar su logro, por pequeño que éste haya sido.

Comprende que los logros son un proceso de avance paso a paso y que si tu hijo sacaba seis de calificación, no podrá sacar diez el siguiente mes, sino que irá poco a poco y que necesita ser reconocido durante el trayecto a dicho diez (en ocasiones y en ciertas materias, déjame decirte de una buena vez, que nunca llegará al diez). Respeta sus procesos, los cuales llevarán tiempo.

Regaño retroactivo

Esto significa que cuando has tenido problemas continuos con alguno de tus hijos por alguna conducta, como por ejemplo reprobar historia, cuando aprueba con buena calificación esa materia, dices algo como "¿Ya ves, baboso?, ¿no que no podías?". Esto es lo que llamo un **regaño retroactivo** pues en lugar de simplemente felicitarlo, se te viene a la mente el coraje acumulado por todas las veces que reprobó y lo regañas retroactivamente.

La **burla retroactiva** es cuando utilizamos la ironía cuando cambia de conducta. Un ejemplo: a la niña le cuesta mucho trabajo levantarse y estar lista para ir a la escuela a tiempo. Ha producido retrasos constantes a toda la familia. Un día se levantó temprano y logró estar a tiempo y lista en la puerta, peinada y con su mochila preparada para ir a la escuela. En lugar de ser felicitada, recibe un comentario como éste: "*¡¿Y ahora?! ¿Te caíste de la cama o qué?*"

No te burles, no utilices el sarcasmo con tus hijos. Sólo felicítalos y continúa con lo que sigue en el día.

Adulación

En el otro extremo tenemos a las madres y padres que van más allá de la felicitación y entran al terreno de la adulación. Sobre todo en nivel preescolar estamos invadidos de *princess and champions*, de niños que son exaltados por padres que creen que adulándolos están fomentando la autoestima de sus hijos, confundiéndola con la soberbia.

La frontera entre la autoestima y la soberbia debe ser claramente distinguida.

Si deseas que tu hijo desarrolle una buena autoestima, fomenta que haga el esfuerzo para resolver los problemas que enfrenta en su vida de acuerdo con los límites de su edad y adicionalmente, trátalo con dignidad y respeto, incuso en momentos de crisis. Estas dos acciones realmente fomentarán la autoestima: sentirse capaz y bien tratado.

La soberbia es la creencia de que no tenemos errrores y por lo tanto no hay nada que aprender (ya que el aprendizaje implica cambio). La soberbia nos obliga a compararnos constantemente con los demás, creyendo invariablemente que somos superiores. Si adulas a tus hijos, estarás fomentando la soberbia, no su autoestima.

Esta propuesta puede incluso parecerle ofensiva a algunas madres que se han encargado de fortalecer a sus hijos con comentarios constantes de felicitación. Felicitar y reconocer a los hijos es necesario y positivo. Adularlos, no.

Reconocer constantemente a los hijos se ha convertido, actualmente, en una clase de panacea a las ansiedades de la educacion moderna en el hogar.

La psicóloga y profesora norteamericana **Carol Dweck** plantea en su libro *Mindset: The new psychology of Success,* que el reconocimiento puede tener un efecto inverso al deseado cuando se abusa de él y sugiere alternativas.

Según sus estudios, 85 por ciento de los padres norteamericanos piensan que es importante decirle a sus hijos que son inteligentes. En México no se ha realizado un estudio equivalente, pero empíricamente podemos ver que existen muchos, muchos padres de familia con esta misma idea.

Esto ocurre porque se da por hecho que si el niño cree que es inteligente (debido a que se la ha dicho que lo es reiteradamente), entonces él no estará inseguro

> **No debemos alabar a los niños por todo porque pierden el contacto con la realidad. Hay una línea muy fina entre la confianza en uno mismo y el delirio de grandeza.**
> *–Emma Sargent*
> *Padres inteligentes*

ante los nuevos retos académicos que enfrente. Como si el reconocimiento constante fuera una clase de ángel sobre su hombro, que le asegurará al niño que siempre será talentoso. Pero los estudios de la Dra. Dweck, dicen lo contrario: etiquetar al niño como inteligente no evita desempeñarse mal o incluso reprobar. De hecho, puede causarle un desempeño pobre.

La Dra. Dweck y su equipo de colaboradores de la Universidad de Columbia, en Nueva York, realizaron un estudio muy interesante entre 400 alumnos de quinto año de primaria:

Dweck envió a cuatro colaboradoras a diversas escuelas con alumnos de quinto de primaria de Nueva York. Las investigadoras sacaban del salón a varios alumnos para una prueba de CI (cociente de inteligencia) no verbal, consistente en varias series de rompecabezas. Estos rompecabezas eran lo suficientemente fáciles para que todos los niños de esa edad y nivel los armaran correctamente. Una vez que los niños terminaban la prueba, las investigadoras le dijeron a cada estudiante su calificación y luego le decían al alumno una sola frase como reconocimiento. Divididos al azar en dos grupos, unos fueron reconocidos debido a su inteligencia. Se les dijo: "¡Qué intelgente eres para resolver esto!". El otro grupo de alumnos fue reconocido por su esfuerzo: "¡Qué buen esfuerzo hiciste para resolver esto!".

¿Por qué una sola frase de reconocimiento? "Queríamos ver que tan sensibles eran los niños" explicó Dweck. "Teníamos la idea de que una sola frase podría ser suficiente para producir un efecto".

Luego, en una segunda vuelta, se les dio a los mismos estudiantes la posibilidad de elegir sus pruebas. Una de las opciones era una prueba más difícil que la primera, pero las investigadoras les dijeron a los niños que podrían aprender mucho si intentaban resolver esos rompecabezas. La otra opción, explicó el equipo de la Dra. Dweck, era una prueba fácil, como la de la primera ocasión. El 90% de aquellos a los que se les reconoció por su esfuerzo eligieron la serie de pruebas más difíciles. La mayoría de los que fueron reconocidos por su inteligencia eligieron las pruebas fáciles. Los niños inteligentes tomaron la salida fácil.

¿Por qué sucedió esto? Dweck escribió en el resumen de su estudio: "Cuando reconocemos a los niños por su inteligencia les estamos diciendo que el nombre del juego es: aparenta ser inteligente, no te arriesgues cometiendo errores". Y eso es lo que hicieron los niños de quinto año, eligieron parecer inteligentes y evitar el riesgo de pasar vergüenzas.

En una tercera vuelta, ninguno de los alumnos tuvo la posibilidad de elegir sus pruebas, las cuales fueron difíciles ya que estaban diseñadas para niños dos años arriba de su nivel y grado. Como se esperaba, todos reprobaron. Pero de nuevo los dos grupos de niños, formados al azar desde el principio del estudio, respondieron diferente. Aquellos reconocidos por su esfuerzo en la primera prueba asumieron que simplemente no se habían concentrado lo suficiente en su prueba. Dweck menciona "Se involucraron mucho, con la disposición para intentar cada solución para los rompecabezas. Varios de ellos comentaron, sin que nosotros lo fomentáramos, «éste es mi prueba favorita»" No sucedió así con los niños que habían sido reconocidos por su inteligencia. Ellos asumieron que su fracaso era la evidencia de que en realidad no eran tan intelgentes. "Con solo verlos uno podía observar la tensión. Estaban sudando y pasándola muy mal".

Habiendo inducido el fracaso de manera artificial, las investigadoras de la Dra. Dweck, les dieron a todos los alumnos con los que habían trabajado una ronda final de pruebas que fueron diseñadas para ser tan fáciles como las de la primera ocasión. Aquellos que habían sido reconocidos por su esfuerzo mejoraron de manera importante respecto a su primera calificación (alrededor de un 30%). Los niños a quienes se les dijo que eran inteligentes tuvieron peores resultados que los obtenidos por ellos mismos en la primera ocasión (alrededor de un 20%).

Dweck sospechaba que el reconocimiento podía ser contraproducente, pero incluso ella se sorprendió de la magnitud del efecto y explica: "Enfatizar el esfuerzo les da a los niños una variable que ellos pueden controlar. Pueden verse a sí mismos en control de su éxito. Enfatizar la intelgencia natural le quita el control al niño, y no le proporciona una buena fórmula para responder ante el fracaso".

Po Bronson & Ashley Merryman, Nurture Shock

Discurso moralizador

Existen madres y padres de familia que exageran en su afán formativo y le recetan un discurso sobre la importancia del esfuerzo, la contancia y la buena conducta incluso cuando los niños están actuando justamente como deseas que lo hagan.

No exageres tu papel. Los niños y en especial los adolescentes, realmente se saturan muy rápido de estos largos discursos, además de que dudo mucho de su funcionalidad.

Si mejoró su calificación, felicítalo de manera breve, sincera, cálida, oportuna y específica y no le cuentes que todos en la familia siempre han sido los "primeros en su clase" y que "lo que importa no es llegar sino mantenerse en la cima". Fue suficiente con el

"Déjalo, no se persiga tanto,
no lo persigas tanto;
déjalo jugar con lo que juega
cuando quiere jugar,
déjalo estar solo, haciendo nada;
déjalo juntar maderitas sin forma
en lugar de juntar corcholatas
que dan premios y que obligan
a consumir refrescos o galletitas.
Ese es el juego, déjalo.
Abandonar por un rato las riendas
de la conducción y la planificación
del bien…
dejar de hacerlos felices,
dejándolos que sean felices.
¿Es mucho pedir?"

—Jaime Barylko

reconocimiento breve y oportuno. ¡Ya! Es suficiente. Aprende a cerrar la boca a tiempo.

Si ayudó a su hermana y compartió con ella algo, sé breve, sincero, cálido, oportuno y específico, y no les des todo un discurso sobre la importancia de apoyarse como hermanas pues "serán compañeras toda la vida". No porque no sea cierta la importancia del hecho, sino porque el discurso es innecesario para fomentar dicha unión, ya lo están haciendo, reconócelo, disfrútalo y guarda silencio. Serás más eficaz así.

Advertencia de peligro

Cuando un niño recibe aprobación verbal como parte del trato cotidiano, no padece de "sed de aprobación". ¿Has observado alguna vez a un niño ansioso, "sediento" de reconocimiento? Esto ocurre porque no lo ha recibido y necesita una "sobredosis" o porque los padres han utilizado el reconocimiento como un condicionante de su cariño. Convierten el reconocimiento en una variante de premio: "Te quiero mucho porque eres un buen niño" o en una variante de castigo: "Si te portas así, ya no te voy a querer..." No finjas; lo vas a querer de todos modos. No le hagas sentir que tu amor está condicionado. Ámalo por ser y demuéstraselo... y cuando se porte de acuerdo con lo esperado, simplemente reconóceselo.

¿Y LOS REGALOS?

Si deseas regalarle algo a tu hijo, hazlo por el placer de hacerlo. No lo condiciones a su conducta. Evidentemente, si tu hijo está pasando por una racha de mala conducta, no le des el regalo en ese momento. Espera a que esa etapa haya pasado para que no vaya a percibir que le regalas cosas cuando se porta mal.

Disfruta el placer de dar sin condicionamientos. Si quieres y puedes regalarle algo, simplemente hazlo.

¿Y LOS REGALOS?

Aprende a regalar
si quieres y puedes
darle algo a tus hijos,
regálaselo sin condiciones...

Son regalos, no son premios.

Regala por el placer de regalar, por el placer
que te produce su cara de gusto cuando abre
la caja de su regalo, no por todas las
razones equivocadas:

⟶ Por culpa.

⟶ Para quitártelo de encima y que ya no
  te dé lata.

⟶ Para sustituir tu falta de atención.

⟶ Para competir socialmente con los niños
  de su escuela o vecindario.

⟶ Para que "valore" el esfuerzo.

⟶ Para recompensarlo y así "educarlo".

Los premios son para las mascotas, no para las personas.

Estoy seguro de que tú no aceptarías un regalo condicionado. Si tu pareja te regalara un reloj y te dijera "Siempre y cuando te portes bien…" lo mandarías muy lejos con su regalo. Si esto te parece tan evidente y claro entre adultos, ¿por qué crees que no herirás la sensibilidad de un niño con este tipo de estímulos?

El reconocimiento afectivo se traduce en abrazos, besos o caricias. A veces es suficiente con un gesto afectuoso o una señal de aprobación.

Excluye los premios de tu sistema disciplinario. Los regalos son libres, son espontáneos… no los devalúes.

Requisitos para regalar bien

Para que un regalo a tus hijos realmente sea un acto constructivo te sugiero que antes de adquirirlo y darlo, te respondas honestamente las siguientes preguntas:

1. *¿Es correcto y seguro dárselo?*

   Cuestiónate si está en edad de tener lo que le pretendes regalar, por ejemplo un teléfono celular, una muñeca más para su colección de 148 muñecas, un automóvil para el adolescente. Los criterios para definir lo correcto o no de un regalo son la edad, el impacto en su vida, su seguridad, no la opinión de otros o la moda que te hace pensar que todo el mundo lo tiene.

2. *¿Es oportuno dárselo?*

   Pregúntate si es el mejor momento para regalarle algo; se acaba de comportar fatal y tú tenías el regalo preparado, ¿no tendrías que posponer su entrega para evitar un refuerzo de la conducta negativa? El criterio de oportunidad es si el momento presente o cuando lo tienes planeado entregar, es buen momento o no. Puede ser que tengas que posponer por tiempo breve la entrega.

Evita convertir el reconocimiento en premio sorpresa

Un premio sorpresa (el cual hay que evitar) es aquel que tú le das cada vez que hace algo deseable, con la diferencia de que no lo anticipas, pero se vuelve costumbre.

Por ejemplo; pasó de año con muy buen promedio y le das un regalo. Al año siguiente, sin que se lo anticipes, le das otro premio sorpresa por la misma razón. Se convierte en algo condicionado, con la diferencia de que no sabe qué le darás en cada ocasión, pero sabe que le darás algo "porque se lo ganó".

Por pasar de año, normalmente sólo debes darle un reconocimiento verbal y afectivo, nada más.

3. *¿Quieres dárselo?*

   El regalo debe ser libre de darse y recibirse. Sinceramente, ¿quieres dárselo?, ¿no estarás pensando en darle algo porque todos sus amigos lo tienen y te sientes presionada o presionado a no quedarte atrás? Piénsalo bien.

4. *¿Te lo puedes permitir?*

   Si tienes que endeudarte, pagar a plazos y sufrir para pagarlos posteriormente, entonces no puedes permitírtelo económicamente hablando. No lo hagas aunque sea por ahora. Si te alcanza y no te meterá en problemas el pagarlo, entonces adelante; si no es así, no te sientas obligado a tener que dar algo que no puedes pagar y tus hijos deben aprender a ajustarse a tu realidad económica. Ahorra, invierte, si deseas dar algo, pero no te endeudes para que tus hijos tengan lo que no puedes darles, al menos por ahora. De otra forma estarás muy ansiosa(o) por su reacción, uso o abuso de lo que les regales.

5. *¿Lo estás condicionando?*

   Si vas a estar molestando con que debe actuar de cierta manera en caso de darle algo, va a ser una pesadilla tanto para tu hija o hijo, como para ti. Sólo detonarás ansiedad y acabarán en pleito y violencia. Los regalos no son premios. Los premios son para las mascotas, no para las personas.

Si tu respuesta es negativa a cualquiera de las preguntas anteriores, entonces no le regales a tus hijas o hijos lo que sea que tienes en mente darles. Espera otro momento, otra circunstancia, o definitivamente elimínalo de tu lista de pendientes.

LA APARENTE EXCEPCIÓN

Considero que hay una excepción dentro de esta postura de eliminación de premios, que aplica cuando el niño o joven realiza algo excepcional, más allá de lo que se espera de él.

Tabla comparativa

PREMIOS	RECONOCIMIENTOS
• **Condicionan** para que algo se haga o deje de hacerse.	• Validan lo hecho o lo que se dejó de hacer sin haberlo condicionado.
• Se basan en la obtención de un objeto o privilegio.	• Se basan en la satisfacción de realizar una acción correcta desde la perspectiva de los valores a fomentar.
• Si no se obtiene, no se repite la conducta mostrada, "pues no fue pagada".	• Al ser una experiencia íntimamente satisfactoria, hay más posibilidades de que repetirse.

Recuerda que toda conducta que esté dentro de lo aceptable, dentro de lo que se espera de él, debe ser simplemente reconocida verbalmente, sin embargo en esta ocasión estoy hablando de algo extraordinario:
- Obtuvo uno de los mejores promedios de la escuela, no obstante haber estado enferma un buen tiempo.
- Le regaló su beca a un compañero que la necesitaba más que él.

Cuando la buena conducta de un hijo **sobrepasa las expectativas y hace algo positivo para lo cual no se le condicionó**, entonces te recomiendo otorgarle un reconocimiento material, más no un premio. Son diferentes. No son lo mismo, aunque puedan confundirse o parecerse. A diferencia de todas las características de los premios ya mencionadas, los reconocimientos materiales tienen las siguientes características que los diferencian:
- Se otorgan después de realizada una determinada acción, sin que se haya condicionado o anticipado.
- Se otorgan sólo en **casos excepcionales**, no por haber actuado de acuerdo con lo esperado.
- Se enfatiza lo excepcional de la situación, reforzando la propia conducta, no el premio.

El reconocimiento debe mencionarse como tal: "Es algo que quiero darte por lo que hiciste; aunque sé que lo hiciste porque tú querías hacerlo, es mi forma de darte las gracias o reconocer especialmente lo importante que fue."

> **El reconocimiento material es excepcional y único. Lo cotidiano es el reconocimiento verbal y afectivo.**

Pensar en términos de ser premiados o castigados por algún agente externo a nosotros, elimina la responsabilidad y nos incorpora al pensamiento mágico y a la culpabilidad. **La culpa genera remordimiento;** no obstante, se sigue actuando destructivamente, **a diferencia de la responsabilidad, la cual genera respuestas constructivas de cambio para modificar la conducta destructiva.**

"El castigo sólo puede conducir
a sentimientos de odio, venganza,
desafío, culpabilidad,
desmerecimiento y autocompasión.
Un niño debería experimentar
las consecuencias de su mala
conducta, no un castigo.

El problema con el castigo
es que no da resultado,
es una distracción que en lugar
de hacer que el niño
se arrepienta de lo que hizo
y piense en la forma
de enmendarse, se preocupa
con fantasías de venganza."

—Dr. Haim Ginott

Si quieres fomentar la responsabilidad y la autocorrección de la conducta en tus hijos, debes afrontar el hecho de que la mayoría de las cosas que te suceden en la vida, buenas o malas, son consecuencia de lo que has hecho o de lo que has dejado de hacer.

Si un joven al que se le presta el auto, demuestra que no está preparado para conducir responsablemente, pues te enteras que bebió mientras manejaba a exceso de velocidad, entonces no es un castigo no prestarle el automóvil, **es una consecuencia de sus propios actos.** Si tu hija reprueba, es porque no estudió, no porque el maestro la castigó, reprobándola.

Cuando tú castigas a tu hijo, por lo general le quitas un privilegio o recibe un golpe. Tu intención es que deje de comportarse como lo hace o que haga algo que no hace, pero en realidad, el castigo propicia la irresponsabilidad.

Por ejemplo: Miguel Alfonso le pega a su hermano y tú lo castigas prohibiéndole jugar con sus videojuegos. Miguel Alfonso no aprende a arreglar los conflictos con su hermano, sólo genera fantasías de venganza contra él por la prohibición y el coraje que tiene debido a ello. Además, el pleito con el hermano y la prohibición de jugar con el video juego son cosas que no tienen relación alguna entre sí.

Constituyen una vinculación artificial de aparente causa y efecto: "Si le pegas a tu hermano no hay videojuego – si no le pegas hay videojuego". Insisto, ¿qué tiene que ver una cosa con otra? Nada. Tal vez los castigas por tu desesperación de no saber qué hacer para que no se peleen.

Entonces, ¿qué hay que hacer? Intervenir si hay golpes, impedirlos, aplicar los pasos explicados en el tema "Hay pleitos en el hogar" del Catálogo de culpas y tratar de arreglar el pleito con el hermano a través del diálogo con él, no prohibiéndole jugar videojuegos.

La responsabilidad de los propios actos y sus consecuencias es uno de los factores que considero determinan la salud mental de una persona. Cuando alguien no reconoce que sus decisiones lo lle-

Intenta educar con un hecho real en la vida:

"En la naturaleza
no hay premios
ni castigos,
sólo hay consecuencias."

—Robert Green Ingersoll

varon a su situación actual, tiende a culpar a otros de sus circunstancias. Puede ser aterrador darse cuenta del poder que ejerce cada quien sobre su propia vida, pero yo no veo otra ruta para vivir una vida que valga la pena de ser vivida, un estilo que dignifique la vida misma. Asumir la responsabilidad es difícil pero provoca cambios constructivos; culpar a otros es más fácil, pero no produce cambios, sólo autojustifica los errores.

5.2 • *No grites, no pegues y no castigues*

Gritar y pegar como parte del trato cotidiano ante situaciones inaceptables, hacen que el niño se acostumbre y se vuelva una especie de cínico calculador del riesgo y siga conduciéndose inaceptablemente, o te tema y elabore fantasías de venganza debido a humillaciones, maltratos públicos y privados.

"Mi mamá grita y/o pega por todo… está loca" no es un pensamiento muy edificante y, sin embargo, muchos niños lo tienen, y es que hay padres que gritan y pegan porque el niño no se viste rápidamente antes de ir a la

> **Hay otras posibilidades para resolver los problemas sin tener que ejercer un castigo.**

escuela, que gritan y pegan porque la niña no se lavó bien la cara, que gritan y pegan porque se le olvidó algún cuaderno, que gritan y pegan porque no comió bien, que gritan y pegan porque en el supermercado están tocando todo, etc.

Estoy hablando de conductas cotidianas, nada trascendente; lo de todos los días.

Esto no amerita ni siquiera un análisis detenido, ni requiere mayor estudio ya que el problema no radica en la conducta del niño; él se está comportando como tal y haciendo lo que haría cualquier niño.

Tabla comparativa

CASTIGOS	CONSECUENCIAS
• Aprendizaje evitativo (doble moral) y resentimiento debido al **dolor** experimentado.	• Aprendizaje a través de un proceso de **reconocimiento – reparación – resarcimiento – reflexión.**
• **Desvinculación** con la persona o área afectada.	• **Vinculación** con la persona o área afectada.
• **Desproporción** de respuesta respecto a la importancia de la falta (por exageración o minimización).	• Principio de **proporcionalidad** respecto a la importancia de la falta.
• **Inoportuno**. En ocasiones ocurre mucho después de la conducta inaceptable o incluso es retroactivo.	• **Oportunidad**. Se aplican de manera que la situación esté fresca para quien cometió la falta.
• **Fantasioso**. Se cree que se producirá una reflexión moral que cambie la conducta. Puede generar **habituación** al castigo.	• **Seguimiento y supervisión** para verificar que la conducta deseada ocurra.

Trata de recordar tus propios sentimientos cuando tus padres te castigaban siendo menor. ¿Por qué tus hijos van a sentir diferente ante castigos o actitudes similares?

Debes hacer el esfuerzo de utilizar tu imaginación y creatividad para encontrar alternativas al castigo; no te quedes anclado(a) al esquema mental de que sólo a través del dolor es posible lograr el aprendizaje.

De hecho, dicho esquema mental (dolor = aprendizaje) es en gran medida el causante de graves errores y, paradójicamente, de la repetición de dichos errores, pues se activa un mecanismo de autodefensa para estar en lo correcto, a pesar de las consecuencias de nuestros actos.

El castigo sólo tiene una efectividad pasajera que no debe confundirte, pues no corrige permanentemente la conducta que pretende evitar, sino que le enseña al castigado a evadir el castigo, no a corregir la conducta inaceptable; la cual se repetirá pero de manera encubierta para evadir el castigo asociado.

El castigo severo produce emociones intensas que pueden ser contraproducentes: ira, resentimiento, culpa, vergüenza, sensación de pecado, ansiedad, miedo e incluso enfermedades psicosomáticas (cuando no se da puerta de salida como, por ejemplo, cuando se castiga a un niño porque llora y se le golpea para que deje de llorar), entre otras que pueden generar comportamientos con efectos peores que los que quisieron evitarse originalmente.

La búsqueda de evasión del castigo puede generalizarse al grado que quien recibe el castigo puede buscar escapar no sólo de dicho castigo, sino de la fuente de dolor: su madre, su padre, su escuela, su casa, su ambiente familiar, etc.

Uno de los grandes problemas del castigo es que, además de activar mecanismos vengativos, dispara mecanismos de autojustificación para ponerse uno mismo en lo correcto, a pesar de los evidentes errores de nuestra conducta. Es como acomodar todo en tu cabeza para estar bien contigo mismo.

"La educación violenta
para la no violencia
implica la habituación
al método, no a la intención
educativa, y eterniza así
la violencia que quiere evitar."

—**Friederich Hacker**

No grites, no pegues y no castigues es una frase que deberías tener siempre presente ante las conductas cotidianas de tus hijos.

¿Entonces qué hacer cuando se porten mal?, ¿cómo corregir sin castigar?

Para diferenciar las consecuencias de los castigos y no caer en inercias, es necesario distinguir con claridad los aspectos que convierten a una sanción en consecuencia y no en un castigo tradicional.

Las consecuencias

- *Implican un proceso*, es decir, no funcionan de inmediato, ni por decreto de los padres. Debemos darle tiempo a los niños o jóvenes para que realmente reconozcan, reparen, resarzan y entonces reflexionen.
- *Tienen una orientación restaurativa*, no punitiva. El dolor no es requisito para el aprendizaje, sino la acción de restauración (reparación y resarcimiento).
- *Establecen una vinculación* entre ofensor y las personas o áreas afectadas.
- *Buscan un principio de proporcionalidad*, es decir, no exageran ni minimizan la valoración de las faltas a corregirse, utilizándose un criterio de clasificación de faltas (leves–intermedias / graves–extraordinarias) para una aplicación de consecuencias proporcional a dicha clasificación.
- *Son aplicadas oportunamente.* No tiempo después, perdiendo el impacto que las ofensas tienen en las emociones del ofensor y del afectado.
- *Dan seguimiento y establecen una supervisión* para observar que la conducta deseada ocurra. No se basa en esperanzas fantasiosas de que la persona escarmiente o tenga procesos de iluminación moral.
- *Otorgan un cierre psicológico.* Una vez que la persona sancionada llega a la fase de reflexión (sin saltarse ninguna fase previa), se le

ESTRATEGIAS PARA APLICAR CONSECUENCIAS EFECTIVAS

1. Extinción

2. Desplazamiento

3. Refuerzo positivo

apoya para que haga un cierre emocional del asunto, fomentando su salud mental.

Sé que no es fácil modificar la forma de ver las cosas, pues estamos muy acostumbrados a los castigos, creyendo que con el dolor que producen se producirán cambios en la conducta. Aplicar consecuencias requiere una revisión más profunda de la situación y vincular muchos aspectos entre sí. Es cuestión de práctica. No te vayas por el camino fácil de sólo castigar, pues no tendrás avances reales en la disciplina que aplicas.

Hay diversas posibilidades para que cambies tus respuestas ante la conducta de tus hijos. Aquí te enlisto algunas de ellas.

Extinción

Significa ignorar el comportamiento que se desea eliminar. Un niño que grita baja el volumen de voz cuando no se le hace ningún caso mientras grite; la conducta agresiva queda atenuada cuando el que la padece se convence de que con ello no consigue nada. Tu atención es tu instrumento más poderoso para reforzar o extinguir la conducta de tus hijos. Si le prestas atención al niño cuando presenta comportamientos inaceptables (pegar, gritar, llorar, gimotear, insultar, interrumpir, etcétera) estarás reforzándolos porque obtiene tu atención.

Si no la obtiene cuando se conduce así, sino todo lo contrario, gradualmente se extinguirán dichas conductas porque se dará cuenta que no le funcionan para obtener lo que más desea, tu atención.

Cuando te propongo ignorar el comportamiento, no quiero decir que ante los gritos simplemente te voltees para otro lado y lo ignores, dejándolo gritando como loco. Puedes hacer algo similar a lo siguiente: la niña grita, tú le dices brevemente: "Si gritas no podemos comunicarnos" y entonces ahora sí te volteas para otro lado siguiendo con tus actividades hasta que baje el volumen de voz.

MÁS ALTERNATIVAS

1. Señalar una forma de ser útil.

2. Expresarle una enérgica desaprobación (sin atacar el carácter del niño)

3. Indicarle lo que esperas de él.

4. Demostrarle cómo cumplir en forma satisfactoria.

5. Ofrecerle una opción.

6. Emprender alguna acción.

7. Permitir que experimente las consecuencias de su mal comportamiento.

—Adele Faber y Elaine Mazlish
Cómo hablar para que los niños escuchen
y cómo escuchar para que los niños hablen

Desplazamiento

Significa mover la atención de los niños hacia actividades que puedan proporcionar un ambiente adecuado, evitando así entornos o circunstancias que detonan comportamientos inaceptables. Un ejemplo un tanto polémico pero eficaz: durante un desplazamiento prolongado en automóvil o en cualquier transporte, donde lo niños se aburren e irritan, generándose todo tipo de conductas inaceptables (pleitos, empujones, golpes, gritos, etcétera), te anticipas y desplazas la atención de los niños hacia un libro de colorear, luego hacia un material moldeable con el que pueden jugar, posteriormente hacia una película en un reproductor portátil. Eso logrará un viaje más llevadero para todos.

El desplazamiento puede tener otras aplicaciones a más largo plazo: si alguna o alguno de tus hijos tienen predisposición al movimiento físico intenso y a actividades que disparan adrenalina, inscríbelos en actividades deportivas competitivas y de alto rendimiento que les permita manifestar su intensidad en un entorno más controlado y productivo.

Refuerzo positivo

Significa reconocer y estimular al niño cada vez que se comporta como tú deseas que lo haga. Por ejemplo, felicitar al niño siempre que se lave las manos, lo cual es incompatible con tener las manos sucias. Reconoce brevemente lo que hace bien, en cada ocasión. Esto disminuirá conductas inaceptables que pueden requerir corrección continua.

Más alternativas

En su excelente y práctico libro *Cómo Hablar para que los niños escuchen y cómo escuchar para que los niños hablen*, **Adele Faber** y **Elaine Mazlish**, plantean alternativas prácticas para el castigo, por lo que voy a incluirlas aquí. Al ser alternativas tan prácticas, consideré oportuno incluir también los ejemplos de dicho libro. Los comentarios entre paréntesis sobre cada punto son míos:

1. *Señalarle una forma de ser útil.*

   Por ejemplo: si el niño está tocando todo en el supermercado, en lugar de amenazarlo, gritarle o pegarle, indícale una forma de ser útil: "Si quieres ayudar, escoge tres limones grandes".

   (Una de las claves de la disciplina inteligente es fomentar el sentido de colaboración. A la mayoría de los niños les encanta sentirse útiles y necesarios, integrantes de una comunidad, y la forma de hacerlo es alentando su contribución. Pídeles ayuda para hacer el súper, para pintar, para limpiar, para arreglar.)

2. *Expresarle una enérgica desaprobación (sin atacar el carácter del niño).*

   Por ejemplo: en el mismo caso del supermercado, en lugar de calificarlo así: "¡Estás actuando como un animal salvaje, esta noche no verás televisión!" o pegarle, exprésale una enérgica desaprobación (sin atacar su carácter): "¡No me gusta lo que estás haciendo! Es muy molesto que los niños corran por los pasillos".

   (Pocas cosas tan humillantes para una persona, como el ser invalidado y devaluado por medio de "etiquetas", como ya vimos con anterioridad.)

3. *Indicarle lo que esperas de él.*

   Por ejemplo: "Necesito que me ayudes poniendo la mesa y así podamos comer cuanto antes".

   (No supongas que tu hijo(a) supone que sabe lo que tú supones que esperas de él o ella en un determinado momento, mejor, en un tono de colaboración, sin gritos, ni pleitos, indícale claramente lo que esperas que haga. Todavía no hay cursos de telepatía.)

4. *Demostrarle cómo cumplir en forma satisfactoria.*

   Por ejemplo: "Lo que ahora necesito es que dobles la ropa **de esta forma**. Avísame cuando hayas acabado."

   (La imitación es el primer paso del aprendizaje. Resulta hasta divertido cuando no se utiliza la rudeza innecesaria.)

5. *Ofrecerle una opción.*

   Por ejemplo: en lugar de gritar "¡Si sigues corriendo te voy a pegar!", puedes ofrecerle una alternativa: "Nada de correr, caminas o te sientas en el carrito. Tú eliges".

   (La elección de una opción es un recurso generalmente eficaz. Que vea con claridad los efectos de sus decisiones.)

6. *Emprender alguna acción.*

   En la misma situación del supermercado, si el niño continúa corriendo, ignorando la opción anteriormente mencionada, en lugar de pegarle de nalgadas, conviene emprender una acción: lo tomas con firmeza, lo subes al carrito y le dices algo así: "Veo que elegiste sentarte en el carrito", y lo sientas en él.

   (Algunos niños pueden hacer un berrinche espantoso en esta situación, otros simplemente se calmarán y el asunto se habrá resuelto. Lo que sí quedará claro es que no se te puede ignorar. Los berrinches merecen una mención especial, y es un aspecto que abordaré más adelante.)

7. *Permitir que experimente las consecuencias de su mal comportamiento.*

   Si el niño hizo un berrinche después de sentarlo en el carrito y tuviste que salir del supermercado, al día siguiente, sin discursos ni sermones, puedes dejarlo que experimente las consecuencias de su mal comportamiento no llevándolo contigo, aunque él te lo pida.

   (Tal vez pienses que el ejemplo es muy elemental, que es bueno pero incompleto para la gran variedad de circunstancias que ocurren cotidianamente. Te recomiendo que escribas un ejemplo de conducta inaceptable por parte de alguno de tus hijos y lo analices a la luz de estos siete pasos para que veas si pueden serte de utilidad.

Es un hecho que en lugar de castigos, tu hijo debe experimentar las consecuencias de su mal comportamiento; de otra forma, tu hijo

MANEJO DE BERRINCHES

I. NO hagas tú también un berrinche. Sé tú quien conserva la cordura a pesar de la falta de cordura temporal de tu hijo.

II. NO le grites (no compitas en volumen, tono e intensidad).

III. NO trates de razonar con él (por el momento no escucha, está bloqueado momentáneamente a todo intento de comunicación).

IV. NO le pegues (empeorará el berrinche).

V. NO lo remedes o te burles de él (se puede poner frenético).

VI. **Déjalo que acabe de hacer su berrinche, sólo intervén físicamente si intenta golpear a otros o destruir cosas que no le pertenecen. Si se golpea a sí mismo(a) deja que lo haga, hasta que comprenda que no le funciona lastimarse.**

VII. Si la situación es embarazosa o muy molesta para otras personas, puedes salir del lugar con el niño en brazos (no arrastrándolo, por favor), espera entonces a que acabe el berrinche.

VIII. Si se le va el aire, ten en mente que una persona puede permanecer sin respirar aproximadamente un minuto sin sufrir ningún daño, por lo que te conviene esperar a que se le pase, de lo contrario, habrá encontrado una forma de chantaje asustándote. Si se pone azulado o realmente mal, puedes ayudarlo a reaccionar echándole un poco de agua en la cara (una gotas) o con una nalgada.

IX. Una vez que la situación se calme, debes sostener con él una breve plática, tranquila pero firme, en la que le dejes claro que los berrinches no son el camino para lograr lo que desea.

Cuando un berrinche se desata como consecuencia de no haberle dado algo que deseaba, no cometas el error de concedérselo para evitar o acallar el berrinche, pues te convertirás en su esclavo(a) y harás de tu hijo un tirano.

puede aparentar que modifica su conducta para evadir el castigo, pero sin asumir la responsabilidad, escudándose en una doble moral, en la que frente a ti se comporta de cierta manera y a tus espaldas de otra. Algunos niños lo hacen y cuando son adolescentes, se convierten en verdaderos expertos de la simulación.)

5.3 • *Los berrinches*

De acuerdo con las alternativas para eludir el castigo, anteriormente mencionadas, es muy probable que en algún momento tu hijo pueda intentar una manipulación muy común para salirse con la suya: me refiero al *berrinche*. Éste, es una de las conductas que peor manejan la mayoría de los padres de familia. Estoy seguro de que puedes recordar con facilidad no uno sino varios ejemplos de niños haciendo berrinche y sus padres haciendo lo que no se debe hacer en dichas situaciones: pegando, gritando o cediendo para que ya no grite.

Varias veces me ha tocado presenciar a mamás haciendo peores berrinches que sus hijos, aunque en un estilo adulto, al cual se podrá llamar diferente pero en el fondo no es otra cosa que un berrinche más.

El primer problema es que puedes generar berrinches innecesarios (es una forma de decirlo, pues no hay berrinches necesarios) al ponerte tan terco(a) como tu hijo(a). Te pones terco y dices "No se va a salir con la suya", (deberías agregar "Yo soy el que se va a salir con la mía"). Hay ocasiones en que realmente exiges cosas absurdas y ello dispara el berrinche de ambos.

No generes berrinches utilizando rudeza innecesaria o negando cosas que puedes permitirles a tus hijos sin mayor problema.

Berrinches en los restaurantes, en los supermercados, en los parques, a veces provocados por el mismo enganche emocional de los padres con nimiedades que no tienen realmente importancia y que conviene dejar pasar.

– ESCENA 1 –

"¡No te levantas de la mesa hasta que te hayas acabado las albóndigas!"
El niño llora y dice que ya no quiere...
"¡Si no te las acabas, te las voy a dar también de cenar!"
El niño llora más fuerte y se tira al suelo haciendo un escandaloso berrinche...

– ESCENA 2 –

"Mami, ¿me compras esa paleta?"
"No porque ya es hora de comer y si te la comes se te quitará el hambre."
El niño insiste, la mamá se niega y entonces el niño se tira al suelo frente a la caja del supermercado haciendo un escandaloso berrinche...
"¡Está bien, ya no grites!, ¡toma tu maldita paleta y trágatela toda, pero ya cállate!"
el niño suspende el berrinche y se come su paleta...

Alguien tiene que poner la muestra de cordura cuando una de las partes la perdió. ¿A quién crees que le corresponde?.

Esta encantadora escena hogareña (Escena 1) es un ejemplo adecuado para mostrar un berrinche innecesario, pues por principio de cuentas, obligar a comer al niño es un error, ya que el hambre es un aspecto temperamental que no puede controlarse con gritos, o es una cuestión de estructura y horario en la que simplemente hay que vigilar que no coma a deshoras, cuando de hecho la mamá se está enfrascando en un pleito innecesario y haciendo también un berrinche, sin llorar pero gritando e incluso pegando (berrinche al estilo adulto)

En la Escena 2, el error es ceder para que ya cese el berrinche. El niño lo utilizará indefinidamente para obtener lo que desea manipulando la situación gracias a la desesperación que provoca en su mamá. Está bien que quiera limitarle a su hijo el consumo de dulces antes de comer, sin embargo se puede negociar y establecer un acuerdo: "Te la compro, pero no te la comes entera ahorita, sólo una mordida y el resto después de comer, ¿eh?".

Sólo trato de ejemplificar una posible salida que pueda ser más productiva que la de la escena planteada. Soy consciente de la cantidad de variables que pueden suceder en una situación así, pero tú como padre o madre en dichas circunstancias puedes negociar si te comunicas clara y firmemente.

Si el niño hace berrinche a pesar de todo, entonces que simplemente lo haga, tú aplicas los pasos vi, vii y ix del "Manejo de berrinches" y que con su pan se lo coma. Trata de incrementar tu tolerancia y autocontrol.

Cuando un niño tiene una baja tolerancia a la frustración te pone a prueba constantemente, y entonces es cuando las recomendaciones ofrecidas aquí pueden funcionarte.

ESTUPIDEZ
Definición 2

Asignar la misma importancia a asuntos que tienen diferente importancia entre sí.

No distinguir importancias relativas.

DISCIPLINA ESTÚPIDA:

No distinguir la importancia relativa entre una falta y otra y aplicar medidas semejantes tanto a lo importante como a lo no importante.

Actuar con demasiada firmeza ante faltas sin importancia o actuar con poca firmeza ante faltas graves.

5.4 • *Definición #2 de estupidez*

Esta definición de estupidez se aplica justamente al tema disciplinario, ¿por qué? Porque en ocasiones abordas asuntos intrascendentes como si fueran muy importantes y aplicas una disciplina estúpida, es decir, tu estrategia no ayuda al niño o joven a distinguir entre lo importante y lo que no lo es; de ahí que aprenda tan sólo a capotearte para salirse con la suya, no a distinguir un valor importante que se ha puesto en riesgo.

A veces, una falta leve es considerada como muy grave debido a algún factor circunstancial como tu mal humor o tu dolor de cabeza. En otra ocasión, minimizas una falta grave y la dejas pasar. De esta manera, el niño no distingue la gravedad o la falta de gravedad de la falta; aprende a cuidarse de sus padres de acuerdo con su humor del momento, y eso no es educar en valores, es fingir que se educa, basados en el capricho o en el estado de ánimo del momento.

Muchos padres me preguntan ansiosamente por recetas sobre qué hacer en x o z casos que presentan sus hijos. Antes de preocuparte por qué hacer pensando en las consecuencias o sanciones a aplicar, la mejor respuesta es: **primero clasifica la gravedad de la falta de acuerdo con los valores prioritarios de tu hogar.**

Se vuelve indispensable tener un criterio para clasificar la gravedad de las faltas de manera predecible y no según el humor del día, con el fin de ser **congruentes** y, sobre todo, **consistentes** ante nuestros hijos.

Capítulo 6
Disciplina inteligente

DISCIPLINA INTELIGENTE

Significa:

Actuar reconociendo que cada conducta tiene importancia diferente y que, por ende, sus consecuencias también deben ser diferentes.

Capítulo 6
Disciplina inteligente

6.1 • *Clasificación de las faltas por su importancia*

Clasifica la gravedad de la falta de acuerdo con los valores prioritarios de tu hogar.

Si empiezas por clasificar correctamente las faltas, tendrás el cincuenta por ciento resuelto para saber cómo actuar ante las conductas inaceptables de tus hijos.

Las consecuencias que experimente el niño o joven en cuestión, deben ser proporcionales a la gravedad de la falta, en función de la evaluación de los valores establecidos como prioritarios en la familia. Empieza siguiendo estos cuatro pasos:

1. Primero **revisa qué conductas consideradas indispensables para vivir tu vida y educar a tus hijas e hijos.** Cotéjalas con las de tu pareja o con quienes compartes la responsabilidad de educarlos. En caso de no tener pareja, las puedes cotejar con las personas con las que el niño convive cotidianamente (abuelos, tíos).
2. Luego debes **acordar qué conductas serán las prioritarias en tu hogar**, a fin de contar con un punto de partida que te sirva de

CLASIFICACIÓN DE FALTAS

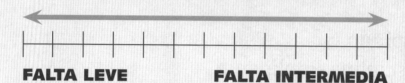

FALTA LEVE   **FALTA INTERMEDIA**

¿Qué es una falta leve?

Una conducta que viola un valor que no representa una gran prioridad para la familia. Una falta que requiere corrección pero que no tiene mayores consecuencias.

¿Qué es una falta intermedia?

Una falta leve que se repite frecuentemente y que no se ha podido corregir a pesar de haberlo intentado con anterioridad. Una conducta que viola un valor que representa una prioridad importante para la familia.

referencia para evaluar las importancias relativas de las posibles faltas en la conducta de tus hijos.

3. Haz una **lista de las faltas más frecuentes que cometen tus hijos en general**, sin jerarquizar todavía, sólo enlistándolas.

4. A continuación hay que **ponerse de acuerdo sobre la importancia de cada una de las faltas enlistadas**, utilizando los criterios del esquema de abajo.

Observa que hay una flecha que vincula a las faltas leves con las intermedias, pues son las que cotidianamente ocurren, además de que pueden variar de clasificación de acuerdo con las circunstancias y los propios valores en cuestión.

Observa también que hay una línea divisoria gruesa para separar las faltas graves y extraordinarias, de las leves e intermedias.

¿Cómo asignar la importancia de una falta?

La asignación de la importancia de una falta entre las categorías leve o intermedia, debe negociarse en pareja o con los involucrados en la educación de los hijos. Nadie ajeno a tu entorno familiar tiene derecho a decirte qué falta debe clasificarse como leve y cuál otra se debe clasificar como intermedia, pues esto depende de tus propios valores prioritarios y de lo que puedas acordar en la intimidad, no de los valores de quien opina, siendo ésta una persona ajena a tu hogar.

Eso sí, te recomiendo no atacar los valores prioritarios de tu pareja, mejor negocia. Si hay discrepancia, cede en algunas cosas y presiona en otras que verdaderamente consideres fundamentales.

En esta etapa, puedes llevarte muchas sorpresas, para bien o para

La gran mayoría de las conductas
inaceptables de los hijos pueden
clasificarse entre **leves** e **intermedias**.

No debe clasificarse como grave
una falta que no lo es debido
al mal humor del momento o incluso
al hartazgo y cansancio de los padres.

Aunque estas faltas se titulen leves
o intermedias, no significa que
no se deba actuar para corregirlas,
lo que se busca es **dimensionar
adecuadamente sus consecuencias**
y no exagerar ante ellas,
así como tampoco minimizarlas.

mal; tal vez redescubras a tu pareja y te des cuenta de que, a pesar de posibles desacuerdos y desavenencias, comparten valores prioritarios que les permiten navegar juntos en un mar de diferencias; o tal vez descubras que en realidad no tienes pareja, tienes esposo(a), lo que no siempre es lo mismo. Esto ocurre cuando observas que realmente no compartes ni lo fundamental, es más, que hasta pueden llegar a ser antagónicos entre sí con respecto a sus prioridades.

Principio de Vidal

El nivel de irritación que te produzca la falta de tu hijo(a), no debe determinar su gravedad o importancia.

En tono de broma te expreso lo anterior en términos de un *Principio*, lo que no es broma es su contenido. Tu estado de ánimo o tus emociones no son un criterio confiable para clasificar las faltas de tus hijos.

Principio inverso de Vidal

Si una falta no te irrita o no te molesta, no significa necesariamente que no sea grave o importante.

Ni tu mal humor, ni tu buen humor son criterios válidos para clasificar las faltas de tus hijos. El criterio válido es la trascendencia, el efecto real de las acciones cometidas.

Como comprenderás, una falta del tipo no recoger sus juguetes, derramar diariamente la leche sobre su uniforme escolar justo antes de salir para la escuela, pelearse con el hermano, no irse a dormir, molestar a su hermana, no bañarse, decir groserías, etcétera, pueden

Aquellas conductas que producen
un **daño grave** a sí mismo(a)
o a otros(as) personas o seres.

Atentados severos contra
los valores primarios.

Si un niño o joven presenta conductas
que son faltas graves de manera recurrente,
o un comportamiento antisocial,
requerirá tratamiento especializado.

a lo mucho llegar a ser faltas intermedias, pero nunca serán graves.

Estoy de acuerdo contigo, pueden llegar a ser desesperantes, desquiciantes, que te den ganas de estrangularlo, que te produzcan la pérdida del cabello, pero nunca serán graves. Y es muy riesgoso clasificar una conducta como grave por el hecho de que ya estás harto(a). El hartazgo no es un criterio válido para calificar como grave el que tu hijo haya sido grosero con la vecina. Por supuesto que el insulto está mal y debe ser corregido, debe haber una consecuencia (ya elegirás cuál) pero no debes considerarla dentro de la categoría de grave.

Cuando hablo de faltas graves me refiero a que perjudican severamente o tienen un potencial de daño severo real, no sólo que ya estás cansada y explotas por hartazgo. Lo que te propongo es que ya no juzgues como graves conductas que aunque sean desgastantes, no sean severas en sus consecuencias reales o potenciales.

Es muy fácil confundir el hartazgo personal hacia cierta conducta reiterada que presentan los niños con los verdaderos riesgos que tienen dichas conductas.

Las **faltas graves** son aquellas que realmente tienen trascendencia negativa contra alguien más o para sí mismo. Insultos a un maestro, golpizas, robos, acoso escolar, vandalismo, conductas peligrosas, conductas sexuales ofensivas o agresivas, entre muchas otras posibles son las que se colocan en este costal.

Ten cuidado de no confundir estos costales pues aunque tu hija o hijo pueden llegar a ser desquiciantes, no necesariamente estarán cometiendo faltas graves.

Para clasificar una conducta como **falta extraordinaria** debe de ponerse en riesgo la vida misma o la libertad por la comisión de un delito. Perder la vida o la libertad son atentados contra principios superiores a los valores que derivan en consecuencias realmente nocivas para sí mismo y la sociedad, por lo que también es importante que no creas que estás frente a una falta extraordinaria cuando tu hija reprobó un año escolar o la encontraste besándose con el novio.

Aquellas conductas que pongan
en **peligro real** la vida, la salud o
la libertad propia o de otras personas
o seres. Es decir que atentan no sólo
los valores, sino que van más allá
y afectan principios
o derechos fundamentales

Toda conducta que sea considerada delito.

El criterio a considerar para clasificar como extraordinaria una falta es: **riesgo de perder la vida, la salud o la libertad.**

Ante estas faltas deberás actuar con firmeza, sin duda alguna, equilibrada con la benevolencia que seguramente las autoridades oficiales no tendrán ante la comisión de un delito, así que no te tiemble la mano para ejercer la firmeza necesaria y no que sea la policía quien se haga cargo de dicha falta, pues ellos no tendrán la benevolencia que sólo los padres puedan darle a un hijo.

Evidentemente, tu firmeza será ejercida en relación con su edad y circunstancia, pero debe ser ejercida sin duda alguna.

Para que no te quede la menor duda sobre lo que pueden ser faltas extraordinarias, te ofrezco algunos ejemplos:

- El pequeñito se suelta de tu mano y se atraviesa la calle.
- La niña se columpia en el barandal desde el tercer piso del centro comercial.
- La joven conduce el automóvil en estado de ebriedad.
- El joven "juega" sexualmente en el baño con la prima de 5 años de edad.
- El niño le clava el lápiz en la mejilla a su compañero de clase.
- El niño roba de una tienda un juego que no le quisieron comprar sus padres.

¿Estoy siendo claro? Extraordinario es extraordinario en función de la vida y/o la libertad. No son tonterías hartantes o desesperantes, las cuales deben ser corregidas, pero nunca desde la misma perspectiva que las graves.

Cuando son leves o intermedias y tú pegas, gritas y castigas, estarás haciendo lo que un autor llamó "Matar cucarachas a balazos"; es decir, utilizando una fuerza excesiva para resolver algo que no requiere tanta. A veces se trata tan solo de un error, ni siquiera de una falta.

Si tú pegas, gritas y castigas cotidianamente, ¿qué recurso te quedará cuando realmente haga algo grave o extraordinario?, ¿lo azotarás?,

Si la constante son los gritos,
los insultos o los golpes,
cuando quieras impactar
por algo realmente grave
ya no tendrás impacto,
ya se habrá acostumbrado
a tus gritos; es más, hasta
podrá calcular los riesgos
y actuar cínicamente
sabiendo lo que le espera.

¿lo crucificarás? Estás usando un arma de grueso calibre cuando no es necesario y perderás el impacto requerido para ayudar realmente a tu hijo a dimensionar la situación cuando haga algo de verdad nocivo y peligroso.

Me relataron el caso de una niña que en una ocasión le dio a su madre la chancla con la que acostumbraba pegarle y le dijo "Pégame de una vez porque no pienso sentarme a hacer la tarea todavía". Esto puede sonar cómico, pero en el fondo revela una estrategia fallida que no educa, sólo produce conductas cínicas o hipócritas.

Por el contrario, si no pegas, gritas, insultas, ni castigas y sólo aplicas consecuencias proporcionales a la importancia de las faltas, el día que cometa una falta grave podrás, por contraste, hacerle sentir con claridad que realmente lo que hizo estuvo muy mal. Realmente mal. ¿Se le puede

> **Actúa de acuerdo con la conducta específica que tu hijo presenta cada vez. En cada ocasión clasifica la falta.**

pegar o gritar ante una falta grave o extraordinaria? Elimina la opción de los golpes, incluso en situaciones extremas. Los gritos ante una situación impactante y sorpresiva, son prácticamente imposibles de evitar. Sin embargo, sujetar con firmeza, apartar físicamente, impedir que siga actuando de una manera violenta, definitivamente son buenas opciones, sin que tú misma(o) actúes violentamente. Se trata de contener, de impedir que la violencia continúe o incluso se incremente. Pero sólo en el caso de una falta grave o extraordinaria, no por cualquier tipo de falta, ya que lo que intentas es que haya un claro contraste entre tu trato cotidiano y tu conducta ante situaciones extremas. Que distinga la diferencia.

Será un gran avance el que puedas dimensionar la verdadera importancia de las conductas inaceptables de tus hijos y que puedas entonces tener claridad sobre lo que debes y lo que no debes hacer.

Si tu hijo(a) comete una FALTA LEVE, puedes:

- **Llamar la atención** de manera firme. Usa un tono firme, no cariñoso. No lo etiquetes, sólo indícale lo malo de la conducta en cuestión.

- **Manifestar tus sentimientos** por su conducta y decirle que no deseas comunicarte con él mientras actúe de esa manera.

- Si es necesario y está incomodando o interrumpiendo la convivencia familiar, **haz que salga del lugar** hasta que decida cambiar su comportamiento.

- **Señalar una forma de ser útil** para obtener su cooperación.

- **Describir la consecuencia inmediata y negativa de su conducta**, sin sermonear.

- **Decir con una sola palabra** lo que necesitas que haga o deje de hacer.

- **Escribir una nota breve** que exprese lo que necesitas que haga o cómo debe cambiar su conducta.

    Es un menú de opciones, no llevan secuencia alguna y por lo general sólo será necesario usar una de ellas.

Insisto, distinguir las importancias relativas de las faltas es el 50% de la respuesta a qué hacer frente a la conducta inaceptable de tus hijos.

6.2 • *Consecuencias proporcionales en lugar de castigos*

> *"La violencia es simple;*
> *las alternativas a la violencia son complejas."*
> **Friederich Hacker**

Recuerda que la clave es **actuar proporcionalmente a la clasificación de cada falta cometida**. Esto es algo que tendrás que decidir en cada ocasión. No hay reglas o recetas aplicables a todos los casos.

FALTAS LEVES

Si tu hijo(a) comete una **falta leve**, puedes probar con alguna de las acciones siguientes:

✓ **Llamar la atención de manera firme**
Acuérdate de equilibrar la firmeza con la benevolencia como lo vimos en el subcapítulo dedicado al tema. Además, es especialmente importante no transmitir mensajes contradictorios entre el significado de las palabras que usas para indicar tu desacuerdo con su conducta y la entonación para decírselo. Si tú le dices: "¡No juegues con el toma corriente!" Y luego agregas con cariño "mi amor", estás transmitiendo dos mensajes contradictorios. Cuando llames la atención, sé firme, directo(a), sin concesiones. Esto no significa que lo insultes, le grites o lo humilles; corrige sin lastimar a la persona, no seas grosero(a) con tus hijos.

✓ **Manifestar tus sentimientos por su conducta**

Algunos de los ejemplos a este respecto, que aparecen en el libro de **Adele Faber** y **Elaine Mazlish** anteriormente mencionado, son: el niño está tironeándote de la manga para decirte algo; en lugar de gritarle algo como: "¡Ya basta, eres de lo más molesto!" (etiquetado y rudeza innecesaria) puedes manifestarle en un tono moderado tus sentimientos: "No me gusta que me jalen de la manga".

Otro buen ejemplo es el de un joven que interrumpe lo que su madre le está diciendo y ésta, en lugar de gritarle "¡Estoy harta de que siempre me interrumpas, eres un grosero!" ("etiquetado" y explosión desmedida) le manifiesta sus sentimientos: "Me siento muy mal cuando empiezo a decir algo y no me dejas terminar".

Ponte seria(o) cuando le digas que hasta que no cambie su actitud o conducta no deseas comunicarte como siempre o como si nada estuviera ocurriendo. El mensaje no debe ser de chantaje o aplicarle la ley del hielo, sino de "tómalo en serio porque yo así lo estoy tomando".

✓ **Hacer que salga del lugar hasta que decida cambiar su comportamiento**

Esta es una opción que puedes seguir cuando alguno de tus hijos está cometiendo una falta leve pero que es molesta para los demás o impide la convivencia armónica. Se está pasando de la raya; está en la frontera, a punto de convertirse en falta intermedia. Simplemente haz que salga del lugar y dile que puede volver cuando esté dispuesto a cambiar su conducta y pueda estar conviviendo en buenos términos con los demás. Si persiste, puedes sacarlo físicamente del lugar. Si te hace un berrinche, manéjalo de acuerdo con lo sugerido anteriormente al respecto. Que le quede claro que la consecuencia de su conducta poco sociable será no poder permanecer donde los demás están conviviendo, así como que la consecuencia de una conducta respetuosa con los demás, será la convivencia armónica.

✓ **Señalar una forma de ser útil para obtener su cooperación**

Cualquier ser humano disfruta siendo útil y contribuyendo con la gente que ama. Cuando son adolescentes esto puede ser más difícil, pero no debes cejar en tu empeño por lograr que sean jóvenes colaboradores, aunque hay que aclararles la forma específica en que pueden ser útiles; no les digas sólo que cooperen sin mencionar cómo hacerlo.

En lugar de decir algo como "¡Haz algo, ayúdame, yo sola no puedo con todo!", puedes optar por indicar con precisión "Me ayudarías mucho si pones la mesa, por favor". En lugar de decir "¡Estáte quieto ya!", puedes decirle "Por favor escoge los mejores limones que encuentres y nos vamos pronto a la casa". En lugar de "¡Ya dejen de patearse y veamos la película en paz!", puedes decirles "Marcela, trae los refrescos y tú, Raúl, prepara las palomitas para ver la película a gusto".

✓ **Describir la consecuencia inmediata y negativa de su conducta**

Esta es una opción que debes ejecutar con mucha sencillez. No la compliques con sermones o explicaciones excesivas. Simplemente describe, no interpretes de más. Algunos ejemplos: si el niño está distraído jugando mientras se calienta el agua para bañarse, y ya está desperdiciándola, en lugar de gritarle "¡Eres un irresponsable!" Abres las llaves y no te importa nada más que jugar. ¡¿Quieres que nos inundemos?!" (etiquetado, reacción excesiva, acusación innecesaria) puedes optar por simple y únicamente describir lo que ves sin sermonar: "Raúl, el agua ya está caliente y vas a acabar bañándote con agua fría".

Otro excelente ejemplo es el de una joven hablando por teléfono demasiado tiempo (¿te suena familiar?) y en lugar de gritar algo como "¡Otra vez colgada de la línea!, ¡si no aprendes a usar el teléfono, le voy a poner un candado!", puedes simple y únicamente describir: "Llevas hablando 20 minutos y necesito usar el teléfono ya, además de que no pueden entrar otras llamadas". Cuando describes el punto, sin gritos ni regaños, se les brinda a los niños o jóvenes una oportunidad para decirse a sí mismos lo que deben hacer. Comprendo que pueda serte difícil cambiar a este estilo, pero vale la pena intentarlo.

✓ **Decir con una sola palabra lo que necesitas que haga o deje de hacer**
Esta es la opción más simple y poderosa que hay. Tal vez, su poder radique precisamente en su simplicidad. Se trata de que digas con una sola palabra lo que necesitas que se haga o se deje de hacer.

En lugar de regañar odiosamente: "¡Ya les he dicho cientos de veces que se pongan la piyama y nada más se hacen los graciosos! ¡ya estoy cansada de que no me hagan caso!, ¡se quedan sin ver TV!", y así hasta la náusea ¿podrás decirlo con una sola palabra?: "¡Niños, las piyamas!". Inténtalo, descansarás tú y descansarán ellos.

En lugar de "¡Mira nada más! Ya te vas y se te olvida tu lunch. ¿Qué harías sin mí para recordarte las cosas. No te olvides de la cabeza porque la traes pegada." etc., mejor dilo con una sola palabra: "Mariana: ¡tu lunch!" se lo das y punto.

✓ **Escribir una breve nota que exprese lo que necesitas**
En ocasiones, el lenguaje escrito es más efectivo que el verbal, sobre todo cuando se ha desgastado la relación por tanta insistencia en alguna conducta y el deseo de que la corrija. Entonces es conveniente recurrir a una nota escrita: *Shhh, mamá y papá están dormidos* pegada en tu puerta, con letra grande un domingo por la mañana, puede ser una buena alternativa. Una nota pegada en el espejo del lavabo frente al cual se peina tu hija, que diga *¡Auxilio!, los cabellos me ahogan y luego vomito. Atentamente, tu lavabo* puede funcionar mucho mejor que los gritos y repeticiones constantes para que cambie su conducta. Además, el sentido del humor es un buen recurso para aligerar las incomodidades de la convivencia cotidiana con otras personas, no sólo con los hijos.

✓ Que pida una disculpa

Tal vez deberías empezar por esta opción, aunque es una recomendación tan común que se corre el riesgo de banalizarse, es decir, que los niños se disculpen sólo para que tú escuches lo que consideran deseas oír, sin sentir la disculpa o realmente asumir responsabilidad por el lo hecho.

Sin embargo, no permitas que la pasen por alto. Haz que den la cara y se disculpen cuando hacen algún daño o simplemente fueron groseros o irrespetuosos.

Recuerdo a un niño que le faltó el respeto a su nana hablándole de manera brusca, su papá le dijo que se disculpara, pues no tenía derecho a tratarla de esa manera. El niño se negó tajantemente. Entonces no le quedó a su papá más que indicarle a la nana que el niño perdía el privilegio de ser atendido por ella indefinidamente y en cualquier aspecto hasta que él pidiera una disculpa verdadera. La terquedad del niño se prolongó durante más de 24 horas, sin embargo, con una supervisión estrecha (para que la nana no lo atendiera, pues a pesar de todo ella deseaba cuidar a su niño y los padres se lo impidieron) se logró que el niño dijera que lo sentía y que iba a hablarle bien.

Aunque pueda parecer un comportamiento de conveniencia, es mejor que la impunidad de ofender y que las cosas siguen como si no hubiera hecho nada malo. Que experimente las consecuencias de no contar con un privilegio que el niño da por hecho, sin valorarlo.

✓ Aplicar una pausa

Esta estrategia ha recibido diversos nombres y se aplica con muchas indicaciones: "Tiempo fuera", "La silla de pensar", "Vete a tu cuarto a pensar en lo que hiciste", "No puedes estar aquí mientras sigas gritando así", entre otras; en realidad son pausas que conviene establecer para recuperar el control por parte de todos los involucrados en la situación tensa.

La aplicación de la pausa puede ser dirigida por ti. Si tu hija está perdiendo el control en un restaurante, por ejemplo, sales con ella del lugar y la colocas en un lugar separado (en la calle, en una zona de un jardín) y espera junto a ella a que se calme. Tú guardas silencio y esperas, no gritas también, guardas silencio. Si acaso haz un comentario aislado y breve en algún momento oportuno para decir un mensaje como: "Cuando te calmes y estés lista para volver a la mesa, me avisas", "Cuando te controles, podrás volver a jugar" o algo así aplicable al caso.

La pausa también te servirá a ti y verás que poco a poco, tu hija reduce los tiempos que requiere para auto-controlarse y recuperar la compostura que le permita socializar adecuadamente.

✓ Enfócate en las conductas principales, no las secundarias

Ignora cualquier conducta adicional a la que te importa (ojos mirando hacia el cielo, suspiros, caras desagradables). Si ya arregló sus cosas, llevó los platos a la cocina, le cedió el lugar a una persona mayor, etc., eso es lo que importa, el resto de las gesticulaciones o actitudes desagradables, ignóralas. Enfócate. No gastes tu pólvora en tonterías intrascendentes. Tú mismo estarás alimentando con tu atención y energía a actitudes que no importan realmente.

✓ Ante una prohibición de tu parte, frente a lo que diga para provocarte, sólo menciona: *Puede ser, pero...*

Si tu hija o hijo te dicen cosas con tintes dramáticos, tales como: "¡Soy la única que no va a ir a la fiesta!, ¡no te lo voy a perdonar nunca!, ¡Estas echando a perder mi vida!, "Yo no pedí nacer", etcétera, etcétera, tú responde brevemente: "Puede ser, pero... no vas a ir a una fiesta en la que no habrá supervisión de adultos." O lo que aplique según el caso. No discutas ni argumentes más. Algunos ejemplos más:

- "¡Te odio!"; "Puede ser, pero yo no y tienes que estudiar para tus exámenes".
- "¡Me voy a ir a vivir a casa de mi papá, él sí es buena onda... y su nueva novia, también!"; "Puede ser, pero mientras vivas aquí, hay un horario para acostarse y dormir. Vete a la cama".

Esto a pesar del coraje que puedas tener con su hiriente comentario. Grita más tarde con la almohada en la boca, pero con tu hijo solamente aplicas: "Puede ser, pero..."

✓ Regla de la abuela: "Cuando... entonces..."

"**Cuando** acabes tu tarea, **entonces** podrás jugar un rato un videojuego." Aunque en apariencia estás usando el juego como un condicionamiento al estilo de los premios que previamente critiqué, en realidad estás estableciendo un horario y una estructura de secuencia de actividades, que le servirá a ordenar su rutina y le fomentará hábitos positivos.

✓ Elige: X o Y

Hay cosas que no se deben negociar, a lo más darle un poco de decisión, pero en el marco general, tú decides.

Por ejemplo, "Te vas a tomar tu medicina, no hay de otra. Tú elige: ¿te la tomas de un trago así sola o te la pasas con jugo de uva?".
"Tienes que llevar algo con qué abrigarte pues saldremos a la calle de noche y hará frío. Tú elige: ¿llevas tu chamarra de Batman o la azul del Barça?"

Pon un límite a las negociaciones. No te canses innecesariamente. Ejerce de mamá o de papá. Ya basta de tanta discusión. Que aprenda a distinguir que hay aspectos en los que no le quedará de otra más que ajustarse a los lineamientos de adultos sensatos.

Como puedes ver, hay una buena cantidad de alternativas para influir en nuestros hijos e incrementar su conciencia sobre su propia conducta sin llegar al castigo.

Más opciones si tu hijo(a) comete una FALTA LEVE:

- **Que pida una disculpa.** Mientras no lo haga pierde el privilegio de hacer lo que estaba haciendo (jugar, comer, etcétera) y lo recupera hasta que se disculpe.

- **Aplicar una pausa.** Significa detenerse para enfriarse, tanto el hijo o la hija que está comportándose inaceptablemente como tú. Tú también debes darte un tiempo para enfriarte.

- **Enfócate en las conductas principales, no las secundarias.** Ignora cualquier conducta adicional a la que te importa que realice. No hagas caso a los gestos, sólo a la conducta deseada.

- **Ante una prohibición de tu parte, frente a lo que diga para provocarte, sólo menciona:** *puede ser, pero... (no vas a esa fiesta sin adultos presentes. No puedes estar conectado a internet después de las 22 hrs. Vas a trabajar para pagarme lo que dañaste en la escuela y que yo pagué.)* Y así, con lo que estés prohibiendo o exigiendo.

- **Regla de la abuela: "Cuando... entonces...".** **Cuando** acabes de comer, **entonces** podrás vestirte para ir al ballet. **Cuando** hables sin groserías, **entonces** podremos seguir platicando. **Cuando** le repongas a tu hermano el juguete que rompiste, **entonces** podrás pedir que te compre uno a ti.

- **Elige: X o Y.** Elige: usas mallas o pantalón. Elige: comes pepino o lechuga. Elige: juegas bien sin pegar o no puedes jugar más y te quedas junto a mi el resto de la fiesta.

El exceso de castigos, de gritos y, sobre todo, de golpes por faltas leves, te desacreditan como madre o padre. Pierdes credibilidad ante los ojos de tus hijos, pues muestras falta de control y ausencia de sensatez. Además no puedes hablar de amor cuando tu conducta muestra resentimiento, hartazgo, cansancio o apatía por tu incapacidad para imaginar una mejor alternativa ante situaciones simples.

Recuerda que la clave es **actuar proporcionalmente a la clasificación de cada falta cometida**. Esto es algo que tendrás que decidir en cada ocasión. No hay reglas o recetas generales.

FALTAS INTERMEDIAS

Si tu hija(o) comete una falta intermedia, puedes probar alguna de las opciones que aparecen a continuación:

✓ **Llamarle la atención usando un tono de voz firme**
Recuerda lo mencionado anteriormente ante las faltas leves, no le pongas una etiqueta a la niña o niño, enfócate en la mala conducta para que no tenga pretexto de sentirse atacado personalmente y su atención la dirijas solamente a la conducta que deseas modificar. No ofendas, no insultes, sólo di con seriedad que esa conducta no la aceptas y que la debe modificar.

✓ **Ofrecerle una opción para salir del problema**
Lo importante de esta estrategia es que les quede claro tanto a ti como a tus hijos que ellos pueden elegir lo que va a pasar con una conducta u otra. Que tienen una elección. Tú no tienes porqué vivir culpable por lo que ellos elijan.

Por ejemplo: "Puedes quedarte con nosotros si dejas de golpear a tus primos, de otra forma tendrás que alejarte y no estar aquí, tú elige." "Podrás ir a tu entrenamiento de futbol si terminas de comer a tiempo, si sigues brincando y sin comer, te quedarás sin ir, tú elige."

Si tu hijo(a) comete una FALTA INTERMEDIA, puedes:

- **Llamarle la atención usando un tono de voz firme**, sin etiquetar, indicando la mala conducta en cuestión, o sin faltarle el respeto como persona.

- **Ofrecerle una opción para salir del problema** y permitir que él o ella elijan la consecuencia de sus actos.

- **Cumplir la o las consecuencias de su elección.**

- **Aplicar la prohibición efectiva. Que no disfrute de los resultados concretos de su falta.**

- **Reparar el daño o afectación y supervisar** que realmente ocurra el resarcimiento.

- **Las 4 erres.**

    - Reconocimiento
    - Reparación
    - Resarcimiento
    - Reflexión

✓ **Ofrecerle una elección**

Como se mencionó en el subcapítulo "No grites, no pegues y no castigues" el ofrecerle una opción no significa advertir o amenazar, significa ubicarlo para que se de cuenta de que su conducta es inaceptable y no tiene derecho a seguir actuando así sin que los demás hagan algo al respecto.

Si la niña llora y grita siempre durante la hora de la comida familiar, pues tendrá que elegir entre calmarse (autocontrolarse), o abandonar la mesa e irse a un lugar a donde los demás no tengan que oírla. Esa será su elección.

Si la joven no cumple con los horarios de llegada a casa después de las fiestas, tendrá que elegir entre llegar a la hora acordada o no ir a la siguiente fiesta. Será su elección.

Si el niño no cumple con sus tiempos de estudio y está bajando de calificaciones por simple flojera e irresponsabilidad, tendrá que elegir entre cumplir con dichos tiempos o no hacer otra actividad hasta que los cumpla. Será su elección.

No son castigos: irse de la mesa a llorar a otro lado, no ir a una fiesta o quedarse estudiando en vez de irse a jugar, no son castigos, son consecuencias de una elección que pones a su disposición.

Recordando los valores, ¿cuáles son los valores involucrados en estas elecciones? En el primer caso el respeto, en el segundo y el tercero, la responsabilidad.

No gritos, no tonos amenazantes, sólo una explicación clara de lo que va a ocurrir si él o ella eligen continuar una conducta u otra. Será su elección, no la tuya.

✓ **Cumplir la o las consecuencias de su elección**

Este punto deriva de la aplicación de su elección conforme al punto anterior, la cual debe ser aplicada sin gritos ni sombrerazos. Ha sido su elección. Si hace berrinche, pues ni modo. Tú ofreciste la opción y él tomó una que luego no le gustó, o mejor dicho, que no creyó

PROHIBICIÓN EFECTIVA

Son las acciones que toma
el adulto para impedir
que los niños o jóvenes
disfruten de los resultados
concretos de la falta cometida
por ellos.
No es suficiente desaprobar
verbalmente las conductas
inaceptables, tu hijo o hija
debe perder privilegios reales
relacionados con el área
o persona que afectó
para ofrecerle una coherencia
educativa y que perciba
una relación correcta
con las reglas.

que se la cumplieras, o simplemente está midiendo hasta dónde cumples lo dicho.

En el ejemplo del punto anterior, relativo a la opción de cumplir con su tiempo diario de estudio o no hacer otra cosa hasta que lo cumpla, no le vas a imponer horarios, le vas a imponer el hecho de cumplir con el tiempo de estudio diario; él sabrá si lo hace temprano o tarde. Acuérdate del concepto **autonomía por medio de fronteras** mencionado anteriormente.

✓ Aplicar la prohibición efectiva

Como se mencionó anteriormente en la sección de estrategias ante las faltas leves, en el ejemplo en que se le exige que pida una disculpa cuando el niño le falta al respeto a su nana, debes asegurarte que tus hijos no experimenten la impunidad. Quítale el privilegio o derecho relacionado con su conducta inaceptable. Por ejemplo, no permitas que use algo que robó, debe devolverlo y pagar por ello.

Esto se llama **prohibición efectiva** y son las disposiciones que adopta el adulto para no permitir que el niño o joven disfrute de los resultados concretos de la falta, que por otro lado, desaprueba verbalmente. Tu hijo o hija debe perder privilegios reales relacionados con el área o persona que afectó.

El adulto lo debe hacer en nombre de la coherencia educativa y en el marco de una relación correcta con las reglas.

Si no practicas una prohibición efectiva, estarás dándole un doble mensaje a tus hijos; si simplemente desapruebas verbalmente su conducta, pero en la práctica, pueden sacar provecho de dicha conducta, ellos concluirán que no representas ninguna autoridad.

Si continuamente se presenta una conducta que es considerada falta intermedia en tu hogar e, incluso, ya has intentado diversas estrategias y han fracasado, entonces puedes, en un momento de paz y buena convivencia, adelantarte a la posible conducta inaceptable y platicar con tus hijos.

REPARACIÓN

Significa hacer algo para que la afectación producida deje de tener efectos negativos o para devolver la condición original a quien se afectó. Hacer lo posible para que las cosas o personas estén como antes de ser dañados.

RESARCIMIENTO

Significa hacer algo extra a la reparación para que la persona o área afectada sea beneficiada de manera adicional con el propósito de compensar aunque sea parcialmente a quienes se afectó.

Sirve como recurso de rescate psicológico para quien actuó perjudicialmente.

Pídeles que te digan alternativas de posibles reparaciones del daño causado por violar la norma en cuestión; por ejemplo: en caso de golpes entre hermanos, ¿de qué forma van a reparar el daño causado tanto al hermano como al ambiente familiar?

No deben ser medidas desvinculadas como no ver la TV o no salir el domingo; tienen que ser reparaciones relacionadas directamente con la acción, como por ejemplo ayudar adicionalmente en la limpieza de la casa los dos juntos y colaborando o preparar la comida juntos.

Debe ser algo que los enfrente con la necesidad de superar sus pleitos y asumir la responsabilidad de manejar la situación; de nada sirve castigarlos para que tengan el pretexto de inventar justificaciones a su mala conducta y le atribuyan el origen de sus males al otro.

Estoy seguro de que te sorprenderá la creatividad manifestada en algunas de sus sugerencias. Surgirán opciones que no se te hubieran ocurrido nunca. Por supuesto, también habrá niños o jóvenes que quieran pasarse de listos y te propongan reparaciones que no les afecten, tratando de minimizar su responsabilidad. Simplemente deséchalas, escúchalas pero no las aceptes. Define que deben ser reparaciones reales vinculadas con los hechos. No castigos. No te quiebres la cabeza inventándolas, pide su ayuda.

Las consecuencias deben estar relacionadas con las personas afectadas por las faltas. No deben ser castigos rebautizados como consecuencias; deben ser acciones para realmente reparar el daño.

✓ **Reparar el daño o afectación y supervisar que realmente ocurra el resarcimiento**
La **reparación espontánea** y **reparación simbólica** son actos realizados o palabras expresadas que se consideran positivas para restaurar el orden. Si no fueran espontáneas, puedes animar a que lo sean.

A veces son de naturaleza simbólica (por ejemplo, enviar una

Las 4 erres

R1: Reconocimiento

R2: Reparación

R3: Resarcimiento

R4: Reflexión

carta de disculpa). Por otro lado, pueden tener un peso más significativo de reconstrucción positiva de lo real (por ejemplo, prestar un servicio). Algunas de estas acciones pueden ser duras de realizar, otras quizá le complacerán.

El *resarcimiento* es un trabajo de reconstrucción que se le exige al niño o joven y que debe efectuar en respuesta a los daños reales, físicos y/o orales que han ocasionado con sus faltas: destrucción de cosas materiales, afectaciones corporales, estrés u otros sufrimientos de las víctimas.

El objetivo principal es hacer que el joven perciba de un modo claro las consecuencias destructivas de sus actos, así como el hecho de no ser omnipotente e impune: el tejido social lesionado reacciona y pide una restitución, aunque sea parcial.

El resarcimiento fomenta una concientización y que se asuma la responsabilidad. Esto contribuirá a la reparación psicológica y emocional de sí mismo(a).

El resarcimiento significa hacer justicia al grupo social que ha perjudicado y debería pedírsele lo más pronto posible después de producirse los hechos y llevarlo a cabo cuanto antes y desarrollarse en un momento en el que aún se percibe la experiencia de la destrucción o daño que generó.

¿Cómo podrías compensarlo? Es una pregunta que debemos hacer para que el niño o joven elabore una solución, sin que esto signifique que él o ella darán la solución única.

Reparar y **resarcir** es la alternativa propuesta que sustituye a los castigos con el fin de restringir la conducta antisocial.

La reparación y resarcimiento son las alternativas contra la impunidad que genera sensaciones de omnipotencia, en las que la persona cree seriamente que puede hacer lo que sea sin que haya consecuencias negativas contra quien actúa de forma antisocial y perjudicial.

Cuando alguien carece de lo básico, se siente justificado para arrebatárselo a los demás, aunque dañe para obtenerlo.

Etapas para llegar al reconocimiento

ALTERNATIVAS PARA EVITAR
LA CONDUCTA INACEPTABLE
EN EL FUTURO

ACEPTACIÓN DE
RESPONSABILIDAD

MINIMIZACIÓN

JUSTIFICACIÓN
EXTERNA

NEGACIÓN

Las conductas antisociales de los menores pueden presentarse en los extremos sociales y familiares: la carencia y el exceso.

La carencia de afecto, de comida, de nutrientes, de educación, de ambientes protectores, la falta de afecto y cuidados, el maltrato en general, detonan conductas antisociales y criminales.

La sobreprotección, el exceso, lo desmedido en lo que se consume, los Mirrreyes, los niños y jóvenes sin padres que les pongan límites desde pequeños, son criminales potenciales o en activo. Basta ver los actos vandálicos y agresiones de estos menores que viven en los contextos descritos en épocas recientes en México.

La carencia y el exceso son los extremos del entorno social que conducen a la persona a la conducta antisocial y criminal.

La búsqueda de la **templanza**, del punto medio, por parte de las madres y padres de familia es la alternativa y para ello, la contención, la firmeza, los límites claros y las consecuencias predecibles, la restricción orientada a la reparación y el resarcimiento, son las opciones ante las conductas inaceptables de sus hijos.

Las 4 erres

La primera R de Reconocimiento no es tan simple de lograr. De hecho muchos intentos de corrección fallan porque los niños no han internalizado la necesidad de cambiar su conducta. Cuando alguno de tus hijos hace daño o comete alguna falta, incluso aquellas que puedan considerarse graves o extraordinarias, tu enfoque inicial es que acepte y reconozca lo que hizo. De otra forma, estarás intentando que repare, resarza y reflexione sobre algo que ni siquiera acepta. Estarás perdiendo el tiempo.

Si observas bien, al platicar con tus hijos sobre alguna falta o daño, podrás detectar diversos niveles o etapas de responsabilidad sobre sus actos. Esta progresión se manifiesta típicamente de la siguiente manera:

1. *Nivel negación:*

"Yo no hice nada", "Se tropezó solo", "Tú crees que dije una grosería, pero en realidad dije..." Muchas veces la negación es convincente y debemos recordar que hay ocasiones en que los niños dicen la verdad y otros (como sus hermanos) han inventado historias sobre ellos, o simplemente automáticamente puedes creer que quien actuó mal fue uno de tus hijos en particular debido a su mala fama o antecedentes.

Cuando le haces saber y sentir que va en serio y que averiguarás a detalle lo ocurrido, muchos niños o jóvenes eligen decir la verdad. Para algunos superar la negación es muy difícil, por lo que es muy importante felicitarla(lo) al cambiar su negación por decir la verdad. A veces, algunos niños o jóvenes no admiten su conducta incluso cuando fueron vistos por ti o por alguien más directamente. En estos casos se debe aplicar la consecuencia proporcional que corresponda y darle otra oportunidad de hablar sobre el tema después de que sepa lo que sucederá como consecuencia de sus actos.

2. *Nivel justificación externa:*

"Le pegué porque él me empujó", "Alguien me empujó y caí sobre ella". Cuando los niños o jóvenes empiezan a admitir su conducta, comúnmente empiezan por culpar a otros o diversas situaciones que no pudieron evitar por sus acciones.

La justificación externa se llama así porque se atribuye la causa de la propia conducta a una persona o situación externa que lo condujo a actuar así y por lo tanto, él o ella no tienen la culpa. Admiten que pegaron o insultaron pero porque tuvieron que hacerlo.

Para ayudarlos a salir de este mecanismo puedes preguntarles "¿Qué fue lo que hiciste?" y no aceptes respuestas que inicien con "Es que él o ella..." sino con "Yo...". Reenfoca su atención en la dirección correcta con preguntas así de específicas y no utilices preguntas ambiguas como "¿Qué pasó?". Cuando preguntas "¿Qué hiciste?", e insistes firmemente que responda específicamente, estás ayudando a que haya una declaración simple como "Le dije a Susana que era una tonta" o "Le pegué a Raúl en la boca".

3. *Nivel minimización:*

"No le pegué tan fuerte", "No fue para tanto", "A ella le gusta que le digan así". Cuando alguien deja de justificarse con motivos externos, como los del nivel anterior, su siguiente línea de defensa será minimizar lo que hicieron. Así tratarán de convencerte de que no es para tanto. En esta etapa pueden decir que un golpe fue tocar ligeramente, o que una patada fue un rozón, o que un acto intencional fue un error. Las palabras que comúnmente aparecen en este nivel son: "Pero yo sólo le...", "Fue un accidente", "No la lastimé porque no le hice ninguna marca" o "Ni lloró".

Si tu hijo o hija está en esta etapa, sé muy específica(o) en lo que preguntas, no aceptes minimizaciones. Si dice "La insulté", pregunta "¿Qué insulto dijiste?". Si dice que "Tal vez lo golpee", pregunta "¿Lo golpeaste?".

Un ejemplo memorable, sólo que en el contexto escolar, fue: "Toqué a Laura", "¿Dónde la tocaste?", "En la parte de arriba del cuerpo", "Sé más específico" (después de un largo suspiro) "Le toqué el pecho".

Cuando los niños o jóvenes dicen o escriben exactamente lo que hicieron, comienzan a tomar responsabilidad por sus acciones de una forma más profunda que permitirá trabajar con ellos en las siguientes erres con efectividad.

4. *Nivel aceptación de responsabilidad:*

Cuando tu hija o hijo han superado los niveles anteriores, estarás lista(o) para preguntar "¿Qué estuvo mal de lo que hiciste?". Hay dos formas de aceptación de la responsabilidad: una cosa es aceptar el hecho de que recibe una consecuencia debido a sus acciones y otra es reconocer que su conducta lastimó o perjudicó a alguien. La primera puede ser un paso previo en el desarrollo de la empatía. Cuando una niña o niño acepta que sus acciones pueden producirle infelicidad o inconvenientes a ellos mismos, se facilita la posibilidad de reconocer que sus acciones también le causen infelicidad o inconvenientes a los demás.

Te sugiero utilizar las siguientes cuatro preguntas en secuencia. Son muy productivas al dialogar con los niños y jóvenes que cometieron una falta:

1. ¿Qué hiciste?
2. ¿Qué estuvo mal de lo que hiciste?
3. ¿Qué problema estabas tratando de resolver o qué trataste de lograr con esa conducta?
4. La próxima vez que tengas ese problema o deseo ¿cómo lo puedes resolver sin lastimar a alguien más?

La pregunta 3, normalmente tiene como respuestas relacionadas con problemas o deseos de:

• Divertirse.
• Que las cosas se hagan a su manera.
• Ser escuchado(a)
• Que lo dejen en paz o lo dejen de molestar.
• Que otros lo admiren o lo vean como líder.
• Encontrar una manera de enfrentar, resolver o desahogar emociones intensas.

Una vez obtenida la respuesta a la pregunta tres, pasa a la pregunta cuatro, intentando no enojarte si te respondió algo con lo que no estás de acuerdo, pues tu respuesta dirigirá la atención de tu hija o hijo hacia tu reacción en lugar de observar su propio comportamiento.

Ten presente los niveles o etapas para llegar a la primera R, Reconocimiento (página 320).

Cuando logres que tus hijos suban estos niveles o etapas de responsabilidad, habrás cubierto la R1 Reconocimiento y entonces podrás pasar a las R2 Reparación y R3 Resarcimiento los cuales fueron abordados en el punto anterior.

La R4 Reflexión, se propicia a través de un espacio para platicar sobre el asunto, una vez que los niños o jóvenes hayan reparado y resarcido el daño que causaron. Esto les ayudará a cerrar psicológica y emocionalmente la situación en la que se vieron envueltos.

Esta reflexión puede ocurrir espontáneamente durante el proceso de resarcimiento y debe ser escuchada, respetada y valorada por ti.

Sólo tienes que estar atenta(o) para que no sea una reflexión simulada, que te expresa con el único fin de liberarse de las tareas de reparación o resarcimiento impuestas. O para recuperar privilegios o derechos suspendidos por la falta cometida.

Aunque tus hijos expresen profundas reflexiones sobre lo que han aprendido con la experiencia, éstas nunca deben sustituir o suspender el proceso de reparación y resarcimiento efectivo.

Cuando un adulto le pide a una chica o chico que escriba su reflexión y aprendizaje sin que previamente haya acciones de reparación o resarcimiento reales, estos tienden a burlarse en su fuero interno de dichas "estrategias" a espaldas de sus padres, ya que rápidamente aprenden a recitar el discurso que los adultos desean escuchar.

La reflexión será válida en compañía del resarcimiento, pero si ésta se dice para zafarse de volver a la normalidad antes de tiempo, casi seguro que dicha "reflexión" será simulada. Alerta, mamás y papás.

FALTAS GRAVES

Recuerda que las faltas graves son aquellas conductas que producen un daño grave a sí mismo(a) o a otros(as) personas o seres. Atentados severos contra los valores primarios.

Si a estas alturas todavía consideras como falta grave que diga groserías o que grite en casa de la abuela, entonces te recomiendo volver a leer el subcapítulo "Clasificación de las faltas por su importancia" al principio de este mismo capítulo, pues el criterio para ubicar una falta como grave es que los resultados de la conducta

Si tu hijo(a) comete una FALTA GRAVE, puedes:

1 Llevar a cabo una **acción impactante** tanto física como emocionalmente.

2 Suprimir temporalmente **todos** sus privilegios y permisos.

3 Elaborar con tu hijo una **lista de acciones para reparar el daño** físico o moral ocasionado a otros o a sí mismo(a).

4 Supervisar estrechamente el **cumplimiento** de la lista de acciones de reparación del daño.

5 Cuando haya avanzado el cumplimiento de la lista anterior, hay que **propiciar su acercamiento para hablar sobre el tema, con el fin de que se exprese y se desahogue emocionalmente.**

6 Aclarar que la **conducta consistente** es la que le hará recuperar derechos, privilegios y permisos; no las promesas o conductas esporádicas.

7 Al terminar la lista de reparación, puede recuperar su vida acostumbrada.

perjudican realmente y tienen trascendencia negativa contra alguien más o para sí mismo.

Insultos a un maestro, golpizas, robos, realizar o ser cómplice de acoso escolar (bullying), vandalismo, conductas peligrosas en la calle, conductas sexuales ofensivas o agresivas, entre muchas otras posibles, son las que se colocan en el "costal de graves".

Nunca será grave que el niño tire su chocolate con leche sobre el uniforme escolar justamente cinco minutos antes de salir para la escuela; podrá ser desesperante, incluso desquiciante, pero nunca grave, pues no está poniendo en peligro la vida o la integridad moral de nadie, ni la de él mismo.

No confundas el mal humor o una actitud retadora de tu hijo con una falta grave. No mates cucarachas a balazos. Si lo haces, estarás disciplinando estúpidamente, pues si actúas como si fuera una falta grave y le gritas o incluso le pegas por hacer cosas como las del chocolate derramado sobre el uniforme, tu hijo no distinguirá entre lo importante y lo no importante, pensará que a ti te falta un tornillo y acabará acostumbrándose a tus gritos. Se convertirá en un calculador de riesgos derivados de tus reacciones.

Recuerda lo mencionado anteriormente sobre la Firmeza y la Benevolencia. Más vale que seas tú lo suficientemente firme y no que dicha firmeza la ejerzan la policía judicial o los empleados de seguridad de la tienda donde detengan a tu hija por robar. Normalmente, este tipo de problemas surgen gradualmente, hay signos de advertencia que pueden presentarse en la escuela o en la casa y que los padres pueden abordar anticipadamente, antes de que desemboquen en situaciones que involucren a terceros a quienes no les interese el bienestar de tu hijo, sino sólo castigarlo.

Si tu hijo(a) comete una falta grave, puedes:

1. Actuar inmediata e impactantemente
Haz algo que impacte a tu hijo(a) (un grito, detener o impedir física-

mente una acción). No golpees, pero en caso indispensable intervén físicamente e impide que siga lastimando a alguien o poniendo en riesgo su vida, su integridad o la de otros. Puedes usar un grito o un tono de voz que lo sorprendan, que realmente nunca te haya escuchado por su grado de amenaza. No temas "traumarlo". Te aseguro que la pérdida de la vida, de la salud o de la libertad sería más traumatizante.

Esto no significa que debas darle una bofetada, que lo golpees con el puño o con objetos que lo puedan lesionar, pues eso sería degradante, y de lo que se trata es de rescatarlo al final del camino.

Recuerda que empleas el impacto para contrastar con la conducta cotidiana, a fin de que pueda entonces distinguir que lo que hizo ahora es gravemente importante, no algo que simplemente estuvo mal hecho. Debe quedarle clarísimo. Se le debe "aparecer el diablo"; no debe percibir que sólo estás molesto(a), debe realmente impactarse por tu reacción.

2. Suprimir temporalmente todos sus privilegios y derechos
Consiste en una especie de "arraigo domiciliario", en una especie de estado de sitio en el hogar pero sólo en lo que a él respecta. Ten cuidado de no desquitarte con los demás miembros de la familia que no estén involucrados en la Falta Grave. La supresión debe ser realmente de todos sus privilegios, derechos y permisos. Que la pase mal. Sin importar los berrinches, que frente a esto, son totalmente secundarios.

Lo importante es seguir contrastando lo normal, lo cotidiano, con la nueva condición en la que cayó.

¿Es esto un castigo? No fue condicionado ni anticipado, pero como prefieras nombrarlo, debe suspenderse la TV, los juegos, las salidas; su única actividad será acudir a la escuela y permanecer en la casa, aunque esto represente incomodidades para el resto de la familia. Es un estado de excepción. Más vale que la familia lo entienda y colabore.

El tiempo que esto dure no es lo importante, lo fundamental es que realice todos las acciones de reparación que a continuación se explicarán para que asuma verdaderamente la responsabilidad.

3. Dialogar con él o ella en privado el tiempo que se requiera

(Paciencia, tómate tu tiempo) para subirlo(a) por los niveles o etapas de responsabilidad de sus actos, hasta que haya un reconocimiento verdadero y una aceptación de responsabilidad del acto cometido.

Es importante que repases y comprendas cada uno de los niveles o etapas de responsabilidad mostrados anteriormente y que no pierdas la paciencia con la negación típica que se puede presentar al principio del diálogo. No grites o amenaces, mantén la comunicación fluida para que gradualmente pueda pasar de la negación a la justificación externa (echar culpas a todos a su alrededor), no te desesperes tampoco. Es irritante, pero si deseas obtener buenos resultados debes mantenerte en lo tuyo, que es subirlo por los niveles de responsabilidad que tú ya conoces.

Si se encuentra en un nivel inferior (negación o justificación externa) es poco probable que suba de un solo tirón, será paso a paso.

Cuando deje de echar culpas y empiece a minimizar lo que hizo, estarás avanzando. Ya no lo niega, ya no culpa a los demás, él o ella lo hizo pero "no es para tanto". Ya es avance, no pidas más por el momento. Continúa el diálogo y puede ser momento de utilizar las preguntas también mencionadas anteriormente:

- ¿Qué hiciste?
- ¿Qué estuvo mal de lo que hiciste?
- ¿Qué problema estabas tratando de resolver o qué trataste de lograr con esa conducta?
- La próxima vez que tengas ese problema o deseo ¿cómo lo puedes resolver sin lastimar a alguien más?

Cuando acepte explícitamente lo que hizo, ¡lo lograste! Alcanzaron la R1: Reconocimiento.

No minimices este paso, es la base para que el resto de los pasos tengan éxito, de otra forma corres el riesgo de que todo lo que siga sea una vil simulación manipuladora.

4. Elaborar con él o ella una serie de acciones para reparar el daño físico y/o moral ocasionado a otros o a sí mismo(a).
Cuando te percates de que realmente ya pudo distinguir que ahora sí estuvo grave lo que hizo, puedes acercarte a hablar con él con el único fin de elaborar conjuntamente una lista de acciones para reparar el daño.

La reparación del daño debe estar vinculada con la acción concreta cometida, clasificada como grave, no con algo que no tiene relación con ella.

Si es muy pequeñito y, por ejemplo, se soltó de tu mano y se atravesó la avenida, la posible reparación no se escribe en una lista pero sí se platica con él y debe quedarle claro que debe ganarse nuevamente tu confianza para salir a la calle sin despegarse de ti ni un instante. En su nivel de madurez y su capacidad de abstracción, sólo podemos pedirle acciones concretas, fácilmente realizables.

Los ejemplos mostrados en la contrapágina pueden darte una idea de que las acciones de reparación están vinculadas con el acto específico; no son castigos que requieran acciones desvinculadas, "pegadas" artificialmente, hay que respetar el hecho de que la responsabilidad se desarrolla gracias a la identificación de causas y efectos en cada situación de la vida.

5. Aplicar la prohibición efectiva que se requiera
Así evitas que él o ella disfrute de los resultados concretos de su falta, impidiendo así la impunidad. Que pierda privilegios reales relacionados con el área o persona que afectó hasta que lleve a cabo en su totalidad las acciones de reparación del daño pactadas en el punto anterior.

Ese punto es clave para evitar la impunidad, la cual es el factor clave para que las estrategias aquí planteadas tengan alguna oportunidad de efectividad. Dale a tus hijos un mensaje claro y contundente: "no puedes gozar de un beneficio inmerecido u obtenido de manera ilegítima". El beneficio puede ser un privilegio, el uso de un objeto, lo que sea que obtuvo de mala manera, no puedes permitírselo.

No cedas en este punto, de otra forma fracasarás en tus intentos por fomentar una conciencia social y la empatía en tus hijos. Así de importante y estratégicamente clave es la prohibición efectiva para todo el proceso disciplinario.

Prohibición efectiva = No a la impunidad.

6. Idear con él o ella formas de resarcir el daño producido

Deben ser actos que vayan más allá de la reparación del punto 4 anterior.

No pierdas de vista que a pesar de la gravedad del acto cometido, tu intención es rescatar psicológica y emocionalmente a tus hijos. La forma más veloz y efectiva de hacerlo será con sus acciones de resarcimiento, no con tus sermones, mucho menos con tus amenazas.

El resarcimiento tiene el propósito de compensar aunque sea parcial o simbólicamente a quienes se afectó.

Una persona capaz de dar la cara cuando comete un error y que esté dispuesta a compensar de alguna manera a quienes dañó, valdrá su peso en oro desde una perspectiva social, además de que el resarcimiento servirá de base para superar el impacto emocional de todos los involucrados, empezando por quien hizo el daño. Será la base de su salud mental.

Las siguientes preguntas pueden ayudarte a orientar el diálogo y a encontrar formas de resarcimiento:

- ¿De qué forma se puede servir y ayudar a quienes se afectó?
- ¿Qué tipo de trabajo manual o de otro tipo podría fomentar el bienestar del área, comunidad o personas dañadas?

- Las acciones de resarcimiento ¿están vinculadas con las personas o comunidad o área afectada?
- Las opciones planteadas hasta aquí ¿son proporcionales a la magnitud del daño producido? ¿no estamos exagerado? ¿no estamos minimizando la afectación?

Así como la prohibición efectiva anteriormente citada evita la impunidad, el resarcimiento fortalece la responsabilidad y la conciencia del impacto o efecto perjudicial de un acto destructivo. Esta estrategia, bien aplicada puede marcar la diferencia para propiciar conductas sociales o de otra manera, fomentar comportamientos antisociales a largo plazo en nuestros hijos. Tú dirás si vale la pena invertirle tiempo o no.

Un comentario adicional, por lo general las acciones de reparación son realizadas o pagadas por los padres de familia o sus responsables legales, sobre todo en casos que requieren un pago económico, y se pierde de vista con facilidad el hecho que los hijos quedaron impunes pues "mami o papi pagó" pero los niños o jóvenes no hicieron nada para compensar su falta. Por eso el resarcimiento va más allá de los actos de reparación.

7. Supervisar estrechamente el cumplimiento de las acciones de reparación y resarcimiento

Simplemente no compres promesas, ni llantos, ni súplicas. Tu hijo debe actuar, no hablar. Y no podrá recuperar ningún privilegio, derecho o permiso por el simple hecho de haber iniciado las acciones de reparación de la lista. Debe avanzar en ella realmente.

No permitas que reflexiones prematuras y discursos emotivos de arrepentimiento eviten el cumplimiento de las acciones de reparación y resarcimiento en su totalidad. Muchos niños y jóvenes conocen el tipo de discurso que sus padres desean escuchar y se lo recitan simulando arrepentimiento.

Alguna vez escuché de una madres de familia una frase en

broma, que vista con cuidado, de broma no tiene nada: "cuando los hijos pierden la inocencia, parece que los padres la recuperamos".

Así que, acciones, no sólo palabras. Las palabras tienen que tener como sustento acciones de reparación y resarcimiento previamente realizadas.

8. Propiciar su acercamiento para dialogar sobre el tema

Esto debe ocurrir cuando las acciones de reparación y resarcimiento estén avanzadas o incluso terminadas.

A estas alturas, tu hijo(a) debe tener una carga emocional acumulada que le debe molestar, por lo que conviene que hables con él o ella. Este paso debe darse después de que haya avanzado en la lista de reparación del daño, no antes. Mientras no avance en la acción, no debes propiciar mucha comunicación. Una vez que avance en la lista, puedes acercarte y mostrarte receptivo(a) para hablar del tema si el(ella) lo desea.

Es el momento de aplicar la benevolencia. Ya fuiste firme, es tiempo de ser benevolente.

Si no quisiera hablar sobre el tema, déjalo(a) en paz.

Respeta su tiempo y su disposición para hablar. Si te habla sobre ello, limítate a escuchar sin juzgarlo(a), ni calificarlo(a); sólo escucha. Si llora o se desahoga, mejor.

Hablar sobre algo así de grave es terapéutico y le servirá para asimilar la experiencia y superarla. Ya no necesita regaños, sólo desahogarse con alguien que sepa escuchar. Los enjuiciamientos ya no tienen lugar, sólo las aclaraciones.

9. Verificar que su conducta ha cambiado consistentemente respecto a las personas o área afectada con la falta cometida

Deja en claro que sólo el cambio permanente es el que le permitirá recuperar sus derechos suspendidos.

En este paso, tu hijo(a) puede vislumbrar la posibilidad de regre-

PLAN DE 10 PASOS para enfrentar FALTAS GRAVES de tus hijos:

1. **Actuar inmediata e impactantemente.** Haz algo que impacte a tu hijo(a) (grito, detener o impedir físicamente una acción).

2. **Suprimir temporalmente todos sus privilegios y derechos.** En lo que se maneja la situación, tu hija o hijo debe percibir que ahora sí está en problemas y que la cotidianidad de su vida se ha roto debido a lo que hizo. Tiene que sentir un contraste claro en relación a su vida acostumbrada.

3. **Dialogar con él o ella en privado** el tiempo que se requiera (paciencia, tómate tu tiempo) para subirlo(a) por los niveles o etapas de responsabilidad de sus actos, **hasta que haya un reconocimiento verdadero y una aceptación de responsabilidad** del acto cometido. (consultar p. 337)

4. **Elaborar con él o ella una serie de acciones para reparar el daño** físico y/o moral ocasionado a otros o a sí mismo(a).

5. **Aplicar la prohibición efectiva** que se requiera para evitar que él o ella disfrute de los resultados concretos de su falta, impidiendo así la impunidad. Que pierda privilegios reales relacionados con el área o persona que afectó hasta que lleve a cabo en su totalidad las acciones de reparación del daño del punto anterior.

6. **Idear con él o ella formas de resarcir el daño producido.** Deben ser actos que vayan más allá de la reparación del punto 4 anterior. ((consultar págs. Xx sobre resarcimiento))

7. **Supervisar estrechamente el cumplimiento de las acciones de reparación y resarcimiento.** No permitas que reflexiones prematuras y discursos emotivos de arrepentimiento eviten el cumplimiento de las acciones de reparación y resarcimiento en su totalidad. Esto se llevará su tiempo, no será de un día para el otro.

8. **Propiciar su acercamiento para dialogar sobre el tema**, con el fin de que se exprese y desahogue emocionalmente. Esto debe ocurrir cuando las acciones de reparación y resarcimiento estén avanzadas o incluso terminadas.

9. **Verificar que su conducta ha cambiado consistentemente respecto a las personas o área afectada con la falta cometida**. Aclarar que este cambio permanente es el que le permitirá recuperar los derechos perdidos.

10. **Cierre de incidente**. Cumplidos todos los puntos anteriores, vale la pena decirle con claridad que el tema ha terminado, que con sus acciones de reparación, resarcimiento y cambio consistente de conducta, el incidente terminó. No habrá más comentarios y deberás devolverle su vida y derechos habituales.

sar a la normalidad de su vida. Sólo aclárale que el cambio exigido en su conducta debe ser consistente, es decir, permanente. Acuerda con él o ella la necesidad de que demuestre consistencia en su conducta, más que fijar un plazo de tiempo específico.

10. Cierre de incidente

Cumplidos todos los puntos anteriores, vale la pena decirle con claridad que el tema ha terminado, que con sus acciones de reparación, resarcimiento y cambio consistente de conducta, ha podido cerrar el capítulo. No habrá más comentarios y deberás devolverle su vida y derechos habituales.

Esto significa que no se le condena "a cadena perpetua", sino que confías en que puede cambiar y ahora sí, recuperar todos sus derechos, privilegios y permisos. Es muy importante que no se utilice más este incidente para presionarlo(a) o regañarlo(a). Ya reparó el daño, ya se acabó. Por salud mental de todos, deben cerrar el ciclo psicológicamente. Es un capítulo terminado, no una experiencia que le hayas de estar restregando en la cara cada vez que te acuerdes.

La reparación del daño es en algunas ocasiones imposible, pero de todas formas deben realizarse acciones simbólicas de reparación para que la persona ofensora pueda rehabilitarse y no cargue a cuestas indefinidamente con el daño cometido. El cierre del ciclo es vital para poder mejorar y evolucionar. Una persona tiene la responsabilidad por su propio futuro, por lo tanto debe aprenderse a cerrar los capítulos del pasado.

Si tu hijo(a) cometió una falta grave, y ya pasó por todos estos pasos, es momento de platicar con él o ella para que procese el hecho de que ya se acabó la experiencia. No insistas más en lo mismo a lo largo del tiempo. Haz punto y aparte.

Si tu hijo(a) comete una
FALTA EXTRAORDINARIA, deberías:

- Llevar a cabo el PLAN DE 10 PASOS planteado para enfrentar las faltas graves, con el agregado indispensable de realizar una intervención familiar terapéutica para canalizar a tu hija o hijo hacia un especialista en el tema del problema (adicciones, trastornos de alimentación, violencia, etcétera) a lo largo del proceso.
- Hacer familiarmente un alto en el camino y reconocer abiertamente que están ante una crisis familiar, con el fin de buscar un proceso terapéutico especializado que considere e involucre a todo el sistema familiar.
- Dar seguimiento al PLAN DE 10 PASOS hasta completarlo cabalmente.
- Dar seguimiento al proceso terapéutico familiar hasta mejorar el funcionamiento de la familia.
- Dar seguimiento al proceso terapéutico personal de la hija o hijo que cometió la falta extraordinaria hasta llegar a un punto aceptable de funcionamiento personal.
- Hacer frente a las consecuencias legales que pudieran presentarse por el acto cometido.
- Llevar a cabo el PLAN DE 10 PASOS planteado para enfrentar las faltas graves, con el agregado indispensable de realizar una intervención familiar terapéutica para canalizar a tu hija o hijo a un especialista en el tema del problema (adicciones, trastornos de alimentación, violencia, etcétera) a lo largo del proceso.

Obtén asesoría con el propio especialista elegido para realizar una intervención familiar terapéutica exitosa que permita a tu hija o hijo recibir ayuda especializada, vital para que pueda encontrar causas profundas para su comportamiento y tener realmente mayores oportunidades de modificarlo.

Intervención familiar terapéutica se refiere al proceso que consiste en la aplicación de una metodología compuesta por técnicas y procedimientos encaminados a producir un cambio o modificación de las pautas disfuncionales de la relación familiar.

Objetivos
Su propósito fundamental es lograr cambios en la comunicación, distribución de roles, expresiones de afecto y otros elementos del funcionamiento familiar. Las familias candidatas de intervención familiar terapéutica son las disfuncionales. Es imprescindible que este tipo de intervención sea realizada por profesionales con entrenamiento en terapia familiar

Fuente: Isabel Louro Bernal *et al*, *Manual para la intervención en la salud familiar*, Editorial Ciencias Médicas, La Habana, 2002, pp. 41.

FALTAS EXTRAORDINARIAS

Aquellas conductas que pongan en peligro real la vida, la salud o la libertad propia o de otras personas o seres. Es decir que atentan no sólo los valores, sino que van más allá y afectan principios o derechos fundamentales

Toda conducta que sea considerada delito.

Son aquellos comportamientos que realmente rebasen la capacidad de la familia para enfrentarlos dentro de su cotidianidad. Tráfico, portación o consumo de drogas, introducción de armas a la escuela, abusos sexuales, lesiones mayores, pandillerismo, entre otras que iremos ejemplificando.

Son conductas que competen a autoridades y especialistas de la conducta, por lo que es muy importante que todos los adultos de la familia se involucren en las decisiones por tomar, pues no se deberán tomar medidas precipitadas, producto del miedo inmediato.

No sólo canalicen a la hija o hijo que cometió la falta extraordinaria a terapia, creyendo que ella o él tiene el problema de manera aislada y que el resto de los integrantes de la familia no lo tienen. Los problemas de esta naturaleza no surgen ni aislada ni espontáneamente, son producto de procesos, por lo general largamente evadidos, dentro de la familia, entendida ésta como un sistema en el que cada parte afecta a la otra.

Si tienes duda o resistencia para aceptar que en tu familia existe una crisis después de una situación extraordinaria como las que estamos mencionando, vale la pena que conozcas algunos conceptos sobre crisis familiares.

Crisis familiares

Una crisis familiar es la manifestación de conflictos y desorganización de la estructura y el funcionamiento de la familia. Hay crisis transitorias y crisis no transitorias.

Las **crisis transitorias** son las relacionadas con los acontecimientos normales y esperables en el desarrollo familiar y son momentos críticos de transición a lo largo del ciclo de vida de la propia familia, tales como nacimiento de un nuevo integrante, crecimiento y adolescencia de los hijos, matrimonio de los hijos, aparición de nietos, jubilación de algún integrante de la pareja, viudez o muerte dentro de los tiempos naturales de vida, entre otras posibles.

Las **crisis no transitorias** son las relacionadas con acontecimientos de carácter accidental o que no tienen relación directa con las etapas del ciclo vital de la familia, y se clasifican según la naturaleza del acontecimiento que las provoca:

- *Desmembramiento*: separación temporal o definitiva de algún integrante de la familia por:
  - Hospitalización prolongada.
  - Abandono.
  - Separación conyugal.
  - Salida del hogar al extranjero o a otra ciudad.
  - Muerte prematura respecto al ciclo de vida.
  - Suicidio.
- *Incorporación*: incorporación de uno o más miembros de la familia:
  - Regreso al hogar (por ejemplo, una hija que vuelve al hogar después de haberse casado)
  - Adopción.
  - Convivencia temporal (por ejemplo, la suegra o suegro en el hogar de sus hijos casados por enfermedad)
- *Desmoralización*: crisis caracterizada por la afectación de los valores y principios éticos morales de la familia:
  - Conducta antisocial.
  - Encarcelamiento.
  - Escándalos en la comunidad (económicos, sexuales, sociales, etcétera).
- *Cambio económico importante*, tanto en sentido negativo como

positivo:
- Pérdida de trabajo.
- Deterioro de las condiciones de vivienda.
- Pérdida de alguna propiedad importante como la casa.
- Una herencia (ya sea la abundancia económica repentina, como los pleitos familiares entre herederos).

• *Problemas de salud:*
- Embarazo no deseado.
- Embarazo adolescente.
- Infertilidad.
- Intento de suicidio.
- Trastornos psiquiátricos.
- Accidentes.
- Diagnósticos de enfermedad de alto peligro con la vida.

La forma en que la familia maneja las crisis puede fortalecerla o debilitarla.

En todas las familias, con independencia de su estructura, se presentan crisis. En una familia pueden presentarse simultáneamente: crisis transitorias y no transitorias, más de una crisis transitoria o más de una crisis no transitoria. Un mismo acontecimiento puede generar más de una crisis no transitoria.

El afrontamiento a las crisis puede considerarse de diferentes formas: adecuado cuando se acometen cambios constructivos que contribuyen al ajuste de roles, de las normas y solicitud de apoyo; no adecuado cuando no se acometen cambios que ajusten al grupo familiar, y no se hace una correcta reestructuración de la situación problemática.

Por lo tanto, ante una situación generada por alguna falta extraordinaria, estarás frente a una crisis no temporal (busca si aplica algún ejemplo de los listados anteriores) y será necesario afrontarla de manera adecuada con cambios constructivos, solicitando el apoyo de profesionales especializados. La negación no te conducirá a nada positivo, al contrario, evadir los problemas hace que éstos aumenten de intensidad y muchas veces llegan a ser irreversibles. Busca ayuda externa, reconoce que solos no van a poder, y para prueba la situación extraordinaria que ya está afectando a tu familia, la cual se gestó y no se manejó con recursos propios o internos de manera oportuna. Procura:

- *Dar seguimiento al Plan de 10 pasos hasta completarlo cabalmente.* El tratamiento personalizado para tu hija o hijo y la orientación familiar que obtengas, no sustituye a ninguno de los 10 pasos del plan propuesto anteriormente. Cada paso está diseñado para finalmente rescatar a tu hija o hijo después de una situación tan delicada y riesgosa.

  La terapia ayudará a que las acciones de reconocimiento, reparación, resarcimiento y cierre puedan ocurrir. Las acciones anteriores permitirán que la terapia tenga un sentido válido. Cualquier terapia, por buena que sea, no sustituye la acción concreta en la realidad social y de relaciones interpersonales que se vive.

- *Dar seguimiento al proceso terapéutico familiar hasta mejorar el funcionamiento de la familia.*
  Los resultados de un proceso terapéutico no son inmediatos y requieren que cada integrante procese a su propio ritmo y capacidad los aspectos por mejorar. No claudiques, no abandones aunque tengas que enfrentar situaciones dolorosas. Si después de algunos meses no ves avance, entonces cuestiona al terapeuta y revisa si es necesario buscar otra alternativa más funcional para tu caso.

- *Dar seguimiento al proceso terapéutico personal de la hija o hijo que cometió la falta extraordinaria hasta llegar a un punto aceptable de funcionamiento personal.*
  La terapia no es magia, es enfrentamiento con los propios "demonios" y los cambios no son veloces ni fáciles. No esperes que tu hija o hijo cambien de acuerdo con tus expectativas, sé

más moderada(o) respecto a lo que esperas que logre. Que funcione en su escuela, en sus relaciones sociales, consigo misma(o) serán logros suficientes. No están en terapia para cubrir tus expectativas, sino para arreglar sus propias dificultades, no las tuyas. Dale su tiempo y observa respetuosamente lo que sucede.

- *Hacer frente a las consecuencias legales que pudieran presentarse por el acto cometido.*

Pon todo de tu parte, hasta donde tus recursos te lo permitan, para que tu hija o hijo salga lo mejor librado de las consecuencias legales que sus actos puedan generar. No conozco ningún sistema legal que realmente rehabilite socialmente a alguien, por lo que todos los puntos anteriores cobran mayor importancia para la salud mental de tus hijos en problemas.

Insisto en enfatizar que el criterio para clasificar una falta como extraordinaria son los atentados contra principios fundamentales, incluso superiores a los valores: La vida, la salud o y la libertad.

La pérdida de estos principios conlleva las peores consecuencias para todo ser humano.

Incendiar las cortinas de la casa o un espacio público, asaltos, abusar sexualmente de alguien (familiar o no), "jugar" a secuestrar (es indignante la banalización de la crueldad del caso anteriormente mencionado de los niños que secuestraron y asesinaron a un pequeño).

Para sintetizar la cuestión de la clasificación de las faltas, te muestro una analogía con carriles a los que debes subirte para conducir la intervención con tus hijos, según la categoría de las faltas que cometan.

En el carril 1, el correspondiente al de las faltas leves, conducirás a baja velocidad, es decir tu intervención deberá ser leve, ligera, de acuerdo con las propuestas anteriormente sugeridas para esta clasificación.

En el carril 2, el correspondiente al de las faltas intermedias, conducirás a velocidad moderada, es decir tu intervención deberá ser moderada, platica con tu pareja o con quienes convives en la casa

Carril 1

Faltas leves

Carril de intervención ligera

Carril 2

Faltas intermedias

Carril de intervención moderada

Carril 3

Faltas graves

Carril de intervención contundente y urgente

Carril 4

Faltas extraordinarias

Carril de intervención contundente, urgente con asesoría psicológica y legal especializada.

para dimensionar la situación y evitar exagerar las cosas.

En el carril 3, el de las faltas graves, en él puedes conducir a alta velocidad, es decir actuar de manera contundente. No decidas sola(o), te sugiero buscar asesoría tanto en la escuela como con especialistas, pues es una situación grave. No debes ocultarla a la escuela pues la intención es rescatar a tu hijo. Las estrategias ante las faltas graves las veremos un poco más adelante.

En el carril 4, el de las faltas extraordinarias, no solo puedes sino que debes conducir a alta velocidad y a la ofensiva, es decir más te vale actuar tú asesorada(o) por especialistas, y no dejar que solo las autoridades actúen. Tu hija o tu hijo está realmente metido en problemas y más te vale tomar en serio la situación. Un poco más adelante también te sugeriré las estrategias a seguir, pero por lo pronto lo que deseo es contrastar las diferencias entre cada clasificación de faltas y que no te equivoques en su ubicación, pues si clasificas correctamente, podrás encontrar que algunas estrategias serán más eficaces que otras, pero si te equivocas en la clasificación cometerás error tras error en tu forma de enfrentar la situación.

6.3 • *Árbol de decisiones disciplinario*

Este esquema permite integrar las opciones disponibles de un solo vistazo.

Ante una conducta inaceptable de tu hijo, la que sea, debes hacerte una pregunta clave: **¿Puedo afrontarlo?**

Esto significa que te cuestiones sobre tu estado de ánimo, sobre tu capacidad para conservar el control emocional ante dicha conducta inaceptable, cualquiera que ésta sea. No puedes estar siempre listo(a) para responder adecuadamente o por lo menos para controlar tu molestia. Hay ocasiones en las que estás alterado(a) por otras muchas circunstancias: problemas con la pareja, trastornos físicos,

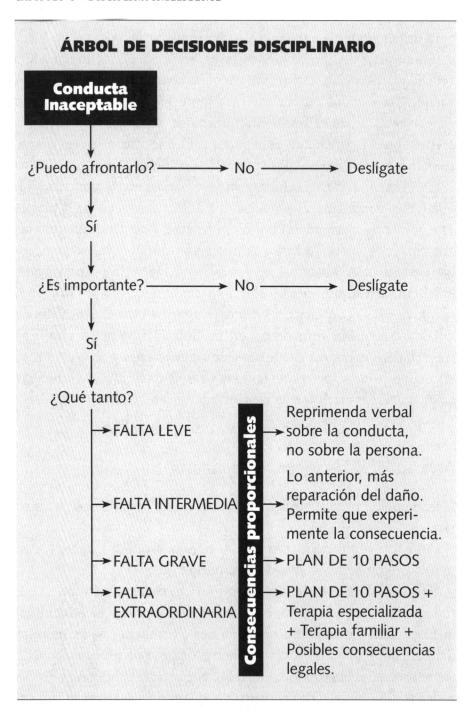

ÁRBOL DE DECISIONES DISCIPLINARIO

Conducta Inaceptable

¿Puedo afrontarlo? ⟶ No ⟶ Deslígate

Sí

¿Es importante? ⟶ No ⟶ Deslígate

Sí

¿Qué tanto?

Consecuencias proporcionales

→ FALTA LEVE → Reprimenda verbal sobre la conducta, no sobre la persona.

→ FALTA INTERMEDIA → Lo anterior, más reparación del daño. Permite que experimente la consecuencia.

→ FALTA GRAVE → PLAN DE 10 PASOS

→ FALTA EXTRAORDINARIA → PLAN DE 10 PASOS + Terapia especializada + Terapia familiar + Posibles consecuencias legales.

dificultades en el trabajo, etc., y no estás en condiciones de enfrentar adecuadamente a tu hijo portándose mal. Coloquialmente hablando: traes la mecha corta. Explotas muy rápido.

No te sientas culpable si esto te pasa, simplemente no puedes ser perfecto(a) y estar siempre listo(a). A veces simplemente no se puede. Lo peor es que si lo intentas en dichas condiciones emocionales, el resultado será desastroso pues exagerarás tu reacción y puedes fallar en tus intenciones de manejar una disciplina inteligente. Puedes acabar pegando o gritando por conductas que tal vez no tengan importancia pero que exageras por tu estado de ánimo del momento.

¿Qué hacer en estos casos? Es mejor desligarte de la situación temporalmente. Si sientes que vas a perder el control y a explotar, es preferible que no hagas nada hasta que recuperes el control. Desligarte no significa que no vayas a hacer nada al respecto, significa que **no harás nada mientras no puedas tener el control de tus emociones**. Una vez recuperado el control emocional, entonces puedes seguir adelante con los siguientes pasos. Posiblemente recuperes el control en minutos o tal vez requieras de más tiempo, pero es un hecho que es mejor optar por no volver a los viejos hábitos de gritar o pegar por casi cualquier cosa.

Esta opción es simplemente tu válvula de escape debido a una presión emocional excesiva. Si no puedes controlar tu coraje o continuamente tienes que desligarte, no dudes entonces en buscar asesoría psicológica para desahogar algunas otras tensiones que muy probablemente tengas acumuladas. No le temas a una terapia cuando las situaciones están fuera de control. Es sabio reconocer cuando ya no puedes resolverlas tú solo(a) y buscar asesoría profesional (para manejar tu emotividad incontrolada, no para disciplinar a tu hijo).

No es sensato desahogar tu problemática personal, tus hostilidades, con tus hijos y luego creer que el problema es originado por ellos.

La siguiente pregunta es: **¿Es importante?**

Es un cuestionamiento útil para ahorrarte complicaciones.

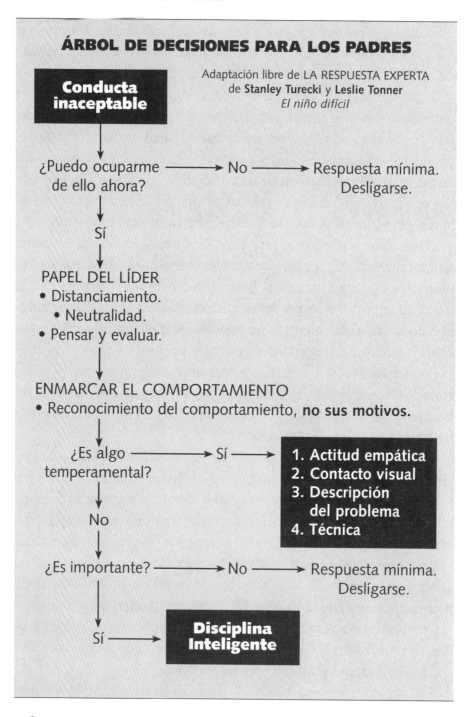

ÁRBOL DE DECISIONES PARA LOS PADRES

Conducta inaceptable

Adaptación libre de LA RESPUESTA EXPERTA
de **Stanley Turecki** y **Leslie Tonner**
El niño difícil

¿Puedo ocuparme de ello ahora? ⟶ No ⟶ Respuesta mínima. Desligarse.

Sí

PAPEL DEL LÍDER
• Distanciamiento.
• Neutralidad.
• Pensar y evaluar.

ENMARCAR EL COMPORTAMIENTO
• Reconocimiento del comportamiento, **no sus motivos.**

¿Es algo temperamental? ⟶ Sí ⟶

1. **Actitud empática**
2. **Contacto visual**
3. **Descripción del problema**
4. **Técnica**

No

¿Es importante? ⟶ No ⟶ Respuesta mínima. Desligarse.

Sí ⟶ **Disciplina Inteligente**

Recuerda que los regaños constantes, los gritos, llantos y recriminaciones para intentar controlar la conducta inaceptable de tus hijos ponen innecesariamente en riesgo las relaciones afectivas con ellos, y lo peor es que esto ocurre en muchas ocasiones por verdaderas tonterías o por trivialidades que convendría dejar pasar.

Si regañas sin parar correrás el riesgo de enfrascarte con tu hijo en un círculo vicioso en el que se repetirá constantemente su mal comportamiento; será una historia interminable, pues él estará cobrando revancha comportándose exactamente como más te molesta. Por lo general los niños son ruidosos y latosos, por lo tanto no vale la pena exagerar ante conductas inaceptables que no tengan mayores consecuencias. A veces una sola mirada o una actitud de desaprobación será suficiente; en otras será mejor no hacer nada. Hay niños que son castigados por tocar objetos o por investigar y comportarse de manera inquieta. Recuerda que la curiosidad es una virtud, no un defecto. La tolerancia y la paciencia son la mejor receta. Él debe descubrir el mundo y debe descubrir en sí mismo virtudes y sentimientos de consideración hacia los demás, pero debes darle su tiempo, respetar sus ritmos.

Si respondes negativamente a la pregunta de si una mala conducta que tu hijo ha presentado es importante o no, entonces tu mejor opción es desligarte, dejarla pasar y no hacer nada más.

Si la respuesta es afirmativa, es decir, consideras que sí es importante, entonces el siguiente cuestionamiento es: **¿Qué tanto?**

¿Qué tan importante es la conducta inaceptable? Es el momento de aplicar la disciplina inteligente, empezando por determinar la importancia relativa de la falta (ligera, intermedia o grave) y entonces actuar proporcionalmente a ella. Las opciones que tienes para actuar en cada caso se mencionaron en el subcapítulo anterior.

Hacerlo no es tan complicado; lo que pasa es que estamos muy acostumbrados a complicar lo simple. Manténlo simple.

Los 8 rasgos del temperamento

1 ACTIVIDAD: ¿Cuán activa es la persona generalmente, desde muy temprana edad?

2 CONCENTRACIÓN. ¿Con cuánta facilidad se distrae? ¿Puede prestar atención y mantenerla?

3 ADAPTABILIDAD. ¿Cómo reacciona ante las transiciones entre una actividad y otra?

4 ACERCAMIENTO / RETRAIMIENTO INICIAL. ¿Cuál es la reacción inicial ante cosas, lugares, personas o situaciones nuevas o desconocidas?

5 INTENSIDAD. ¿Cuán ruidosa es la persona, ya sea en circunstancias de alegría, de dolor físico o de tristeza?

6 REGULARIDAD. ¿Qué tan previsible y regular es la persona en sus horarios de sueño, hambre y funcionamiento intestinal?

7 UMBRAL DE SENSIBILIDAD. ¿Cuál es su respuesta a estímulos sensoriales tales como ruidos, luces fuertes, colores, olores, sabores, dolor, textura de la ropa?

8 ESTADO DE ÁNIMO CRÓNICO. ¿Predominan las emociones positivas o las negativas?

–Stanley Turecki y Leslie Tonner
"El Niño Temperamentalmente Difícil"

6.4 • *El temperamento no se disciplina*

Si aplicas cabalmente estas estrategias, estoy seguro de que lograrás mejores resultados y tus hijos tendrán claridad y certeza con respecto a ti y sus valores. Sin embargo, puede ser que las cosas no se hayan corregido para ti y tus hijos. Cabe la posibilidad de que el problema no se deba a aspectos disciplinarios, sino temperamentales, y ante ello la disciplina no funciona; el temperamento se maneja con diferentes técnicas, no con disciplina.

Te recomiendo el excelente libro *El niño temperamentalmente difícil* de **Stanley Turecki** y **Leslie Tonner**, para que clarifiques la diferencia. Sin embargo, voy a proporcionarte una síntesis que puede ayudarte en estos casos, sin que esto signifique que dejes de consultar la fuente sobre el particular.

El temperamento es la forma de actuar de una persona, y según los doctores **Thomas**, **Chess** y **Birch** de la Universidad de Nueva York, dicho temperamento es observable a través de ocho rasgos principales del comportamiento.

Si la conducta inaceptable es consecuencia de alguno de estos rasgos, te conviene utilizar técnicas para dichos rasgos. **No intentes disciplinar lo temperamental**. Si la conducta inaceptable **no** es consecuencia de alguno de estos rasgos, debes utilizar una estrategia disciplinaria. **No intentes utilizar técnicas temperamentales ante situaciones que exigen una estrategia disciplinaria y viceversa.**

Un niño difícil es aquel que a pesar de recibir un trato equilibrado, basado en la disciplina inteligente, por parte de sus padres y maestros, manifiesta un temperamento tal que la convivencia armónica con él es prácticamente imposible.

Aunque este no es el tema del presente libro, al existir la posibilidad de que los problemas en el hogar persistan a pesar de aplicar

DIAGNÓSTICO DE GRADO DE DIFICULTAD TEMPERAMENTAL

Puedes hacer una evaluación preliminar identificando el nivel de dificultad de cada rasgo en particular, no debes diagnosticar a alguien como difícil en lo general, siempre se debe identificar en qué rasgo específico y en qué medida dicho rasgo es difícil.

1. FÁCIL
2. LIGERAMENTE DIFÍCIL
3. MEDIANAMENTE DIFÍCIL
4. MUY DIFÍCIL

EVALUACIÓN DE _____

RASGO TEMPERAMENTAL	1	2	3	4
1. ACTIVIDAD				
2. CONCENTRACIÓN				
3. ADAPTABILIDAD				
4. ACERCAMIENTO INICIAL				
5. INTENSIDAD				
6. REGULARIDAD				
7. UMBRAL DE SENSIBILIDAD				
8. ESTADO DE ÁNIMO				

Clasificación: _____

EVALUACIÓN DE _____

RASGO TEMPERAMENTAL	1	2	3	4
1. ACTIVIDAD				
2. CONCENTRACIÓN				
3. ADAPTABILIDAD				
4. ACERCAMIENTO INICIAL				
5. INTENSIDAD				
6. REGULARIDAD				
7. UMBRAL DE SENSIBILIDAD				
8. ESTADO DE ÁNIMO				

Clasificación: _____

lo aprendido hasta aquí, creo necesario incluir una síntesis muy breve de dichas técnicas para que el rompecabezas quede completo.

La siguiente información está basada en el libro mencionado anteriormente, así que te recomiendo su estudio cuidadoso.

¿Cómo es alguien típicamente difícil?

1. *Actividad.* "Se mete en todo", "corrió antes de caminar", se agita o se "enloquece", pierde el control, no soporta verse limitado.
2. *Concentración.* Distraído, le cuesta trabajo concentrarse y prestar atención, no escucha y no mira directamente cuando se le habla.
3. *Adaptabilidad.* Tiene dificultad con los cambios de actividad. Se enterca por algo que desea durante horas. Testarudo, tiene preferencias insólitas por alimentos y prendas.
4. *Acercamiento/Retraimiento inicial.* No le gustan las situaciones diferentes, lugares nuevos, gente desconocida, los alimentos no familiares, la ropa nueva.
5. *Intensidad.* Ruidoso en extremo, en cualquier situación.
6. *Irregularidad.* Irregular en sus horas de sueño, le da hambre a distintas horas. Es imprevisible.
7. *Umbral de sensibilidad.* Hipersensible a algún sentido. Sonidos, sabores. La ropa "tiene que sentirla bien" ya que ciertas telas le irritan la piel. "Chocante" con la comida. Sobrerreacción al dolor.
8. *Humor crónico.* Crónicamente negativo. Serio, malhumorado, quejumbroso. Poco expresivo incluso cuando está contento.

De acuerdo con el **número de rasgos** que se incluyan en el sector difícil, y en la medida en que el comportamiento resultante se convierta en un problema para los padres, el comportamiento del niño podrá clasificarse así:

A. *Básicamente fácil pero con algunas características difíciles*
   Los padres le hacen frente a la situación con éxito pero necesitan algunas técnicas de manejo.

El símbolo maya de la
comunicación ilustra esta
conversación que tenemos
con nosotros mismos.
En la medida en que el niño
reconozca con un nombre
su propia conducta,
podrá iniciar su proceso
de autocontrol.

Algunas sugerencias para describir el problema

- **Actividad incontrolada:** "Estás acelerándote" o "estás comenzando a descontrolarte".

- **Distracción:** "A veces te cuesta concentrarte ¿verdad?" o "Mira, te estás distrayendo".

- **Poca adaptabilidad:** "Sé que no te gusta dejar lo que estás haciendo" o "Veo que estás muy ocupado".

- **Accesibilidad inicial:** "Entiendo que no te gustan los lugares nuevos" o "Sé que a veces te es difícil estar con gente que no conoces".

- **Alta internsidad:** "Sé que tienes una voz muy fuerte y te cuesta hablar más bajo".

- **Irregularidad:** "Entiendo que no te da sueño cuando a los demás sí" o "Te da hambre a cualquier hora, ¿verdad?"

- **Bajo umbral de sensibilidad:** "El ruido te molesta mucho ¿verdad?" o "Sé que sientes rara la ropa nueva", etc.

B. *Difícil*
El niño es difícil de tratar y hay tensión en los padres y la familia.

C. *Muy difícil*
Tanto la familia, como la pareja y el niño viven bajo mucha presión.

D. *Imposible*
Un "mata madres".

6.5 • *Técnicas para el manejo del temperamento*

De acuerdo a Stanley Turecki y Leslie tonner, podemos manejar el temperamento de forma adecuada siguiendo cuatro pasos.

Primer paso: actitud empática

Nadie puede ser ayudado con agresión. El primer paso es reconocer que tu hijo tiene un problema cuya solución no está en sus manos; simplemente nació con este rasgo temperamental y lo padece tanto o más que tú. Por lo tanto, el mostrarse tolerante y empático es el punto de partida. No lo acuses o ataques por esto, sólo mantén una actitud de comprensión.

Segundo paso: el contacto visual

Hay que establecer un contacto visual amigable y tranquilo con el niño para que la comunicación pueda establecerse adecuadamente.

Debes ponerte a su altura visual.

Si el niño no te mira, debes llamar suavemente su atención y lograr el contacto visual. De otra forma lo que hagas a continuación, no tendrá los efectos deseados. No des el siguiente paso sino hasta que hayas establecido contacto visual.

Tercer paso: descripción del problema

Descríbele al niño su conducta y ponle nombre.

- *Ejemplo incorrecto:* "¡Me estás volviendo loca!"
  Ejemplo correcto: "Te estás acelerando".
- *Ejemplo incorrecto:* "¿Por qué nunca me obedeces cuando te digo que hagas algo?"
  Ejemplo correcto: "Veo que estás muy ocupado..."

Puedes inventar las indicaciones siempre y cuando sean sencillas y amables. Cuando las indiques, tu entonación de voz debe ser tranquila, que no suene acusadora.

En cuanto al estado de ánimo negativo, la descripción del problema no es para el niño sino para los padres. Les ayuda a no enojarse con alguien que se queja o está serio durante situaciones que son agradables para otros.

Te sugiero designarlo de esta manera: "Él (ella) es así, es su propio estado de ánimo"

Cuarto paso: la técnica

Cada conducta inaceptable que se derive de un rasgo temperamental difícil se abordará con una técnica específica.

Con respecto a la actividad incontrolada y a la distracción, cabe hacer la distinción de que cuando son originadas por disfunciones cerebrales diagnosticadas adecuadamente por un neurólogo, estas técnicas pueden complementar las estrategias para su manejo, pero no serán suficientes pues requieren atención médica y terapéutica especializada. Las siguientes técnicas son alternativas efectivas.

1. *Nivel de actividad incontrolado (El desenfreno)*

El niño empieza por ser activo, se torna excitable, se excede, se desenfrena y pierde el control. No se trata de que creas que alguien tiene este problema sólo porque es muy activo; la clave es la pérdida de control sobre su actividad, el desenfreno. La regla de oro es **intervenir temprano**. Es decir, intervén en el momento que pasa de estar activo a excitable, no esperes a que se exceda o desenfrene para entonces intervenir. Hazlo cuando está haciendo el cambio de segunda a tercera. Tampoco abuses interviniendo apenas se emociona, eso sería intervenir demasiado pronto. Observa y juzga. Tu intervención tiene como objeto alejar a la persona de la situación.

Ante el desenfreno, tienes tres alternativas:

Actividad incontrolada

- **Distracción:** Dirige su atención hacia otra cosa.
- **Enfriamiento:** Asígnale alguna otra actividad tranquilizadora.
- **Válvula de escape:** Desarrolla con él una actividad que le permita descargar parte de su energía.

Si intervienes muy tarde y el desenfreno ya está ocurriendo, lo único que te queda es alejarlo del área.

2. *Distracción*

Cuando el niño es muy distraído y observas que mientras ejecuta algún trabajo empieza a inquietarse y a distraerse, puedes utilizar las siguientes técnicas:

Distracción

- **Contacto visual:** El contacto visual establecido con él desde el primer paso del manejo técnico, es muy eficaz para enfocar su atención momentáneamente. Asegúrate de que está aquí y ahora antes de seguir hablando con la pared.

- **Pausa:** Pídele que realice una determinada actividad, de acuerdo con sus lapsos de concentración, interrúmpelo y dile que descanse tantito, no permitas que se vaya o se acelere, sólo que descanse y te platique de algo diferente durante un minuto, luego pídele que continúe trabajando, vuélvelo a interrumpir después de un lapso de concentración, y que descanse de nuevo.

Hazlo así aumentando gradualmente el lapso de concentración y conservando el lapso de las pausas. Abajo encuentra un ejemplo de las pausas que podrías hacer.

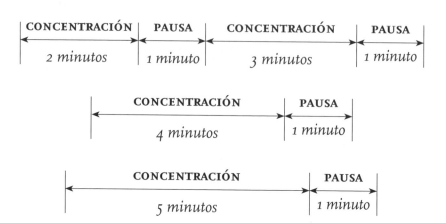

CONCENTRACIÓN	PAUSA	CONCENTRACIÓN	PAUSA
2 minutos	1 minuto	3 minutos	1 minuto

CONCENTRACIÓN	PAUSA
4 minutos	1 minuto

CONCENTRACIÓN	PAUSA
5 minutos	1 minuto

3. Poca adaptabilidad / 4. Acercamiento o retraimiento inicial
Estos rasgos temperamentales tienen en común la intolerancia al cambio, por lo que las técnicas con las que hay que abordarlos son las mismas.

Preparación y tiempo para acostumbrarse

- Cuando veas que va a ocurrir un cambio de actividad o de entorno, **explícale** lo que va a suceder en breve. No lo abrumes transmitiéndole ansiedad con advertencias excesivas.

- Explícale la **secuencia de eventos** que ocurrirán en breve.

- Respeta su **ritmo de adaptación**; no lo presiones excesivamente para que se comporte de acuerdo con tus expectativas de adaptación.

- Puedes usar el **reloj de cambio**. Se lo enseñas y le dices que a cierta hora, tendrá que cambiar de actividad.

A las personas poco adaptables no les gustan las sorpresas y esto les da la oportunidad de prepararse para la transición en un período limitado. Se puede utilizar el reloj para todos los cambios importantes de actividad durante el día.

5. *Alta intensidad*

Lamento comunicarte que no hay técnica para la conducta derivada de este rasgo, aunque puedes probar lo siguiente:

• Después de establecer contacto visual y haber nombrado su conducta, pídele por favor que baje la voz (servirá temporalmente).

• Estableciendo contacto visual, hazle una seña para que baje su voz y háblale más quedito.

6. *Irregularidad (Impredicibilidad)*

Evidentemente, la estructura de horario y los hábitos de alimentación y sueño entran en juego aquí, pero cuando la situación va más allá y se debe a un rasgo temperamental difícil, por más que establezcas horarios y supervises, de todas formas habrá problemas. Así que es importante que pueda:

> **Distinguir**
> entre la hora de acostarse y la hora de dormir

> **Distinguir**
> entre la hora de sentarse a la mesa para compartir
> y la hora de comer

No se puede forzar a alguien que no tenga sueño a tenerlo a la hora en que opinas debe tenerlo. Tal vez se esté durmiendo en clase porque no haya dormido bien la noche anterior debido a su problema temperamental. Puedes decirle que la hora de acostarse llegó aunque no se duerma todavía.

Puede quedarse despierto(a) si gusta, pero sin interrumpir el sueño de los demás. Tampoco puedes forzar el hambre del niño, pero puedes decirle que es la hora de sentarse a la mesa y hacer que permanezca un tiempo razonable en ella, permitiéndole que luego se levante.

Puedes tener a la mano un plato de carnes frías o cosas de fácil preparación para cuando tenga hambre, y que él se prepare su comida solo. Tampoco se trata de convertirse en un restaurante con servicio las 24 horas del día.

7. *Bajo umbral de sensibilidad*

Este comportamiento tiene que ver con la sensibilidad extrema al tacto, los sabores, los olores, los sonidos, las temperaturas, las luces o los colores. Aquí también los padres pueden caer en un círculo vicioso.

Su hipersensibilidad sensorial es interpretada como exageración por los adultos que no sufren de dicho problema.

En este aspecto, la descripción del problema (Paso 3) es fundamental como parte del reconocimiento de que el niño no es simplemente rebelde sino que algo le molesta en realidad, debido al rasgo temperamental.

Si tiene un umbral bajo de tolerancia:

- **No pongas a prueba su umbral de tolerancia.** Réstale importancia al comportamiento que se relacione con este aspecto. Sus manías se deben a su umbral bajo. Si tu hijo quiere ponerse diariamente unos pantalones viejos y no quiere usar los que le compraste, ¿vale la pena insistir?

- **Ofrécele una elección simple.** Decisiones que parecen insignificantes para el adulto pueden ser muy satisfactorias para el niño. No ofrezcas alternativas muy abiertas como "¿Qué quieres de desayunar?", mejor pregunta "¿Huevos o cereal?". "¿Quieres ir tomado de la mano derecha o de la izquierda?" es una buena alternativa cuando debes asirlo en la calle pero se niega. "¿Me das la mano o te arrastro por la calle?" para casos extremos.

Si tiene un umbral bajo de tolerancia: { • **Introduce lo nuevo poco a poco.** Observa si su conducta cambia al haber mucho ruido y dale tiempo para que se acostumbre gradualmente; observa si es hipersensible a cualquier otro estímulo relacionado con los sentidos y dale su tiempo; recomiéndale, si es hipersensible al tacto, que use ciertas telas que no le molesten, etc.

8. Estado de ánimo

El estado de ánimo es muy variable en todas las personas, sin embargo se puede hablar de un estado de ánimo dominante o crónicamente serio en este tipo de niños.

En las personas que tienen problemas con este rasgo temperamental, se manifiesta como un estado de ánimo crónicamente triste o negativo. Tienen una permanente apariencia de seriedad incluso cuando el entorno y su circunstancia es festiva. No pueden ser efusivos o expresar su alegría. Dan la impresión de no sentir. El principal problema no es éste, el problema es la cadena de reacciones emocionales que se generan en los que le rodean, al esperar que tenga una emoción más positiva y tan solo por manifestar su seriedad o silencio tiende a generar desesperación en sus padres, familiares y conocidos.

Por principio de cuentas nombra la situación para ti mismo(a) para no enojarte con tu hijo porque no está reaccionando como esperas que lo haga: **"El (ella) es así, es su forma de manifestar sus emociones"**.

No confundas el estado de ánimo negativo con una posible depresión. La depresión es una enfermedad con características diferentes. Te recomiendo estudiar al respecto para que puedas distinguir la depresión de un estado de ánimo crónicamente negativo como el aquí descrito.

"Deberías tener el derecho a ser excluido de toda pelea
entre tus familiares, a no ser tomado como testigo
en las discusiones, a no ser receptáculo
de sus angustias económicas,
a crecer en un ambiente de confianza y seguridad.

Deberías tener el derecho a ser educado por un padre
y una madre que se rigen por ideas comunes,
habiendo ellos, en la intimidad,
aplanado sus contradicciones.

Si se divorciaran, deberías tener el derecho
a que no te obliguen a ver a los hombres
con los ojos resentidos de una madre,
ni a las mujeres con los ojos resentidos de un padre.

Deberías tener el derecho a que no se te arranque
del sitio donde tienes tus amigos, tu escuela,
tus profesores predilectos.

Deberías tener el derecho a no ser criticado
si eliges un camino que no estaba en los planes
de tus progenitores; amar a quien desees
sin necesidad de aprobación;
y, cuando te sientas capaz,
a abandonar el hogar y partir a vivir tu vida;
a sobrepasar a tus padres,
ir más lejos que ellos,
realizar lo que ellos no pudieron,
vivir más años que ellos."

—Alejandro Jodorowsky
La danza de la realidad

6.6 • *Disciplina inteligente a pesar de las crisis en la pareja*

Este delicado tema es especialmente importante en la actualidad debido al aumento del número de divorcios.

Además de la crisis, el sufrimiento y del impacto que por sí mismas producen las crisis y las separaciones, no le agregues la utilización de tus hijos para chantajear, amenazar y herir a tu expareja... eso es realmente lamentable y degradante para quien lo hace.

Los pleitos entre adultos, por la razón que sea, son pleitos entre iguales. Involucrar a los hijos es confundirlos más y exponerlos a una situación desventajosa para ellos. Si realmente los amas, no los lastimes más utilizándolos dizque a tu favor.

Debes empezar por no hablar mal de tu expareja con ellos. Tus hijos la aman, independientemente de tus problemas con ella.

No importa qué tan mal padre sea; lo aman. Y más aún en el caso de que sea un buen padre o una buena madre; aunque sea una mala pareja, ellos lo(a) aman. Ser padre y ser pareja son roles diferentes.

Si tú les hablas mal de su madre o de su padre, si haces comentarios despectivos, y crees que de esa manera te los vas a ganar para tu lado, estás profundamente equivocado(a).

Ellos no tienen tu mismo marco de referencia, ni tus rencores, los cuales son exclusivamente tuyos, no de ellos. Al herirlos hablando mal de alguien a quien aman (a pesar tuyo) los perderás más rápido.

Por supuesto, el proceso disciplinario debe ser un tema prioritario en estas circunstancias. La credibilidad es la base del respeto, el cual es el fundamento de la disciplina, por lo que insisto, si tratas de desprestigiar a tu ex pareja, lo que lograrás es la pérdida de credibilidad ante tus hijos.

Los hijos no son balas para
herir a tu expareja.
Los pleitos entre adultos,
por la causa que sean,
son pleitos entre iguales.
Involucrar a los hijos es
confundirlos y exponerlos a
una situación desventajosa
para ellos.
Ellos no tienen tu mismo marco
de referencia, ni tus rencores,
los cuales son exclusivamente
tuyos, no de ellos.

Si estás viviendo una situación de crisis con tu pareja, ya sea que todavía vivas con él (ella), o que estés separado(a) o incluso ya divorciado(a), por el bien de tus hijos y de ti mismo(a) es importante que puedas hablar con él o ella sobre los valores y las reglas con tus hijos. Culpar no sirve de nada, lo que importa es llegar a acuerdos básicos para que pueda haber consistencia, independientemente de con quien vivan tus hijos.

No te vuelvas el Santa Claus culpable, que llena de regalos a sus hijos cuando los ve y los regresa a casa cargados de confusión. Las separaciones y los divorcios son profundamente dolorosos, y el dolor nos hace actuar irracionalmente. Haz tu mejor esfuerzo para que tus hijos no entren en tu pleito y trátalos de acuerdo con los valores prioritarios en los que crees; no rompas el patrón de conducta, no te vuelvas impredecible. No creas que vas a compensar a tus hijos actuando de manera contraria a tus valores sólo porque te saliste de tu casa o se fue de ella tu pareja.

La conducta insana se caracteriza por ser impredecible. Lo que tus hijos necesitan durante esta etapa tan difícil es un poco de estabilidad, de conductas predecibles. Suficiente trabajo les cuesta procesar emocionalmente tanto cambio para, adicionalmente, tener que soportar los pleitos de sus padres y ser utilizados como cartuchos para herir al otro.

Si te sientes muy mal con respecto a tu condición conyugal, es importante que recibas atención profesional y que cierres emocionalmente dicha etapa, para que puedas rehacer tu vida sentimental.

Nuevas parejas

Cuando alguien con hijos establece una nueva relación sentimental, es fundamental tomar precauciones especiales para no herirlos imponiéndoles la presencia de la nueva pareja.

Debe ser un trabajo de adaptación gradual, que respete los tiempos de tolerancia de cada hijo, sin importar que este proceso se lleve,

LAS NUEVAS PAREJAS

En la nueva y compleja sociedad que estamos viviendo, no es raro encontrar familias reconstruidas: "Tus hijos, los míos y los nuestros".
La relación entre los hijos y la nueva pareja es de vital importancia, por lo que conviene disminuir los riesgos de hacer nuevamente una mala elección de pareja.

Las exparejas no necesariamente son malas personas, simplemente no eran **tu** pareja. Conviene, entonces, considerar algunos riesgos y no elegir personas con las siguientes características:

* Personalidad adictiva (a substancias, personas o conductas)
* Personalidad explosiva, violenta e irascible.
* Diferencias significativas de edad (más de 20 años puede ser una bomba de tiempo).
* Diferencias de antecedentes religiosos (los valores, rituales y celebraciones diferentes pueden chocar).
* Diferencias significativas de antecedentes socioeconómicos, educativos o incluso étnicos (afectan en hábitos, cultura y valores prioritarios)
* Parientes políticos que se inmiscuyen.
* Ex parejas tóxicas y agresivas.

Salvo la primera, el resto no constituyen diferencias insalvables, pero si existe alguna, pon en ello especial atención para que no se vuelva en tu contra posteriormente. Con el amor que sientes actualmente, no basta. Hay que considerar estos aspectos al elegir a la nueva pareja con la que, en mayor o menor medida, convivirán tus hijos.

Basado en **Barbara De Angelis**
Are you the one for me?

incluso, algunos años.

Con respecto a la disciplina, debe quedar claro que la nueva pareja no tiene por qué educar a tus hijos. Si algo no le parece, invítala a que te lo comunique para que tú tomes las decisiones pertinentes.

Es muy importante prever y llevar a cabo el proceso de unificación de valores prioritarios mencionado en el Capítulo "Cómo educar en valores" a fin de que realmente sepas a qué aspirar con tu nueva pareja tanto en lo que a ti se refiere como con respecto a tus hijos y/o sus hijos.

Si la relación se formaliza y llegan a vivir juntos, entonces se deben aplicar los principios planteados a lo largo de este libro. Tal vez tengan que agregar algunos acuerdos sobre quién puede intervenir en la educación de los hijos de quién, aplicando siempre los principios de la disciplina inteligente.

"La familia de la que provienes no es tan importante
como la familia que vas a tener."
Ring Lardner

Comentario final

Este es el panorama general y cotidiano que se presenta con los niños y adolescentes. No es muy complicado cuando tienes una referencia confiable y sensata basada en la observación y el conocimiento de tus hijos.

No pretendo que encuentres todas las respuestas a los retos que nos presenta cotidianamente la paternidad, pero sí espero que este libro sea un recurso que te saque de muchos apuros o mejor aún, que te evite muchos conflictos y confusiones.

Considero que ser padre o madre es una de las experiencias de aprendizaje más profundas que alguien puede vivir, pero hay que estar dispuesto a aprender, de otra forma sólo reforzamos ideas fijas y envejecemos, en lugar de aprender.

Como menciona un autor llamado **Osho**, hay una gran diferencia entre crecer y envejecer. Crecer significa aprender; volverse sabio. Envejecer es simplemente aproximarse a la muerte con miedo.

Aprender para enseñar es una misión de vida apasionante que asumo con placer.

Espero contribuir con tu aprendizaje y que establezcas contacto conmigo. Escríbeme tus experiencias. Así generaremos una red de intercambio de información que nos permita actualizarnos y aprender juntos.

Si te interesan las pláticas y talleres sobre este tema, puedo enviarte información; envíame tu dirección de correo electrónico. Si deseas que en la escuela de tus hijos se impartan estas pláticas y talleres, dirigidas tanto a maestros como a padres de familia, e incluso programas para alumnos, envíame tus datos para contactarnos o visita la página electrónica:

en la cual encontrarás información abundante sobre lo que te interesa como madre o padre comprometido(a) y con deseos de crecer. Puedes mantener contacto conmigo también a través de:
Twitter: @escuela_padres
Facebook: escuelaparapadres.com / Sitio Oficial

En caso de desear conferencias, por favor contáctame en escuelaparapadres.com@gmail.com

Te deseo lo mejor

VIDAL SCHMILL

> "[...]que lo humano reconozca a lo humano
> y se reconozca en lo humano,
> que la libertad oriente la vida y que la vida
> –la buena vida, no el puro fenómeno biológico–
> señale los límites debidos a la libertad."
>
> **—Fernando Savater**
> *El contenido de la felicidad*

Recomendación de lecturas interesantes y fuentes consultadas

ADICCIONES

Beatty, Melody
Ya no seas codependiente
Editorial Patria (Promexa), 18ª
reimpresión, 2001, México.
Black, Claudia
Eso no me sucederá
Árbol Editorial, 1ª reimpresión, 2002,
México.
Nakken, Craig
La personalidad adictiva
Grupo Editorial Diana, 1999, México.
Twerski, Abraham J.
El pensamiento adictivo
Editorial Patria (Promexa), 1ª edición,
1999, México.
Velasco Fernández, Rafael
Esa enfermedad llamada alcoholismo
Editorial Trillas, 13ª reimpresión, 1999,
México.

ANÁLISIS

Frankl, Víctor E.
El hombre en busca de sentido
Herder, 19ª Edición, 1998, España.
Fromm, Erich
El arte de amar
Editorial Paidós, 8ª reimpresión, 1987,
México.
La revolución de la esperanza
Fondo de Cultura Económica, 11ª
reimpresión, 1998, México.
Tener o ser
Fondo de Cultura Económica, 4ª
reimpresión, 1992, México.

AUTOAYUDA

Branden, Nathaniel
El poder de la autoestima
Editorial Paidós Mexicana, 1998, México.
Dyer, Wayne W.
La sabiduría de todos los tiempos
Grijalbo Mondadori, 1ª edición, 1999,
España.
Tus zonas erróneas
Editorial Grijalbo, 1978, México.

COMPORTAMIENTO Y DESARROLLO

Borbolla de Niño de Rivera, Julia
Sin dañar a teceros
PEA, 1ª edición, 2013, México.
Hijos fuertes
PEA, 1ª edición, 2014, México.
Profesión mamá Adolescencia (La maestría)
PEA, 1ª edición, 2011, México.
Profesión mamá Infancia
PEA, 1ª edición, 2012, México.
Deskin, Gerald / Steckler, Greg
*Respuestas para todas las preguntas
que nos hacemos los padres*
Longseller, 2001, Argentina.
Escalante de la Hidalga, Francisco
Cómo prevenir conductas destructivas
PEA, 1ª edición, 2006, México.
Faber, Adele / Mazlish, Elaine
*Cómo hablar para que los niños escuchen
y cómo escuchar para que los niños hablen*
Grupo Editorial Diana (Edivisión),
20ª impresión, 2001, México.

Gesell, Arnold
El niño de 1 a 4 Años, El niño de 5 y 6 Años, El niño de 7 y 8 Años, El niño de 9 y 10 Años, El niño de 11 y 12 Años, El Niño de 13 y 14 Años, El adolescente de 15 y 16 Años
Guías para padres – Serie Gesell
Ediciones Paidós, 1ª edición en Guías para padres, 2000, México, 2001.
Hart, Archibald D.
Hijos con estrés
Grupo Editorial Ceac, Libros Cúpula, 1994, España.
Renshaw Joslin, Karen
El padre competente de la A a la Z
Ediciones Médici, 1996, España.
Turecki, Stanley / Tonner, Leslie
El niño difícil
Ediciones Médici, 1ª reimpresión, 1999, España.

FILOSOFÍA

Jodorowsky, Alejandro
La danza de la realidad
Edit. Grijalbo Mondadori, 2001, México.
Osho
Madurez
Editorial Debate, 1ª edición, 2001, España.
Marinoff, Lou
Más Platón y menos Prozac
Punto de lectura, 6ª edición, 2002, España.
Savater, Fernando
El contenido de la felicidad
Punto de lectura, 1996, España.
Schopenhauer Arturo
El arte del buen vivir
Editorial EDAF, 1983, España.
La moral
Alamah Clásicos, 1ª edición, 2002, México.

FILOSOFÍA EDUCATIVA

Barylko, Jaime
El miedo a los hijos
Emecé Editores , 8ª impresión. 1993, Argentina.
Blanco, Isauro
La evolución educativa
PEA, 1ª edición, 2012, México.
Neill, A.S.
Sumerhill
Fondo de Cultura Económica, 11ª reimpresión, 1983, México.
Corazones, no sólo cabezas en la escuela
Editores Mexicanos Unidos, 4ª edición 1981, México.
Rich Harris, Judith
El mito de la educación
Editorial Grijalbo (Grijalbo Mondadori), 1ª edición, 1999, España.
Rodríguez Juárez, Gaudencio
Cero golpes
PEA, 1ª edición, 2014, México.
Savater, Fernando
El valor de educar
Editorial Planeta Mexicana, 10ª reimpresión. 2001, México.

HABILIDADES DEL PENSAMIENTO

Buzan, Tony
Usa tu cabeza
PEA, 1ª edición, 2012, México.
De Bono, Edward
Cómo enseñar a pensar a tu hijo
Editorial Paidós, 1ª edición, 1994, España.
Dryden, Gordon / Vos, Jeannette
La revolución del aprendizaje
Grupo Editorial Tomo, 1ª edición, 2002, México.

Gardner, Howard
Inteligencias múltiples
Ediciones Paidós, 1995, España.

SEXUALIDAD

López Ibor, J.J.
Biblioteca básica de la educación sexual
/ La sexualidad hoy
Editorial Universo, 1ª edición, 1983,
México.
Biblioteca básica de la educación sexual
/ Evolución de la sexualidad infantil
Editorial Universo, 1ª edición, 1983,
México.

VALORES

Guerrero Neaves, Sanjuanita
Desarrollo de valores
Ediciones Castillo, 1ª edición, 1998, México.
Lewis, Hunter
La cuestión de los valores humanos
Gedisa Editorial, 1ª edición, 1994, España.
López de Llergo, Ana Teresa
Valores, valoraciones y virtudes
Compañía Editorial Continental,
1ª edición, 2001, México.
Ortega Ruiz, Pedro / Mínguez Vallejos,
Ramón
Los valores en la educación
Editorial Ariel., 1ª edición, 2001, España.
Savater, Fernando
Ética para Amador
Editorial Planeta Mexicana, Editorial Ariel,
24ª reimpresión, 1997, México.

Índice analítico

Índice de citas y autores

La publicación de esta obra la realizó
Producciones Educación Aplicada
S. de R.L. de C.V.

·

Para la composición de texto
se usaron los tipos SCALA,
diseñado por Martin Majoor
y SYNTAX, diseñado por Hans Eduard Meier.
Para la composición de las citas se usaron las fuentes
ARCANA, INTEGRA, ORGANICA, REGIA & RONDANA,
diseñadas por Gabriel Martínez Meave;
BIBLON, SOLPERA & SPLENDID,
diseñadas por František Štorm,
INTERSTATE, diseñada por Tobias Frère-Jones
y TRAJAN, diseñada por Carol Twombly.

·

Se terminó de imprimir en octubre del 2015
en los talleres de Gráficos Santa Bárbara, S.A. de C.V.
Nicolás Bravo Norte 714-A,
Colonia Santa Bárbara
C.P. 50050, Toluca,
Estado de México,
México.

·

Talleres Gráficos
Santa Bárbara